2023年智能决策与大数据应用国际会议论文集

张　健　主编

·北京·

图书在版编目（CIP）数据

2023年智能决策与大数据应用国际会议论文集 / 张健主编. —北京：科学技术文献出版社，2023.12
ISBN 978-7-5235-1094-0

Ⅰ. ①2… Ⅱ. ①张… Ⅲ. ①智能决策—国际学术会议—文集 ②数据处理—国际学术会议—文集 Ⅳ. ① C934-53 ② TP274-53

中国国家版本馆 CIP 数据核字（2023）第 235942 号

2023年智能决策与大数据应用国际会议论文集

策划编辑：张 丹 张 闫　　责任编辑：张瑶瑶　　责任校对：张永霞　　责任出版：张志平

出 版 者	科学技术文献出版社
地　　　址	北京市复兴路15号　邮编　100038
编 务 部	（010）58882938，58882087（传真）
发 行 部	（010）58882868，58882870（传真）
邮 购 部	（010）58882873
官方网址	www.stdp.com.cn
发 行 者	科学技术文献出版社发行　全国各地新华书店经销
印 刷 者	北京厚诚则铭印刷科技有限公司
版　　　次	2023 年 12 月第 1 版　2023 年 12 月第 1 次印刷
开　　　本	710×1000　1/16
字　　　数	330千
印　　　张	19.75　彩插 2 面
书　　　号	ISBN 978-7-5235-1094-0
定　　　价	98.00元

版权所有　违法必究

购买本社图书，凡字迹不清、缺页、倒页、脱页者，本社发行部负责调换

目 录

ESG 评级对制造类企业财务绩效的影响 ·· 1

从历届党代会看主要任务变化——基于文本挖掘方法 ······························· 19

大宗商品电商交易平台投机管控策略演化博弈研究 ···································· 35

电商助农产品消费意愿研究——以北京市为例 ·· 55

海关安全准入场景下基于 LightGBM 的企业信用风险评估 ······················· 67

基于 VOSviewer 文献计量的家庭能源管理系统研究态势分析 ··················· 77

基于改进 ERNIE-RCNN 模型的报关商品分类方法 ································ 89

基于提示学习的事件抽取研究综述 ·· 103

基于修正熵权 TOPSIS 法的我国商业银行高质量发展水平研究 ················ 115

基于阈值调优 LightGBM 模型的故障预测研究 ······································ 138

基于在线评论数据的手机产品服务质量评价研究 ···································· 153

基于扎根理论的制药企业质量管理关键要素研究
　　——以扬子江药业为例 ·· 165

基于主题图谱方法构建电影价值评估指标体系 ······································· 176

考虑车主电池损耗成本敏感度的 V2G 决策研究 ····································· 191

考虑用户不同充电成本的削峰补偿 V2G 定价策略 ································· 205

口岸监管中的企业信用智能评分模型研究 ·· 217

面向文物领域的知识图谱构建研究 ·· 230

数字经济发展、产业结构调整对环境污染的影响 ···································· 244

数字经济发展对城市碳排放的影响研究 ··· 258

数字普惠金融对区域碳排放强度影响的研究 ·· 274

"双碳"背景下绿色金融对经济高质量发展的影响研究 ···························· 288

以培育"专精特新"企业视角探析中小企业未来发展路径 ······················· 303

ESG 评级对制造类企业财务绩效的影响

陈雨翔*

北京信息科技大学经济管理学院，北京，中国
chenyuxiang328@sina.com
*通讯作者

摘要：在当前我国"双碳"目标与可持续发展理念的热潮中，ESG 作为一种关注企业环境、社会责任、公司治理的投资理念和评价标准，引起社会各界的广泛关注。研究 ESG 评级与制造类企业财务绩效的关系，对于企业、投资者或是其他利益相关者来说都有着重大影响，能够促进企业树立正确的 ESG 理念，更好地践行企业社会责任，同时丰富我国 ESG 领域的理论研究成果，为进一步完善我国 ESG 评价体系与相关政策提供理论支撑。本文梳理了当前关于 ESG 理念的研究成果，以 2017—2021 年进行商道融绿 ESG 评级的沪深 A 股 487 家制造类上市公司作为主要研究对象，分析 ESG 评级对制造类企业财务绩效的影响；根据制造类上市公司 2017—2021 年面板数据，计算其资产收益情况，将企业财务绩效作为被解释变量，ESG 表现作为主要解释变量，使用个体固定效应模型进行多元回归分析；进一步地，为探究二者关系是否受到企业产权性质的影响，对于不同产权性质的企业其 ESG 评级如何影响企业财务绩效，本文根据产权性质划分，进行分组回归分析。最终本文得出以下结论：我国制造类企业 ESG 评级与其财务绩效呈显著负相关关系；制造类国有企业提升 ESG 评级对其财务绩效的影响更明显。最后，根据理论分析与实证分析的结果，本文向政府部门及制造类企业提出有助于 ESG 理念发展与企业可持续发展的建议。

关键词：ESG；财务绩效；制造业

The Impact of ESG Ratings on the Financial Performance of Manufacturing Firms

Chen Yuxiang*

School of Economics and Management, Beijing Information Science and Technology University, Beijing, China

chenyuxiang328@sina.com

* Corresponding author

Abstract: In the current upsurge of "double carbon" goal and sustainable development concept in China, ESG concept has aroused widespread concern from all walks of life. This paper combs the current research results on the concept of ESG, and takes 487 A-share Manufacturing Listed Companies in Shanghai and Shenzhen that received ESG rating from 2017 to 2021 as the main research object to analyze the impact of ESG rating on the financial performance of manufacturing enterprises; According to the panel data of manufacturing listed companies from 2017 to 2021, the return on assets is calculated, with corporate financial performance as the explanatory variable and ESG performance as the main explanatory variable, and the individual fixed effect model is used for multiple regression analysis; Further, in order to explore whether the relationship between the two is affected by the different nature of enterprise property rights, and how the ESG rating of enterprises with different nature of property rights affects the financial performance of enterprises, this paper carries out grouping regression analysis according to the nature of property rights. Finally, this paper draws the following conclusions: there is a significant negative correlation between ESG rating and financial performance of manufacturing enterprises in China; The impact of improving ESG rating of manufacturing state-owned enterprises on their financial performance is more obvious. Finally, according to the results of theoretical and empirical analysis, this paper puts forward suggestions to government departments and manufacturing enterprises that are conducive to the development of ESG concept and sustainable development of enterprises.

Keywords：ESG；Performance；Manufacturing industry

1 概述

1.1 研究背景

近年来，由于新冠疫情延续、气候生态环境恶化，以及战争、大国竞争等多重挑战，全球经济受到较严重的负面影响，在此艰难时刻，国际社会一致将"绿色经济复苏"作为全球经济回升的重要手段，多数国家将低碳经济转型作为经济恢复和发展的政策导向，绿色、可持续成为经济社会发展的目标和追求。"十四五"规划关于加快发展方式绿色转型做出了明确部署，随着"双碳"战略的提出，对企业的可持续发展能力有了更高的要求。党的二十大报告也再次强调了我国的"双碳"目标，进一步深刻阐明"中国式现代化"是人与自然和谐共生的现代化，并对推动绿色发展、促进人与自然和谐共生做出重大安排部署。

与此同时，ESG 作为一种关注企业环境、社会责任、公司治理的投资理念和评价标准，在追求绿色、低碳、可持续的热潮中受到越来越多的关注，政府监管部门对于 ESG 信息披露的要求更加严格和规范，中国的 ESG 数据和研究能力也正在逐步崛起，企业的 ESG 评级将受到更多的关注。在企业的传统评估指标以外，ESG 逐步被投资者及其他信息使用者纳入企业评估范畴，ESG 成为影响企业可持续发展的重要因素。

1.2 研究意义

从理论方面考虑，中国 ESG 发展仍处于初级阶段，关于 ESG 评级与企业财务绩效的关系仍缺少理论依据。而国外关于 ESG 与企业财务绩效相关性的研究也尚未形成一致结论。综合国内外现有研究成果，大多数学者研究 ESG 及企业社会责任对企业财务绩效的影响未考虑行业的差异性，导致结论失真。本文考虑到不同行业性质的差异，选取对环境影响较大的制造类企业进行研究，分析 ESG 评级与制造类企业财务绩效的关系，丰富我国 ESG 领域的理论研究成果，为进一步完善我国 ESG 评价体系与 ESG 相关政策提供理论支撑。

从实践角度出发，在对上市公司进行评估的过程中，ESG 超越了以财务数据衡量企业状况的传统评价标准，进一步将环境、社会责任、公司治理三大要素纳入投资决策过程。研究 ESG 评级与制造类企业财务绩效的关系，对于企业、投资者或是其他利益相关者来说都有着重大影响，能够促进企业树立正确的 ESG 理念，更好地践行企业社会责任，同时，为投资者进行投资决策提供参考。

1.3 研究现状

当前关于 ESG 表现等级评定方法的研究，国内学者对于 ESG 的衡量标准存在差异，部分学者选择借鉴国际优秀的评级指标或评级机构的经验，结合国内现状构建适应我国的 ESG 评级体系。张佳康（2019）对当前 ESG 投资评估的发展历程进行了总结，梳理出 ESG 评估过程中常见的方法和思路，参考国际上 ESG 信用评级体系，提出健全我国 ESG 评级体系的建议。杨慧（2023）对比国内外 ESG 评级体系选取的指标及评级体系，研究国内外主流 ESG 评级机构的缺陷和其评价体系的不足，分析我国在 ESG 发展道路上的各方面影响因素及需要改进的问题，给出对策建议，为设计出立足于我国国情的 ESG 评价体系给予理论支撑。但由于目前尚未形成统一的指标选取标准，构建 ESG 评级体系的方法可能存在主观性与信息差异性。本文借鉴大多数学者对于 ESG 表现的衡量方式，通过国内目前主流 ESG 评级机构的数据进行分析。

关于 ESG 评级对企业财务绩效的影响，参考国内外现有研究成果发现，目前学术界对二者之间的关系未形成一致结论，对于两者关系存在 3 种结论：ESG 评级与企业财务绩效无关、ESG 评级与企业财务绩效呈正相关关系、ESG 评级与企业财务绩效呈负相关关系。饶鸣环（2020）以 2016—2018 年 A 股上市的制造类企业为研究对象进行分析，得出企业社会责任与财务绩效之间没有显著相关性的结论；李冰慧等（2022）对上市公司 ESG 相关报告披露及评级情况进行研究分析，得出 ESG 披露情况及评级情况越好，投资者对其未来前景越能产生良好的预期并越愿意支付更高的溢价，并对此结果提出政策上的改进建议；黄晶（2012）分别研究了环境保护因子与短期财务绩效和长期财务绩效之间的关系，得出结论企业社会责任与短期财务绩效呈负相关或无关，与长期财务绩效呈显著正相关关系。这种多种结论并存的结果大部分由以下原因造成：首先，对于ESG表现或企业社会责任表现的衡量标准存在差异，而ESG理念在国内仍处于初级发展阶段，缺少全面的理论基础；其次，企业财务绩效指标的选取方式繁多，各学者对于财务绩效的衡量方式同样存在差异；再次，大多数学者并未考虑到不同行业性质对于研究结论的影响，导致结果失真；最后，国内对于企业ESG信息披露未形成明确严格的规范要求，各企业社会责任情况披露的信息存在差异，导致各学者选择样本受限。

2 概念界定

2.1 ESG相关概念

ESG是环境（environment）、社会（social）、公司治理（corporate governance）3个英文单词的首字母缩写，是近年来金融市场兴起的重要投资理念和企业行动指南，能够衡量企业非财务因素的社会绩效情况，反映企业可持续发展能力。

此理念最早于2004年由联合国环境规划署提出，倡导在投资中关注环境、社会、公司治理问题；2006年，高盛集团发布ESG研究报告，标志着ESG概念的形成。但在此之前，西方学者早已提出"企业有义务按照社会所期望的目标和价值来制定政策、进行决策或者采取某些行动"这样的概念，并将此理念界定为"企业社会责任"。这要求企业于社会中不仅要承担经济责任，更要承担社会"总责任"，即1979年Carroll所提出的企业的经济、法律、道德及企业自发性责任，呼吁企业由利益最大化的经济责任理念转向关注人的价值、需求和发展。企业于社会中定位的转变，无疑使各个行业迈向科学发展与管理的新阶段。

此后，ESG概念不断完善、优化、发展，逐渐受到社会及各行各业的关注。更多企业将ESG纳入企业管理运营流程，关注环保理念，注重可持续发展能力，不断完善公司治理体系与企业目标。而投资者及其他利益相关者更加注重ESG因素，关注企业环境、社会、公司治理绩效，而非仅关注传统的企业财务绩效，将ESG理念融入战略投资及企业发展战略。同时，ESG的规则也随之不断完善，ESG信息披露要求更加规范，建立起更加公平、统一的评估方法。

我国ESG发展尚处于起步阶段，但其核心理念与我国发展战略高度契合，国内 ESG 相比于欧美国家起步较晚，但发展迅速。ESG 理念将环境、社会责任及公司治理 3 个方面纳入企业管理体系与评价标准，兼顾经济发展与社会效益，考虑到人与自然和谐共生的可持续发展理念，促进企业绿色转型，引导企业的发展战略与商业模式更加完善科学，促使企业更好地实现经营目标，谋求长远利益。

2.2　ESG 评价体系

关于 ESG 评级的衡量标准，参考以往研究成果，有些学者围绕环境、社会责任、公司治理 3 个方面建立指标体系，来评定企业 ESG 等级，但由于目前尚未形成统一的指标选取标准，这种衡量方法可能与客观情况存在偏差。更多学者则采用 ESG 评级机构发布的专业评级数据。ESG 评级机构众多，据不完全统计，全球 ESG 评级机构有 600 余家，其中影响力较大的主要有明晟（MSCI）、标普（S&P）、晨星（Morningstar）、汤森路透（Thomson Reuters）等，这些机构较有权威性；而国内 ESG 评价体系起步较晚，目前国内主流 ESG 评级机构有商道融绿、华证指数、中证指数、社会价值投资联盟等。

阅读大量文献发现，使用不同 ESG 评级机构的数据，会对研究结果造成影响，得出不同的结论。其主要原因在于，不同的 ESG 评级机构在评级目标、评级方法、评价机制及评价对象等各方面都存在差异，不同机构选取的评估领域及指标都不完全统一，从而导致评级结果的差异化。

考虑到实证结果的有效性及客观性，本文选取商道融绿发布的 ESG 评级数据。商道融绿是国内最早发布上市公司 ESG 评级的机构，其 ESG 评级方法体系是根据不同行业的 ESG 实质性因子进行加权计算从而得到上市公司的 ESG 综合评分，最终划分为 10 个融绿 ESG 评级：A+、A、A−、B+、B、B−、C+、C、C−、D。

2.3　财务绩效

财务绩效能够衡量企业在一定时期内的财务状况和经营效益，能够全面反映企业在成本控制、资产运用管理、资金调配管理及股东权益报酬率等方面的情况。

其衡量指标众多，大多数学者使用总资产收益率（ROA）、净资产收益率（ROE）作为短期财务绩效指标，这里短期财务绩效反映的是企业短期内盈利情况，长期财务绩效反映企业的长期竞争优势。由于 ESG 理念在我国发展较晚，还不能显著地反映出 ESG 对于企业长期竞争优势的影响，故本文不考虑 ESG 评级对企业长期财务绩效的影响。

总资产收益率（ROA）和净资产收益率（ROE）能够反映企业在资产利用和融资方面的表现。其中，总资产收益率（ROA）计算的是企业净利润与平均总资产的比值，也就是衡量企业能够利用平均总资产创造出多少利润，总资产收益率高说明企业盈利能力强，反映企业在资源配置和经营管理方面能力强；净资产收益率（ROE）计算的是企业净利润与股东权益的比值，净资产收益率越高表示企业能够更好地管理股东投资，并提高其利润和财务状况。综合这两个财务绩效指标，能够全方位衡量企业的财务情况与经营情况，有助于企业在未来发展中更好地优化资源配置、提高经营效率，并为股东创造更大的价值。

综合考量，选取总资产收益率（ROA）及净资产收益率（ROE）作为本文衡量企业财务绩效的指标。

3　ESG 评级与制造类企业财务绩效关系的研究设计

3.1　研究假设

在当今"双碳"战略与可持续发展热潮的大背景下，企业如何履行其社会责任成为各界关注的重点，更多企业在追求经济利益的基础上考虑到社会责任，期望实现企业发展与社会环境的共同繁荣。由于制造类企业具有高污染的行业性质，迫切面临绿色转型，ESG 表现对财务绩效的影响更为显著。企业为保证环境、社会责任、公司治理的表现，必定需要投入更多的资源，将原本用于创造财富的人力、物力、财力分给履行社会责任等消耗之用，导致财务绩效受到影响。据此，本文提出以下假设：

H1：ESG 评级与制造类企业财务绩效呈负相关关系。

此外，受产权性质影响，国有企业在追求经济利益的同时，也需要注意其承担的社会责任。国有企业应积极响应国家号召、支持政府的相关政策。因此，国有性质的制造类企业会更加积极配合完成企业的绿色转型，履行社会责任，注重提升 ESG 表现，也意味着消耗更多的资源。而非国有企业承担着较轻的社会责任，其更注重企业自身的经济利益与可持续发展。据此，本文提出以下假设：

H2：国有企业提升 ESG 评级对其财务绩效的影响更明显。

3.2 样本选取与数据来源

本文以沪深 A 股上市公司中制造类企业作为研究对象，由于 2022 年的企业年报尚未公布完全，因此本文结合 2017—2021 年的财务数据及商道融绿 ESG 评级数据，对制造类企业 ESG 评级与其财务绩效的关系进行研究。其中，内部控制数据来自迪博数据库内部控制指数，商道融绿 ESG 评级数据与其余财务数据来自万得数据库（Wind）。

对初始样本进行如下筛选：剔除特殊处理 ST 和 ＊ST 类制造类企业；剔除数据缺失的制造类企业。最终，共得到 1599 个样本数据，本文采用 Stata17 软件进行回归分析。

3.3 变量选取

3.3.1 被解释变量

综合以往研究，通常采用会计相关的绩效指标衡量财务绩效，其中，总资产收益率（ROA）是从企业整体的角度来衡量企业回报率，故本文选择采用资产收益率（ROA）作为衡量制造类企业财务绩效的指标。

3.3.2 解释变量

本文采取 ESG 评级机构商道融绿发布的 ESG 评级数据，评级从低到高依次为"D""C－""C""C＋""B－""B""B＋""A－""A""A＋"，等级越高意味着 ESG 表现越好。本文借鉴以往研究的做法，将"D"至"A＋"10 个等级分别赋值 1～10，数值越大意味着 ESG 表现越好（表 1）。

表 1 商道融绿 ESG 评级赋值规则

ESG 评级	赋值
A＋	10
A	9
A－	8
B＋	7
B	6
B－	5

续表

ESG 评级	赋值
C+	4
C	3
C−	2
D	1

3.3.3 控制变量

借鉴前人经验，为排除各企业的企业规模、财务风险、发展能力、营运能力及内部控制等因素对实证结果的影响，本文选择采用企业总资产（取自然对数处理）、资产负债率、营业收入增长率、总资产周转率、内部控制指数作为控制变量（表 2）。

表 2 变量定义

变量类型	变量名称	变量代码	变量定义
被解释变量	财务绩效	ROA	资产收益率＝税后净利润/平均总资产
解释变量	ESG 表现	ESG	商道融绿 ESG 评级
控制变量	企业规模	SIZE	总资产的自然对数
控制变量	财务杠杆	LEV	资产负债率＝总负债/总资产
控制变量	成长性	GROWTH	营业收入增长率＝营业收入增长额/上期业务收入
控制变量	营运能力	ATO	总资产周转率＝销售收入/总资产
控制变量	内部控制	IC	迪博数据库内部控制指数

3.4 描述性统计分析

本文对 487 家制造类企业 1599 个数据进行描述性统计分析，结果如表 3 所示。

表 3 各变量描述性统计分析结果

变量	样本量	均值	标准差	最小值	最大值
ROA	1599	0.0673	0.068	−0.43	0.37
ESG	1599	5.3377	0.980	3.00	9.00

续表

变量	样本量	均值	标准差	最小值	最大值
SIZE	1599	23.7769	1.062	21.20	27.55
LEV	1599	0.4376	0.173	0.01	0.87
GROWTH	1599	0.1094	0.220	−3.47	0.95
ATO	1599	0.6964	0.373	0.06	2.75
IC	1599	677.4989	84.754	149.35	941.31

从表3可以看出，被解释变量资产收益率（ROA）最小值为−0.43、最大值为 0.37、标准差为 0.068，数据范围从负值到正值，说明研究范围覆盖全面，盈利企业与亏损企业均参与研究，样本中各企业财务绩效具有差异性。制造类企业 ESG 评级（ESG）最小值为 3.00、最大值为 9.00、均值为 5.3377，样本范围等级从 C 到 A，包含 ESG 评级较低到较高的企业，说明我国 A 股制造类企业的 ESG 表现有所差异，从均值可见获评的制造类企业整体水平在 B−之上，ESG 表现整体在中等偏上水平。控制变量中，企业规模（SIZE）最小值为 21.20、最大值为 27.55、均值为 23.7769，差异不明显，样本中企业规模大致相当；财务杠杆（LEV）最小值为 0.01、最大值为 0.87，营运能力（ATO）最小值为 0.06、最大值为 2.75，这两类数据均可见明显差异，反映出行业内不同企业采取的财务策略与营运能力存在较大不同；成长性（GROWTH）最小值为−3.47、最大值为 0.95，说明有些企业存在负增长现象，样本数据覆盖面广；内部控制（IC）最小值为 149.36、最大值为 941.31，表明各企业内部控制水平存在较大差异。

3.5 回归模型构建

本文重点讨论 ESG 评级对制造类企业财务绩效的影响，为验证假设 H1（即 ESG 评级与制造类企业财务绩效呈负相关关系），构建模型如下：

$$ROA_{i,t} = \alpha_0 + \alpha_1 ESG_{i,t} + \alpha_2 SIZE_{i,t} + \alpha_3 LEV_{i,t} + \alpha_4 GROWTH_{i,t} + \alpha_5 ATO_{i,t} + \alpha_6 IC_{i,t} + \varepsilon_{i,t} \circ \quad (1)$$

式中，i 代表企业个体，t 表示年份，ε 是随机误差项。

此外，为验证假设 H2（即国有企业提升 ESG 评级对其财务绩效的影响更明显），本文以模型（1）为基础进行分组回归。

为选择合适的回归模型，本文将模型（1）进行了 F 检验与 Hausman

检验，结果如表 4 所示。F 检验中，p 值为 0，拒绝使用混合效应模型，支持面板回归；Hausman 检验中，p 值为 0，拒绝使用随机效应模型，最终选用固定效应模型。考虑到不同企业情况的差异可能会对研究结果造成影响，本文使用面板数据个体固定效应模型。

表 4 F 检验与 Hausman 检验结果

变量	(1) OLS	(2) FE	(3) RE
ESG	−0.001	−0.005***	−0.003*
	(−0.8955)	(−3.0583)	(−1.8842)
SIZE	−0.001	0.016***	0.005**
	(−0.4758)	(3.3682)	(2.1509)
LEV	−0.198***	−0.207***	−0.223***
	(−21.1145)	(−10.3787)	(−17.9659)
GROWTH	0.070***	0.043***	0.056***
	(11.3416)	(7.9772)	(11.3284)
ATO	0.030***	0.079***	0.047***
	(8.1790)	(8.5586)	(9.1010)
IC	0.000***	0.000***	0.000***
	(11.3447)	(6.0559)	(8.9943)
_cons	0.012	−0.317***	−0.067
	(0.3736)	(−2.9333)	(−1.3719)
N	1599	1599	1599
r^2	0.436	0.293	
r^2_a	0.433	−0.021	

F test that all u_i=0：F (486,1106) =5.51
Prob>F=0.0000

Hausman Test：Prob>chi2=0.0000

注：* 表示 $p<0.1$，** 表示 $p<0.05$，*** 表示 $p<0.01$。

4 ESG 评级与制造类企业财务绩效关系的实证分析

4.1 相关性分析

为验证 ESG 评级与制造类企业财务绩效之间是否存在相关性，本部分对各变量进行了 Pearson 相关性分析，结果如表 5 所示。ROA、ESG 等主要变量及控制变量间相关系数均小于 0.65，存在弱相关关系，由此判断各变量间不存在多重共线性影响。此外，关注到 ROA 与 ESG 之间呈负相关关系，初步证实 ESG 评级与制造类企业财务绩效呈负相关关系。

表 5 Pearson 相关性分析结果

变量	ROA	ESG	SIZE	LEV	GROWTH	ATO	IC
ROA	1						
ESG	−0.020	1					
SIZE	−0.207	0.245	1				
LEV	−0.478	0.114	0.571	1			
GROWTH	0.341	0.008	0.010	−0.039	1		
ATO	0.159	0.044	0.148	0.209	0.097	1	
IC	0.355	0.190	0.272	0.027	0.318	0.310	1

4.2 基本模型回归结果分析

根据模型（1）运用个体固定效应模型进行回归，并在此基础上按产权性质分为国有企业与非国有企业两个类别进行分组回归，回归结果如表 6 所示。

表 6 回归结果

变量	（1）全样本	（2）国企	（3）非国企
ESG	−0.005 ***	−0.006 ***	−0.005 *
	(−3.0583)	(−3.0715)	(−1.8906)
SIZE	0.016 ***	0.018 ***	0.018 ***
	(3.3682)	(2.9437)	(2.6719)
LEV	−0.207 ***	−0.180 ***	−0.228 ***
	(−10.3787)	(−6.8308)	(−8.2997)

续表

变量	(1) 全样本	(2) 国企	(3) 非国企
GROWTH	0.043***	0.037***	0.046***
	(7.9772)	(6.0435)	(5.4368)
ATO	0.079***	0.065***	0.104***
	(8.5586)	(6.2711)	(7.2592)
IC	0.000***	0.000	0.000***
	(6.0559)	(0.2256)	(7.4498)
_cons	−0.317***	−0.318**	−0.414***
	(−2.9333)	(−2.2147)	(−2.7768)
N	1599	656	943
r^2	0.293	0.299	0.338
r^2_a	−0.021	0.025	0.008
Id FE	Yes	Yes	Yes

注：①括号中为 t 检验量；②* 表示 $p<0.1$，** 表示 $p<0.05$，*** 表示 $p<0.01$。

表 6 是 ESG 评级对制造类企业财务绩效的影响回归结果，第一列为 1599 个全样本的回归结果，第二列为国有企业 656 个样本的回归结果，第三列为非国有企业 943 个样本的回归结果。

第一列全样本的固定效应模型回归结果显示，ESG 表现系数为 −0.005，且在 1% 水平上显著，说明 ESG 评级越高，即 ESG 表现越好，企业财务绩效越低，因此证实了假设 H1，即 ESG 评级与制造类企业财务绩效呈负相关关系。

进一步地，为验证 ESG 评级与制造类企业财务绩效的关系是否受到企业产权性质的影响，本文将样本按照企业性质分为国有企业与非国有企业，将国有企业定义取值为 1，非国有企业定义取值为 2，通过分组回归验证产权性质对 ESG 评级与制造类企业财务绩效关系的影响。对比第二、第三列分组回归结果，国有企业与非国有企业 ESG 表现的系数分别为 −0.006、−0.005，且均在不同水平上显著，与假设 H1 相符，制造类国有企业与非国有企业 ESG 评级和其财务绩效均呈负相关关系。分析其差异性，国有企业 ESG 表现在 1% 水平上显著，而非国有企业 ESG 表现在 10% 水平上显著，即相比非国有企业，制造类国有企业 ESG 表现更好，其财务绩效降低的程度更明显,证实了假设 H2,即国有企业提升 ESG 评级对其财务绩效的影响更明显。可见,国有企业更加积极响应 ESG 理念,为提升 ESG 表现投入更多资源;而非国有企业更加追求尽可能小程度地影响企业创造财富的效率,谨慎做出提高 ESG 表现的决策。

4.3 稳健性检验

对于本文的被解释变量财务绩效,学术界有不同的度量方法,参考以往的研究成果,选择的度量方法不同,得出的结论可能存在差异。因此,本文采取替换变量法,将资产收益率(ROA)替换为净资产收益率(ROE),使用固定效应模型进行回归,来检验本文的研究结论是否稳健,提高研究结果的可靠性,回归结果如表 7 所示。

表 7 稳健性检验回归结果

变量	(1) 全样本	(2) 国有企业	(3) 非国有企业
ESG	−0.013**	−0.011**	−0.014*
	(−2.5463)	(−2.0013)	(−1.8753)
SIZE	−0.032**	−0.031*	−0.027
	(−2.3565)	(−1.9145)	(−1.3510)
LEV	−0.109*	0.020	−0.184**
	(−1.8821)	(0.2860)	(−2.2145)
GROWTH	0.131***	0.135***	0.121***
	(8.3535)	(8.2793)	(4.7378)
ATO	0.050*	0.054*	0.070
	(1.8566)	(1.9624)	(1.6072)
IC	0.000***	−0.000	0.000***
	(4.2478)	(−0.3276)	(5.2660)
_cons	0.798**	0.863**	0.568
	(2.5586)	(2.2605)	(1.2582)
N	1599	656	943
r^2	0.135	0.192	0.142
r^2_a	−0.250	−0.124	−0.285

续表

变量	（1）全样本	（2）国有企业	（3）非国有企业
Id FE	Yes	Yes	Yes

注：①括号中为 t 检验量；② * 表示 $p<0.1$，** 表示 $p<0.05$，*** 表示 $p<0.01$。

由表 7 可知，主要解释变量 ESG 的回归系数在全样本、国有企业、非国有企业中仍为负，表明 ESG 评级与制造类企业财务绩效呈负相关关系，ESG 评级越高，制造类企业财务绩效越低，再次证实假设 H1。同时，进一步对比国有企业与非国有企业，除均为负相关关系以外，分别在 5% 水平与 10% 水平上显著，说明国有企业提升 ESG 评级对其财务绩效的影响程度更显著，再次证实假设 H2。综上，可以确定模型的稳健性。

5 结论与建议

5.1 研究结论

本文以 2017—2021 年进行商道融绿 ESG 评级的沪深 A 股 487 家制造类上市公司作为主要研究对象，研究 ESG 评级对制造类企业财务绩效的影响及二者关系是否受到企业产权性质的影响，同时进一步探究对于不同产权性质的企业其 ESG 评级如何影响企业财务绩效。通过理论分析与实证分析，最终得出以下结论。

第一，我国制造类企业 ESG 评级与其财务绩效呈显著负相关关系。即在其他因素保持不变的情况下，制造类企业用于提升 ESG 评级所投入的资本并没有获得显著收益，与之相反，更多的 ESG 投入会降低企业财务绩效。究其原因，一方面，可能是制造行业普遍具有高污染的特性，面对严格的政府监管与政策约束带来的压力，制造类企业必须加大对环境及社会责任方面的投入，以减少其对于环境的污染，使得制造类企业相比其他行业企业要投入更多的成本。由于 ESG 强调长期可持续目标，从短中期来看，这样的资本投入加大了企业的财务绩效压力，并且没有给企业带来收益的增长，导致短期内财务绩效降低，与企业众多财务指标产生了冲突。另一方面，可能是目前大部分企业处于绿色转型的初期，面对可持续发展理念与"双碳"目标，以及 ESG 披露与实践的要求，在短期内造成了资源浪费的现象，企业也因此面临较大的财务压力，从目前资本投入的初期阶段来看，短期内没有平衡财务绩效也在情理之中。但面对目前的国内外发展策略，绿色转型是大势所趋，而前期投入是必然的，企业应积极顺应形势发展，履行企业社会责任，将眼光放得长远。虽在短期内，ESG 未能给企业带来财务绩效的增长，但 ESG 是一种长期投入，在不断积累的过程中，不仅能使企业声誉得到提高，而且终将转化为客观的财务收益。

第二，制造类国有企业提升 ESG 评级对其财务绩效的影响更明显。考虑到企业产权性质的不同可能对实证结果造成不同程度的影响，通过实证分析得出，相比于非国有企业，制造类国有企业 ESG 评级对其财务绩效的负向影响更为显著。国有企业由于其特殊的产权性质，除了追求经济效益，还应承担着更多的社会责任。因此，面对国内当前发展策略，国有企业应更加积极响应号召，打破原有的资源分配平衡，为提高 ESG 评级、践行绿色可持续发展理念投入更多的资本。而非国有企业相比于国有企业，其承担的社会责任较轻，更着眼于追求经济效益，管理层会尽可能用较低的投入显得 ESG 评级更佳，所以不难理解制造类国有企业提升 ESG 评级会对其财务绩效造成更显著的负向影响。

5.2 建议

基于本文研究结论，为促进制造类企业积极贯彻 ESG 理念、推动企业绿色转型、树立正确的企业社会责任观念，推动经济社会的可持续发展，本文分别对政府部门与制造类企业提出一些建议。

对于政府部门，由于 ESG 涉及的范围广泛，建议完善 ESG 信息披露制度与评价体系，建立切实可行的 ESG 披露方案，完善并优化现有的披露标准，明确规定企业 ESG 信息披露的内容与要求，确保企业披露 ESG 信息的公开透明、真实可靠、独立完整、覆盖全面，提高信息披露的可利用性。针对企业 ESG 表现给予政策扶持补贴，并建立相关奖惩制度，将 ESG 表现加入招标、纳税的考量范围，由于 ESG 投入初期可能导致企业财务绩效受到影响，政府可酌情给予绿色补贴。此外，由于针对 ESG 的专门监管部门及非营利性组织的缺失，建议成立专项监管部门，加强对企业践行社会责任的监督管理，积极推动上市公司贯彻执行 ESG，发挥引领 ESG 发展的带头作用。

对于制造类企业，考虑到行业性质对于环境影响较大，践行 ESG 的投入相比其他行业可能更高，故建议制造类企业应立足长远发展，厘清 ESG 与企业财务绩效之间的复杂关系，积极响应绿色经济转型，切实有效地减少对环境的污染，走可持续发展道路，而非着眼于短期的利益，忽视企业社会责任。建议加强各部门对于 ESG 理念的学习，重新制定符合新发展理念的企业发展策略与管理方式，为企业长期稳定的发展综合考量。此外，上市公司应重视 ESG 信息披露，严格、客观地报告企业 ESG 情况，不仅能让企业准确把控自身发展情况，针对性地设定阶段发展策略，而且能为 ESG 评级机构提供准确的研究数据，推动我国 ESG 发展。

6 结束语

本文是基于 2017—2021 年拥有商道融绿 ESG 评级结果的 487 家制造类上市公司进行的实证分析，故特此补充：首先，在年份的选取上选用了近 5 年的数据，分析结果能在一定程度上体现短期情况，但长期情况还需选取更早的年份；其次，本文选取商道融绿评级机构，故本文研究 ESG 范畴仅包含此评级机构所选取的指标，此外的 ESG 情况需参考其他评级机构；最后，本文因实证研究所需，剔除了多家数据缺失的企业。综上所述，本文结果仅表示研究范围内的 ESG 评级与制造类企业财务绩效的关系。

另外，在"1.3 研究现状"部分提出了 ESG 评级与企业财务绩效关系存在差异的原因可能是 ESG 的衡量标准存在差异、财务绩效指标的选取存在差异、不同行业的研究结论不同，以及 ESG 信息披露可能存在差异 4 点。本文解决了不同行业造成差异的问题，另外 3 点还需进一步探讨。

总的来说，ESG 评级能够督促企业践行社会责任，关注绿色生态环境与可持续发展，呼吁企业将目光放长远，在践行 ESG 理念与 ESG 发展上任重而道远，前期的资本投入是必然的，但 ESG 不仅关系到企业的长期发展，更关乎全人类的利益，企业若想持续发展来获取稳定利益，就要顺应时代趋势，全行业共同努力，营造良好的经济环境。在 ESG 发展的过程中，机遇与挑战共存，努力抓住机遇、携手面对挑战，为全面建设社会主义现代化强国砥砺奋进。

参考文献

[1] AN G, HUA C, ZHANG F, et al. Research on the impact of ESG system on capital markets under carbon neutrality goals: a comparative analysis based on different industries[J]. Financial theory and practice, 2022(3): 48-61.

[2] HUANG J. Research on the correlation between corporate social responsibility and

financial performance[D]. Shanghai: Fudan University, 2012.

[3] LI B, ZHU H, QI H. ESG's good performance may become an effective way to manage the market value of state-owned listed companies[J]. Shanghai state owned assets supervision and administration, 2022(11): 91-94.

[4] LI X, XU T. Progress in research on environment social responsibility corporate governance[J]. Economic dynamics, 2022(8): 133-146.

[5] LIN H, CUI H. Research on ESG rating agencies and their results difference in China: taking ping an bank as an example[J]. North economic and trade, 2023(2): 105-108.

[6] RAO M. Research on the relationship between social responsibility and financial performance of manufacturing enterprises[J]. Business and management, 2020(10): 34-39.

[7] REN Z, GU S, YANG Y, et al. Empirical study on the relationship between ESG performance and corporate financial performance[J]. Business and management, 2021(11): 26-32.

[8] WANG J, MA M, DONG T, et al. Do ESG ratings promote corporate green innovation? a quasi natural experience based on SynTao Green Finance's ESG ratings[J]. International review of financial analysis, 2023(87): 33.

[9] ZHANG H. Theoretical basis, research status, and future prospects of ESG responsible investment[J]. Monthly journal of finance and accounting, 2022(17): 143-150.

[10] ZHANG J. Enlightenment from ESG investment evaluation system[J]. China finance, 2009(4): 74-75.

[11] ZHAO W, HUANG X. Analysis of the impact of ESG performance on the market value of a-share listed companies and the enlightenment of "double carbon"[J]. Industrial technology innovation, 2022(3): 58-72.

[12] ZHENG J, KHURRAM M U, CHEN L. Can green innovation effect ESG ratings and financial performance? evidence from Chinese GEM listed companies[J]. Sustainability, 2022(14): 8677.

[13] ZHENG Q, HAN G, LIU Y, et al. Comparative analysis and experience reference of ESG systems at home and abroad[J]. Financial horizon, 2022(7): 65-73.

从历届党代会看主要任务变化——基于文本挖掘方法

孔源博[a]，李莉[b,*]

北京信息科技大学信息管理学院，北京，中国
[a] 2020011933@bistu.edu.cn，[b] lili_bistu@bistu.edu.cn
*通讯作者

摘要：本研究以历届党代会报告、全会公报文本为语料，从文本挖掘和历史解读两个视角对报告文本进行分析，挖掘报告文本语义和潜在模式，为党史研究提供新的研究模式。本研究利用TF-IDF算法提取关键词，利用词汇分散图展示关键词汇分布，利用word2vec模型分析语义关联，利用LDA主题模型进行主题演进，以通过党代会报告等语料研究党诞生以来不同历史阶段的任务侧重点。通过对模型结果的解读和分析发现，主流的文本挖掘方法可以快速对大规模党史领域文本进行分析和解读，能够较为准确地识别出潜在的主题和语义关系，有效揭示了党的主要任务的变迁。这种量化的分析方法能从全局和宏观角度提供对历史演变的理解，丰富我们对党史的理解和认识。但同时这种方法也需要与传统的历史研究方法相结合，以得到更全面、更准确和更深入的研究结果。

关键词：党代会报告；党史研究；关键词提取；文本挖掘

The Main Tasks Have Changed from Previous Party Congresses-Based on Text Mining Method

Kong Yuanbo[a]，Li Li[b,*]

School of Information Management，Beijing Information Science and Technology University，Beijing，China
[a] 2020011933@bistu.edu.cn，[b] lili_bistu@bistu.edu.cn
*Corresponding author

Abstract：This study utilizes previous party congress reports and plenary session reports of CPC as corpora to analyze and interpret the report texts from the perspectives of text mining and historical understanding. It aims to uncover the semantic meaning and underlying patterns in the report texts, providing a new research approach for the study of Party history. This study employs the TF-IDF algorithm to extract keywords and visualizes their distribution through a word cloud. The word2vec model is used to analyze semantic relationships, while the LDA topic model identifies the progression of major themes. By studying corpora such as party congress reports, the study explores the evolving focus of the Party's tasks throughout different historical periods. The analysis and interpretation of the model results reveal that mainstream text mining methods can efficiently analyze and interpret a large volume of texts in the field of Party history. They accurately identify potential topics and semantic relationships, effectively revealing the changes in the Party's main tasks. This quantitative analysis method provides a global and macroscopic understanding of historical evolution, enriching our comprehension of Party history. However, it is important to combine these methods with traditional historical research approaches to obtain comprehensive, accurate, and in-depth research results.

Keywords：Party congress report；Party history research；Keyword extraction；Text mining

1 引言

习近平总书记在党史学习教育动员大会上指出，"了解历史才能看得远，理解历史才能走得远。[1]"党史是宝贵的精神财富，通过研究党史可以深刻理解党的斗争历程和斗争精神[2]。中国共产党全国代表大会是我国政治生活中极为重要的组成部分，起着谋篇布局、把舵定向的重要作用，党代会报告是某一特定历史阶段党的意志的集中体现，反映了这一阶段全党全国各族人民的主要任务和奋斗目标，是党史研究的重要史料[3]。中共中央全会是讨论并决定党的重大问题的重要会议，全会公报和全会决定、决议也有重要的党史研究价值。

传统的党代会报告研究方法大多采用质性分析和内容分析，其主观因素的影响较大，且倾向于专注单一或少数议题的深入探究。虽然这种方法在具体议题上可以提供深入的见解，但在全面挖掘和理解报告内容方面，可能会有一定的局限性。李翔等[4]采用了 Nvivo 11 质性分析软件对历次党代会报告进行了语料分析和词频统计，通过对斗争话语的提取和分类，将其历史演进划分为 3 个阶段，并对每个阶段的特点和变化进行了分析。冯华艳[5]对 14 份党代会报告和全会决定的内容进行指引式分析，探讨了社会治理创新的驱动力，采用了多源流理论作为分析框架，通过分析文本中相关话语的变化，从国家顶层设计角度来理解和识别社会治理创新背后的驱动力量。尹克寒[6]基于党代会报告和政府工作报告研究了改革开放以来国家文化建设政策注意力的强度、议题及内容演变。他采用了内容分析法和 ROSTCM6 软件，分析政策文本中涉及"文化建设"议题字数占该报告总字数的比重及变化，并将其作为文化建设政策注意力强度及变化的指标。董石桃等[7]研究了当代中国政治发展的话语变化和意蕴，采用了文本分析和话语解读的方法，选取了党代会报告中的 3 字短语、5 字短语等关键词进行频次统计，以此揭示党代会报告的话语特点和变化趋势；在话语解读方面，通过对党代会报告中的核心语义进行分析，探讨了当代中国政治发展的要求和特点。

文本挖掘方法已广泛应用到人文社科领域的研究当中[8]，如主题挖掘[9-12]、情感分析[13-15]、关联规则挖掘[16-18]等。在党史研究领域，尽管文本挖掘具有广泛的潜在应用，但目前其使用并不广泛。本文通过将文本挖掘方法与传统的历史研究方法相结合，对党代会报告进行全新的解读和分析。本文利用各种文本挖掘技术，如关键词提取、主题模型、深度语义分析等，深度挖掘党代会报告的内容，探究其中的主题演进、关键词分布和语义变化。这种新的研究方法能够为党史研究领域提供新的视角和工具，进一步揭示党史的丰富内涵和深层价值。

2 研究设计

本文基于文本挖掘方法对历届党代会报告和重要全会公报、决定进行分析，分析框架如图 1 所示，包括数据采集、历史阶段划分、数据预处理、关键词云图、词汇分布与深度语义分析、主题演变的定量研究等。

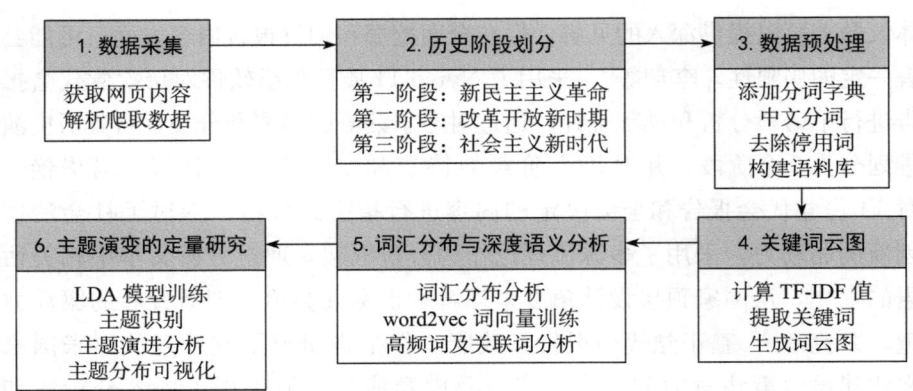

图 1　本文分析框架

2.1　数据来源

数据来源有 3 个部分，第 1 个部分是历届党代会报告全文（因特殊原因，不包含党的八大、九大和十大报告）；第 2 个部分是改革开放以来的全会公报全文；第 3 个部分是改革开放以来重要全会上发布的决定、决议[19]。共计 103 篇文本，109 万字。

2.2　党史阶段划分

基于前人的工作[20-22]对文本数据进行阶段划分，中共一大到中共七大为第一阶段，中共十一大到中共十七大为第二阶段，中共十八大到中共二十大为第三阶段（表1）。

表 1　历史阶段划分

时间	历史时期
第一阶段（1921—1949 年）	新民主主义革命时期
第二阶段（1977—2011 年）	改革开放新时期
第三阶段（2012 年至今）	社会主义新时代

2.3　数据预处理

本文首先利用 python 的 jieba 分词库进行中文分词处理。为了提高分词的准确性和效率，本文引入了"新时代中国特色话语大数据平台"的分词字典[23]，该字典包含了大量常用的、领域特定的词汇和短语。本文采用了哈工大的停用词表进行停用词的过滤[24],以去除一些在分析中无实际意义的高频词,如"的""是"等。经过分词和去除停用词的步骤后,分阶段构建了语料库,为后续的文本分析和挖掘奠定基础。

2.4 研究方法

2.4.1 TF-IDF

TF-IDF(term frequency-inverse document frequency)用于评估一个词在特定文档中的重要程度[25]。这种方法考虑了两个方面:一方面,TF(term frequency)指的是词频,即某个词在特定文档中出现的频率;另一方面,IDF(inverse document frequency)是逆文档频率,用于减小所有文档中普遍出现的词的权重,增加稀有词的权重。TF-IDF 的计算结果可以被视为词的权重,权重越大,词的重要性越高。在本文的研究中,TF-IDF 被用来挖掘中国共产党各个历史阶段的关键词,并将这些关键词进行可视化,生成词云图。

2.4.2 词汇分散图

词汇分散图(lexical dispersion plot)可以清晰地显示出特定词汇在文本中的分布情况[26]。通过词汇分散图,可以观察到词汇的分布模式和变化趋势,如其出现的频率、出现的位置等,这对于理解文本的主题和内容有着重要的作用。在本研究中,词汇分散图用于显示党的重要主题和关键词在不同历史阶段的出现频率和变化趋势,有助于挖掘其深层次的语义和历史变迁。

2.4.3 word2vec 模型

word2vec 是一种用于获取词向量的模型,它通过训练将每个词映射为一个多维的向量,而这些向量能够在一定程度上反映出词的语义信息,即语义相近的词其向量也会相近[27]。在本文的研究中,word2vec 模型被用于分析在不同历史阶段中党的工作侧重点的变化。通过比较各个阶段中的关键词语及其相似词,以及各词语之间的关联程度,可以更深入地理解党的历史发展脉络和主题演变。

2.4.4 LDA 主题模型

隐含狄利克雷分布(latent dirichlet allocation,LDA)是一种广泛应用于自然语言处理和机器学习领域的主题模型。LDA 可以自动地从文本集合中抽取出主题,并给出每个文档对应的主题分布,同时也能给出每个主题下的词分布[28]。在本研究中，LDA 模型用于自动抽取党的历史阶段中的主要主题，以此探索中国共产党历史演变的主题变化和发展趋势。

3 关键词词云图

本文使用 python 的 sklearn 库中的 TfidfVectorizer 实现 TF-IDF 算法，使用 wordcloud 库和 matplotlib 实现可视化。通过 TF-IDF，可以找出在某个阶段频繁出现，而在其他阶段却很少出现的关键词，这样的词可能就是描述该阶段特性的关键词。这对于从宏观角度理解每个阶段的主要议题及其变迁有帮助。3 个阶段的 TF-IDF 关键词云图如图 2 所示。

a 第一阶段　　　　　b 第二阶段　　　　　c 第三阶段

图 2　TF-IDF 关键词词云图

各个阶段关键词及 TF-IDF 值如表 2 所示。

表 2　各个阶段关键词及 TF-IDF 值

第一阶段		第二阶段		第三阶段	
关键词	TF-IDF 值	关键词	TF-IDF 值	关键词	TF-IDF 值
中国	0.5165	发展	0.4283	发展	0.3529
人民	0.3154	建设	0.3653	建设	0.2515
革命	0.2447	社会主义	0.3015	社会主义	0.2366
资产阶级	0.1960	经济	0.2014	制度	0.2353
无产阶级	0.1820	文化	0.1553	体系	0.2002
帝国主义	0.1414	改革	0.1546	特色	0.1277
解放区	0.1381	完善	0.1326	治理	0.1124
日本	0.1260	制度	0.1258	改革	0.1081
农民	0.1165	农村	0.1233	创新	0.1038
军阀	0.0986	企业	0.1031	现代化	0.1028

在第一阶段（1921—1949年），"中国""人民""革命""帝国主义""解放区""日本""农民""军阀"这些关键词凸显了这一时期党对全国人民民族意识觉醒的重视，也反映了这一时期的历史背景和时代主题，如三座大山（帝国主义、封建主义、官僚资本主义），抗日战争、解放战争等人民争取解放的斗争。

在第二阶段（1977—2011年），中国经历了一系列影响深远的改革，这一点在关键词"社会主义""经济""文化""改革""制度""农村""企业"中得到体现。改革开放是决定当代中国命运的关键[29]，农村经济体制改革和国企改革提高了人民生产工作积极性，市场经济体制的建立和发展提高了经济活力，中国步入经济社会发展的快车道。

在第三阶段（2012年至今），关键词"制度""体系""特色""治理""改革""创新""现代化"体现了我国在这一阶段积极推进国家治理体系和治理能力现代化，注重制度化、规范化。推动全面深化改革，促进科技创新、制度创新和文化创新，高举中国特色社会主义伟大旗帜，为全面建设社会主义现代化国家而团结奋斗。

4 词汇分布与深度语义分析

本文使用了NLTK库和matplotlib绘制词汇分散图。横轴是词汇个数，0~86 859为第一阶段，86 860~217 909为第二阶段，217 910~291 525为第三阶段。纵轴是10个关键词，若在语料库中出现则会在该词横轴上显示（图3）。

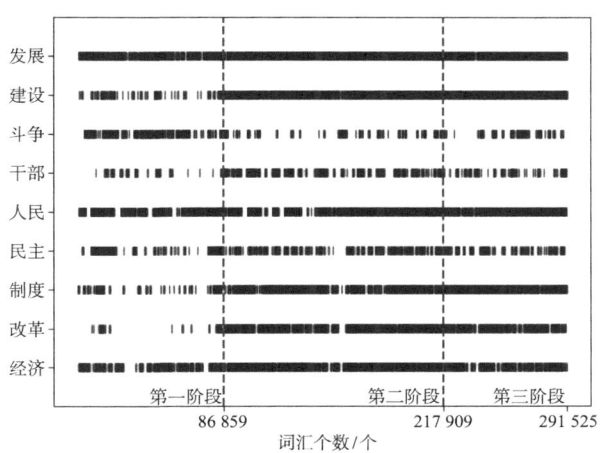

图3 词汇分散图

通过该图可以看到词语在某个阶段被提及的密度。例如,"发展""人民"等词贯穿语料始终。"斗争"一词在第一阶段被提及的密度要大于第二、第三阶段,"改革"一词在第二、第三阶段被提及的密度要大于第一阶段。

尽管相同的词在不同阶段都被提及,但它们在不同的时代背景下会被赋予不同的含义。为了深入探究这种语义变化,本文运用 word2vec 进行深度语义分析,旨在找出与特定关键词最相近的 10 个词,以揭示其在特定时期的特殊内涵。本文选择"斗争""改革""干部""人民"4 个词进行深入研究,因为这些词是贯穿中国共产党历史的关键概念。其中,"斗争"反映了党在面对挑战时的立场[4],"改革"是党领导全国人民推动国家发展的根本动力[30],"干部"则代表了党的自我革命、反腐倡廉等重要方面[32],"人民"是党的力量之源和胜利之本[31]。通过分析这些词在历次党代会报告中的变化,我们可以更深入地理解中国共产党在不同历史阶段的政策重心和工作重点(表 3)。

表 3 语义相关词

阶段	词汇	语义相关词 1	语义相关词 2	语义相关词 3	语义相关词 4	语义相关词 5
第一阶段	斗争	阶级斗争	土地革命	道路	战线	残余
	改革	国防	减租减息	民主改革	民族团结	民主运动
	干部	避免	消沉	觉悟	动员	同胞
	人民	动员	团结	呼声	抗日	民主运动
第二阶段	斗争	廉洁自律	腐败	侵蚀	官僚主义	脱离群众
	改革	计划体制	经济体制	政治体制	教育体制	国有企业
	干部	模范作用	廉洁自律	以身作则	深入基层	严肃
	人民	宗旨	密切联系	群众意愿	优良作风	根本利益
第三阶段	斗争	伟大事业	伟大工程	梦想	建党	反腐败
	改革	简政放权	供给侧	政府职能	结构性	着力点
	干部	民主监督	民主选举	纪律	负责	模范
	人民	执政为民	当家作主	幸福	福祉	为了人民

斗争:在第一阶段,即 1921—1949 年,该词更多是在描述与封建主义、官僚资本主义和帝国主义的抗争,如"阶级斗争""土地革命"等;在第二

阶段，随着改革开放和社会主义现代化建设的深入进行，"斗争"的含义逐渐转化为同改革发展的阻力做斗争，如"腐败""官僚主义"；在第三阶段，"斗争"进一步升华为理想信念的斗争，更多地表现为坚持和维护党的领导，推进"伟大事业""伟大工程"。

改革：在第一阶段，"改革"主要涉及的是战争和根据地建设，如抗战时期的减租减息政策、根据地民主建设等；在第二阶段，"改革"更多是指经济体制和政治体制改革，如基本经济制度改革、市场经济体制建立、党和国家领导制度改革等；在第三阶段，"改革"的内涵更加深化和广泛。党的十八大提出，要建立令人民满意的服务型政府[33]，在这一阶段改革的重点之一是转变政府职能，深化简政放权。除此之外，供给侧结构性改革成为推动经济高质量发展的关键[34]，也成为这个阶段和"改革"高度相关的词汇。

干部：在第一阶段，"干部"主要承担着动员和组织群众进行革命的任务，所以与"觉悟""动员"等词相关；在第二阶段，"三个代表"重要思想形成并发展，党中央高度重视党建问题，党员干部需要与群众密切联系、以身作则、廉洁自律；在第三阶段，强调坚持党要管党、全面从严治党，干部需要接受民主监督，承担起新时代的责任，所以与"民主监督""负责"等词相关。

人民：在第一阶段，"人民"是革命的主体，在这一阶段要对人民进行"动员"和"团结"，以争取革命的胜利；改革开放以来，我们党坚持推动社会主义民主法治建设，最大程度保障人民利益，倡导从群众中来，到群众中去，所以在第二阶段，人民和"密切联系""优良作风"等词相关；党的十九大报告明确指出，我国社会主要矛盾已经转化为人民日益增长的美好生活需要和不平衡不充分的发展之间的矛盾[35]，因此在这一阶段和"人民"相关的词变为"幸福""福祉"等。

5 主题演变的定量研究

本文使用 LDA 主题模型进行主题演变的定量研究，分别使用 3 个阶段的语料训练 3 个 LDA 主题模型，研究每一个阶段的主题分布和 3 个阶段的主题演进。本文采用 gensim 库中的 LdaModel 进行模型训练，采用 pyLDAvis 进行可视化（图 4）。

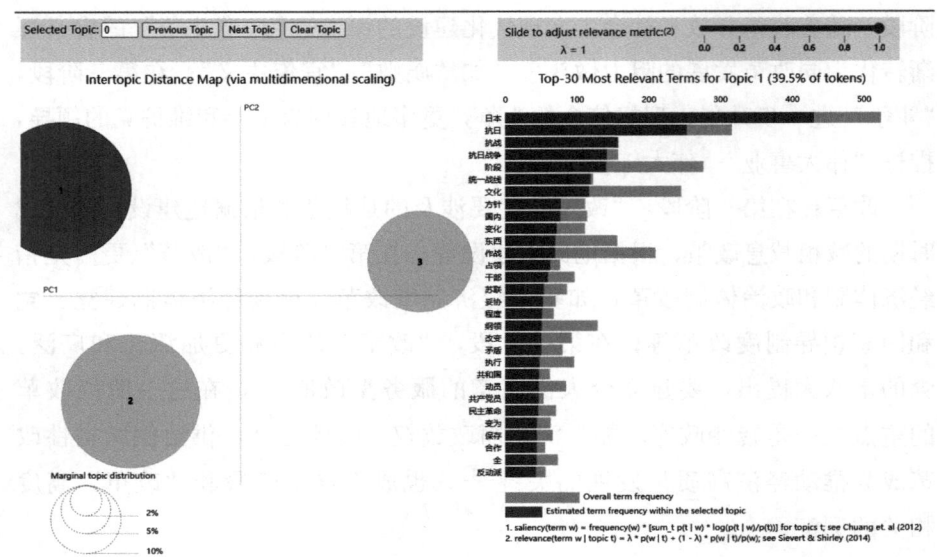

图 4　主题分布可视化

LDA 主题模型需要预先设定主题数目，本文采取困惑度计算方式进行最佳主题数选择[36]。困惑度反映了模型对未观察到的数据的拟合程度，值越低表示模型越好。在确定最佳主题数时，通常会选择困惑度最小的模型。

图 5 为 3 个模型的困惑度变化率，有一种常见的方法是找出变化率开始显著下降的点，这个点通常被称为"肘点"。以第三阶段为例，当主题数为 1~3 个时，变化率均较大，在主题数为 4 个之后，变化率开始减缓，因此可以确定最佳主题数为 4 个。同理，第一阶段和第二阶段的最佳主题数都是 3 个。

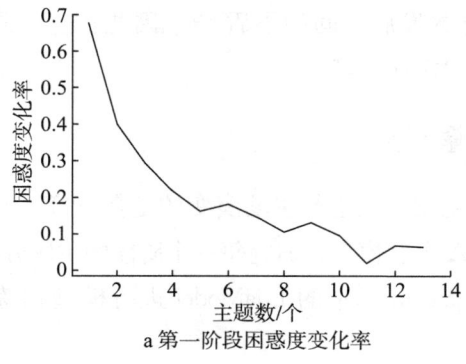

a 第一阶段困惑度变化率

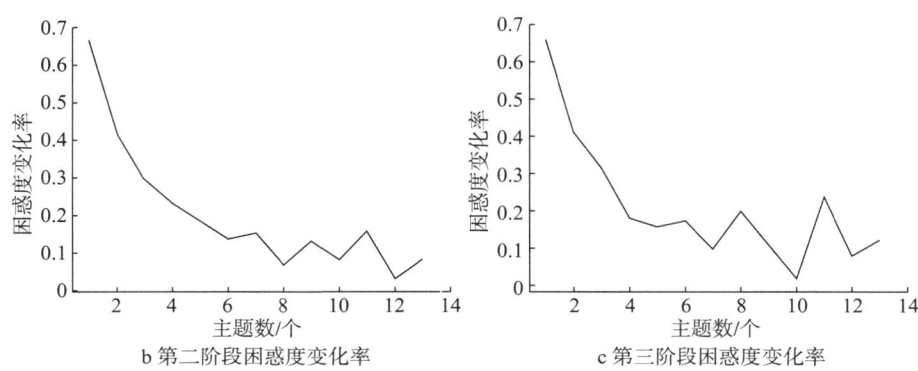

b 第二阶段困惑度变化率　　　　c 第三阶段困惑度变化率

图 5　困惑度变化率

表 4 至表 6 为 3 个阶段的主题-高概率特征词分布。

表 4　第一阶段主题标识及特征词

编号	主题标识	特征词
Topic1	抗日战争与统一战线	抗日　抗战　阶段　统一战线　方针　动员　民主革命　作战　矛盾　纲领
Topic2	解放战争与根据地建设	解放战争　根据地　统一　制度　纲领　内战　工业　工人阶级　路线　农业
Topic3	党的建设	文化　机会主义　党内　宣传　中央　党员　批评　肃清　绝不能　理论

表 5　第二阶段主题标识及特征词

编号	主题标识	特征词
Topic1	经济制度改革	农业　国有企业　产业　土地　国有　产品　投入　文化产业　基础设施　统筹
Topic2	市场经济体制建立与发展	价格　资本　技术　城市　农业　工业　所有制　资金　调节　劳动
Topic3	党的建设	党员　民主集中制　选拔　用人　批评　党的路线　"三个代表"　纪律　权力　错误

表 6　第三阶段主题标识及特征词

编号	主题标识	特征词
Topic1	经济发展与社会进步	农村　新型　收入　质量　脱贫　技术　一体化　规划　尊重　拓展

续表

编号	主题标识	特征词
Topic2	政治制度与法治建设	机关 程序 公正 规则 违法 权 自治 制度化 人民代表大会 政协
Topic3	党的建设	党员 违纪 违法 民主集中制 净化 依规 腐败 实事求是 指导思想 方针政策
Topic4	全球化与人类发展	人类 全球 人与自然 尊重 提升 百年 实力 增进 国际形势 新格局

在第一阶段，中国社会的主要矛盾是帝国主义和中华民族之间的矛盾、封建主义和人民大众之间的矛盾。主题主要集中在抗日战争、统一战线、解放战争等方面，这反映出在新民主主义革命时期，中国共产党的主要任务是领导人民进行反对帝国主义和封建主义的斗争，实现民族独立和人民解放。

进入第二阶段，中国社会主要矛盾转化为人民日益增长的物质文化需要和落后的社会生产之间的矛盾，确立了以经济建设为中心的基本路线。基本经济制度改革、市场经济体制建立与发展成为主题，劳动、资本、技术等生产要素成为高频词。

在第三阶段，我国进入社会主义新时代，社会主要矛盾已经转化为人民日益增长的美好生活需要和不平衡不充分的发展之间的矛盾。因此，主题进一步拓宽，包括经济发展与社会进步、政治制度与法治建设、党的建设及全球化与人类发展等。关键词"农村""脱贫"揭示出党领导全国各族人民打赢脱贫攻坚战，全面建成小康社会，大力实施乡村振兴战略，推动农业农村现代化重大部署。政治上着力推进国家治理体系与治理能力现代化，加强民主法治建设。在这一阶段，我国更加注重树立负责任的大国形象，反映出党的国际视野和全球责任，在应对气候变化和解决地区冲突中发挥建设性作用。

3个阶段的主题均涉及党建问题，这充分展示了党对自身队伍建设的高度重视。第一阶段中的关键词"机会主义""理论""肃清"等体现了党在革命战争时期注重提高党员的理论素质，坚持理论联系实际，坚决肃清党内不良分子，保持党的纯洁性和先进性；第二阶段中，党的建设关键词更多地涉及"民主集中制""选拔""用人""党的路线""三个代表""纪律""权力"等，反映了在该阶段更加重视民主集中制，强调科学选拔和使用干部，积极推广"三个代表"重要思想,严格党的纪律,坚决反对滥用权力;第三阶段,党的建设的关键词包括了"违纪""违法""净化""依规""腐败""实事求是""指导思想"等,显示出新时代中国共产党对自身建设的新要求,即严明党的纪律,打击党内腐败现象,坚持净化党的组织,严格依规治党,坚持实事求是,坚定不移地走中国特色社会主义道路。

总的来看,这些主题的演进反映了中国共产党从领导人民进行革命斗争,到社会主义建设,再到全面深化改革和推动全球化的历史进程,展现了党始终以人民为中心,始终推动经济社会发展和党的建设的坚定决心。

6 结束语

本文通过大数据和深度学习的方法,结合中国社会主要矛盾,分析了党代会关键词的变迁和主题演进,分析了党从革命时期、社会主义建设时期到社会主义新时代3个历史阶段的主要任务和工作的侧重点。这些结果不仅有助于我们理解中国共产党的历史变迁,也为未来的研究提供了重要的方法论参考。未来的研究可以进一步探讨这些方法在其他历史语料库分析中的应用,以期提供更全面、更深入的历史理解。

在党史研究中,文本挖掘和深度学习等数据驱动的方法具有显著的优势。这些方法能有效地处理大规模的文本数据,对大量繁复的史料进行高效的分析和整理,挖掘出潜在的规律和模式,丰富历史研究的角度。它们能从宏观的角度揭示历史变迁和思想演变的脉络,为研究提供全局视角。此外,数据驱动的方法能进行精确的量化分析,使得研究结果更加客观和准确。

然而,这类方法也存在一定的局限性。机器学习和深度学习模型对训练数据的质量和数量有较高的要求,数据质量不高和处理步骤不规范会大大影响模型的准确性。模型的黑箱性可能导致难以理解模型的内在运作机制,进而影响研究的可解释性。这些方法难以处理历史研究中的主观性和复杂性问题。例如,文本中的暗示、象征等难以被模型准确捕捉和理解。因此,采用这些方法进行党史研究时,可以适当地结合传统的历史研究方法,以求得更全面、深入的研究成果。

参考文献

[1] Xi Jinping's speech at the mobilization meeting on party history study and education [J]. Seeking truth,2021(7):4-17.

[2] Xinhua commentary: learning history for a better future-on solidly promoting party history study and education[J]. Southern tribune,2021(4):1.

[3] LI Y. Historical details of party congresses: from the first congress to the eighteenth congress[J]. Theoretical study,2017(11):64.

[4] LI X,ZHAO W. Historical evolution of the Chinese communist party's discourse on struggle since the founding of the People's Republic of China: a word frequency and corpus analysis based on party congress reports[J]. Journal of Jiangsu institute of socialism,2021,22(4):4-10.

[5] FENG H. The driving force of social governance innovation under the theory of multiple streams: content analysis based on national party congress reports and plenary session decisions[J]. Modern governance research,2020,36(4):81-90.

[6] YIN K. The evolution of attention to national cultural construction policies since the reform and opening up: an analysis based on party congress reports and government work reports[J]. Library tribune,2023,43(6):18-28.

[7] DONG S,YANG L. Changes in the democratic discourse system of the Chinese communist party since the reform and opening up: a textual measurement and discourse analysis based on party congress reports from the twelfth to the nineteenth congresses [J]. Theory and reform,2019(6):90-103.

[8] XU D,ZHANG L. Text mining for social science research: status, issues, and prospects[J]. Science and society,2015,5(3):75-89.

[9] HU J,QIAN W,LI Y,et al. Research on policy text topic mining and structured analysis framework based on LDA2Vec[J]. Information science,2021,39(10):11-17.

[10] WANG L,XIAN Z,LI L. Research on the evolution of modernization concepts in university libraries based on text mining[J]. Library research,2023(4):2-9.

[11] LI Q,WANG S. Research on the themes of reading promotion content on wechat platforms of public libraries in China under the LDA model[J]. Library and information work,2022,66(8):72-83.

[12] LIU W,WANG H,LEI L,et al. Research on the policy textual measurement of Beijing's science and technology financial policy match based on LDA[J]. Economic issues,2023(1):52-60.

[13] YANG Q,WANG Z,HUANG S. Book recommendation method based on sentiment analysis and concept dictionary[J]. Journal of anhui university of engineering,2022, 37(5):59-65.

[14] CAI R. Research on the social influence of academic achievements of medical science and technology talent from the perspective of sentiment analysis[D]. Beijing:Peking

Union Medical College,2022.

[15] ZHU X,HU Y,LIU H. Research on the sentiment analysis method and guiding mechanism based on core entities in weibo[J]. Information science,2022,40(3):136-143,165.

[16] WEN F,ZHENG S. Research on multidisciplinary knowledge fusion based on association rule mining:a case study of COVID-19 research field[J]. Modern information,2023,43(3):148-156.

[17] WU Q,YANG Z,ZHANG X,et al. Discovery of innovative technology cooperation teams based on efficient use of association rule mining:a case study of new energy vehicle industry patent data[J]. Science and technology management research,2022,42(13):123-130.

[18] ZHI F,ZHAO M,ZHANG M,et al. Investigation of scientific data sharing needs and association mining[J]. Information science,2021,39(12):9-16.

[19] Communist Party of China News / Database of the National Congresses of the Communist Party of China[DB/OL]. (2022-10-23)[2023-02-04]. http://cpc.people.com.cn/GB/64162/64168/index.html.

[20] QI P. Discussion and interpretation of the issue of "periodization of party history" in the past 90 years[N]. Guangming daily,2011-09-08(11).

[21] WANG C. Standing at a new historical position,understanding the spirit of the nineteenth national congress from a historical perspective[J]. Rule of law and society,2018(5):118-119.

[22] Yang X,Li Y,Hou L. Research on the historical position of china's socialism with chinese characteristics entering a new era[J]. Journal of communist party school of Shanxi provincial institutions,2018(2):19-23.

[23] Big Data Platform for Chinese Discourse in the New Era[DB/OL]. (2021-12-23)[2023-02-06]. http://49.232.145.25/data/.

[24] Harbin Institute of Technology's Chinese Stopword List[DB/OL]. (2019-12-18)[2023-02-08]. https://github.com/goto456/stopwords/commits/master/hit_stopwords.txt.

[25] SPÄRCK J K. A statistical interpretation of term specificity and its application in retrieval[J]. Journal of documentation,1972,28(1),11-21.

[26] BIRD S,KLEIN E,LOPER E. Natural language processing with python:analyzing text with the natural language toolkit[M]. Sebastopol:O'Reilly Media,2009.

[27] MIKOLOV T,CHEN K,CORRADO G,et al. Efficient estimation of word representations in vector space[J]. CoRR,2013.

[28] BLEI D M,NG A Y,JORDAN M I. Latent dirichlet allocation[J]. Journal of ma-

chine learning research, 2003(3):993-1022.

[29] HAN Z. Properly understanding the important position and role of reform and opening up[N]. Guangming daily, 2019-01-23(1).

[30] ZHANG S. The century-long historical experience of the communist party of China in promoting national modernization[J]. Hongqi manuscripts, 2021(9):16-18.

[31] WU C. The people are the source of strength and the foundation of victory for our party[J]. China political consultative conference, 2021, 386(11):23-24.

[32] ZHANG Z, GUO C. Historical evolution of the construction of the party's cadre team: a textual analysis based on party congress reports since the founding of the People's Republic of China[J]. Journal of qingdao municipal party school and qingdao administrative college, 2022, 274(4):29-36.

[33] HU J. Firmly advance along the path of socialism with Chinese characteristics and strive for the comprehensive building of a moderately prosperous society—report at the 18th national congress of the communist party of China[J]. Frontline, 2012(12):6-25.

[34] Xi Jinping presides over the 13th meeting of the central leading group for financial and economic affairs, emphasizing the firm promotion of supply-side structural reform and the continuous expansion of the middle-income group in development[J]. Theoretical research on finance and economics, 2016(3):2.

[35] XI J. Secure a decisive victory in building a moderately prosperous society in all respects and strive for the great success of socialism with Chinese characteristics for a new era—report at the 19th national congress of the communist party of China[J]. Theoretical study, 2017(12):4-25.

[36] GRIFFITHS T L, STEYVERS M. Finding scientific topics[J]. Proceedings of the national academy of sciences, 2004, 101(S1):5228-5235.

大宗商品电商交易平台投机管控策略演化博弈研究

张倩语[1,a]，张健[1,2,b,*]，廖梦洁[1,2,c]

[1]北京信息科技大学经济管理学院，北京，中国
[2]绿色发展大数据决策北京市重点实验室，北京，中国
[a] zhangqyn@163.com，[b] zhangjian@bistu.edu.cn，[c] liaomengjie@bistu.edu.cn
*通讯作者

摘要：大宗商品电商交易中对平台的投机治理是重要一环。本文考虑到政府治理态度对大宗商品电商交易平台投机的影响，构建了"大宗商品电商交易平台-政府"的两方演化博弈模型，通过合理的假设与分析计算，建立了博弈双方不同策略下的收益矩阵，并对模型的均衡点和稳定性展开分析，探讨各相关参数对博弈双方演化稳定策略的影响。研究结论表明，政府强制性惩罚、声誉和信息共享的奖励、奖励的系数等因素在不同条件下影响博弈双方的策略选择。平台与政府两个主体间在合理范围内存在共赢局面，若平台在评估风险后在能保障自身安全的情况下，投机总收益低于正常总收益，最终经过演变会选择诚信。同样，当政府积极治理带来的收益高于消极治理时，最终会选择积极治理。最后，本文提出治理的管理优化建议。

关键词：大宗商品电商交易平台；投机治理；演化博弈

Research on the Evolutionary Game of Speculative Control Strategy of Bulk Commodity E-commerce Trading Platform

Zhang Qianyu[1,a], Zhang Jian[1,2,b,*], Liao Mengjie[1,2,c]

[1] College of Economics and Management, Beijing Information Science and Technology University, Beijing, China
[2] Beijing Key Laboratory of Green Development Big Data Decision, Beijing, China
[a] zhangqyn@163.com, [b] zhangjian@bistu.edu.cn, [c] liaomengjie@bistu.edu.cn
* Corresponding author

Abstract: Speculative governance of platforms in commodity e-commerce transactions is important. Considering the influence of government governance attitude on the speculation of commodity e-commerce platforms, this paper constructs a two-party evolutionary game model of 'commodity e-commerce trading platform-government'. Through reasonable assumptions and analysis calculation, the income matrix under different strategies of both sides of the game is established, the equilibrium point and stability of the model are analyzed, and the influence of relevant parameters on the evolutionary stability strategy of both sides of the game is discussed. The conclusion of the study shows that factors such as government mandatory punishment, reputation and information-sharing rewards, and reward coefficients affect the strategic choices of both sides of the game under different conditions. There is a win-win situation between the two entities of the platform and the government within a reasonable range. If the platform can guarantee its security after assessing the risk, the total speculative income is lower than the normal total income, and finally, the integrity is selected through evolution. Similarly, when the government's positive governance brings more benefits than negative governance, it will eventually choose positive governance. Finally, this paper proposes management optimization suggestions for governance.

Keywords: Bulk commodity e-commerce transactions; Speculative governance; Evolutionary game

1 引言

数字经济时代电商发展态势向好，借助金融海啸后"四万亿"经济刺激，在数字经济融合创新的政策推动下，我国大宗商品传统交易市场通过产业数字化转型积极演化为大宗商品电子类交易市场。但大宗商品具有交易数量大、价格波动大、交易风险大、影响辐射大等特点，大宗商品交易中存在金融属性，其交易模式与期货市场高度同质化，且大宗商品电商交易市场有别于国内普通电商交易平台，因理论研究不足、监管存在漏洞、行业自律意识淡薄、科学技术应用不到位，很多市场存在信息不对称问题，因此，大宗商品电商交易的特殊性导致了交易中出现"哄抬物价""炒作"等投机事件。针对大宗商品市场存在的投机行为，现有国家监管部门利用"有形之手"调节市场，对市场价格实施干预，促进市场稳定。例如，2021年应对"煤超疯"价格异常波动风险中，除了对现货煤炭实施价格干预外，期货监管部门还采取提高品种手续收费标准、收紧交易限额、研究实施扩大交割品范围等一系列措施抑制投机。针对大宗商品电商交易市场可预见的风险与隐患，国家层面与地方政府频发政策、着力监管。国家相继出台了《国务院关于清理整顿各类交易场所切实防范金融风险的决定》《国务院办公厅关于清理整顿各类交易场所的实施意见》《基金管理公司特定客户资产管理业务试点办法》《客户交易结算资金管理办法》等政策文件，旨在划定行业监管底线，指导地方监管清理整顿大宗商品电商交易平台的不良交易问题。依托地域产品特色的大宗商品电商交易平台特色各异、经营现状与困境不尽相同，地方交易平台监管部门在"支持发展、放手实践"与"严苛监管、规范经营"当中难以找到适当的立足点。从以往大宗商品电商交易平台的清整经验来看，监管过紧导致了有序平台经营受限、交易模式死板等问题，不仅对投机行为约束力不足，反而给了投机者牟利的机会，更加打击了致力于服务实体经济的"白名单"交易平台的服务热情。作为影响因素探究地方政府积极治理态度是否对平台合法运营具有正向作用，治理策略制定合理化与方案执行有效性，是否直接影响电商平台的健康运营与创新发展，是目前我国实现大宗商品电商交易平台合理合法运营必须要解决的问题。

2 相关研究

国外大宗商品市场经过一百多年的发展历程，已经处于相对稳定的成熟期。而我国大宗商品交易发展时间短，理论研究不足，法律建设不全[1]，所以出现诸多投机问题。大宗商品电商交易为大宗行业资源配置、商品流通提供巨大助力，打破了传统市场时间、空间的局限，提升了交易效率、商品流通性和信息透明度，对我国转变经济发展方式、提升经济发展效率、争夺国际大宗商品价格话语权等具有十分重要的意义[2]，也方便了客户源、信息源、物流等内容的获取，为大宗交易的发展拓宽了道路。

在平台企业投机活动中，刘汉民等[3]认为正式治理与非正式治理结合起来，更能够发挥互补作用，他们利用分层线性回归分析得到监督、声誉、沟通能够抑制投机行为。周茵等[4]研究表明权威治理策略能够为投机行为带来差异性治理结果。王仙雅等[5]基于消费者视角，采用了结构方程模型和分层回归模型，得到商家规范机制和争议处理机制对强、弱投机具有抑制作用，交易保障机制对弱投机行为具有促进作用。Xue 等[6] 在交易费用理论和关系交换理论双重框架下，提供导致合资企业机会主义的因素的因果模式证据，并通过制度安排来减少投机活动。股市投机活动中，李贤等[7] 指出公司股东释放的各种信息可引导市场过度投资与激发市场投机活跃度。期货市场投机活动中，张璐等[8] 认为大宗期货市场设立投资者适当制度、持仓限额制度和大户报告制度能严格监管投机行为。Fan 等[9] 基于交易强度最高的大宗商品样本，研究认为市场参与者对信息的掌握影响其正反馈交易、噪音交易和从众心态，且对价格限制能够有效治理过度投机。在大宗商品电商交易市场中，由于交易平台的利益目标不一致，在监管与治理过程中存在投机行为。同时，复杂的外部环境给大宗商品电商交易带来挑战[10]，需要合理、适度的市场监管、政府监管、地方监管对投机行为进行抑制和治理。

演化博弈理论及仿真实验适用于不同场景中，提供治理思路，帮助设计治理机制与治理策略。吴正泓等[11] 基于演化博弈模型，认为在公共文化服务场景下的合作治理研究中，可从增加公共文化服务经营性属性、优化政府补贴、引入公众监督机制、加大监督惩罚力度 4 个方面进行治理。Gao 等[12] 针对部分开发商在装配式建筑推广期谋取私利的投机行为，构建演化博弈模型，研究政府监管模式在不同情况下的选择，发现政府监管模式的选择与识别开发商投机行为的概率有很大关系。周奕宁等[13] 基于 ppp 项目，引入上级政府部门行政监管机制，构建地方政府和社会资本的博弈收益矩阵，借用理论仿真工具分析系统的主体博弈过程，揭示了有效抑制社会资本投机行为的影响因素。杨文珂等[14] 基于演化博弈理论及仿真手段对跨国绿色国际合作场景下的投机行为进行探索，设计治理机制并促进了目标的实现。Zhu 等[15] 构建政府部门、餐馆和垃圾处理公司的三方演化博弈模型，为避免在惩罚方案中的机会主义行为和监管效率低下，引入随机检查惩罚方案，结果表明非正式监管可以改善管理。如今，演化博弈理论在经济管理领域得到了广泛应用，关于治理策略问题和投机问题的研究也取得了阶段性成果。因此，采用演化博弈方法探究大宗商品电商交易投机治理问题具有重要的现实价值。

3 问题描述与模型构建

3.1 问题描述

依据对大宗商品电商交易主体间关系的分析，主体主要包括监管和交易角色。本系统内政府作为监管机构承担监管与治理的责任,大宗商品电商交易平台既是参与投机的主体,同时也承担监管角色进行自我监管,治理交易平台内的投机事件。回应性监管理论混合了政府监管和非政府监管、强制与非强制手段以达到最佳监管效果,形成超越单独政府监管或市场调节的监管方式[16](图1)。大宗商品电商交易生态系统是一个多主体互动,且相互作用、相互依赖的系统,对大宗商品电商交易平台投机行为是"命令型控制"与"自我管制"相结合的治理方式。因此,政府选择采取不同态度对平台投机问题进行治理。依托交易成本理论,结合大宗商品电商交易投机的成因分析了治理的不同维度,厘清我国大宗商品电商交易平台投机问题的治理机制。

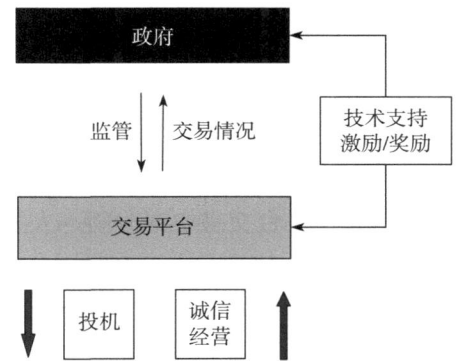

图1 大宗商品电商交易平台投机回应性监管机制

3.2 模型假设与构建

本文从治理角度出发,基于演化博弈理论,探讨分析大宗商品电商交易平台与政府之间的利益冲突机制并寻求最优决策,做出如下假设。

3.2.1 模型假设

(1)博弈主体假设

参与博弈的两类主体为具有有限理性的大宗商品电商交易平台与政府。其中,大宗商品电商交易平台在促进贸易流通基础上,接受政府的监管,但同时为了追求自身利益最大化,不断寻求获利空间;我国是层级式大宗商品监管与治理体系,依据属地管理原则,我国大宗商品交易的执行者为其所在地的各省级人民政府规定的监管部门,本文中监管部门为政府。

(2)博弈策略假设

大宗商品电商交易平台采取"诚信经营"和"投机"两种策略,策略集合为｛诚信经营 H，投机 NH｝；政府采取"积极治理"和"消极治理"两种策略，策略集合为｛积极治理 Z，消极治理 NZ｝。大宗商品电商交易平台作为市场交易的中介方，拥有较为全面的交易信息和资讯渠道，通过提供合法的服务与自我监管实现市场稳定发展，因此有"诚信经营"策略。但由于信息不对称、监管不严、利益驱动等原因追求高额收益发生投机行为，因此大宗商品电商交易平台有"投机"策略。政府主要通过正式治理和非正式治理相结合的形式对大宗商品电商交易平台进行治理，通过强制性惩罚和奖励等政策性措施来保障交易市场的安全和稳定，但由于监管存在侥幸心理、关系规范等因素难以达到全面有效的监管，因此政府部门有"积极治理"和"消极治理"两个策略。

（3）博弈参数假设

假设 1：假设大宗商品电商交易平台选择"诚信经营"策略的概率为 $x(0 \leqslant x \leqslant 1)$，选择"投机"策略的概率为 $1-x$；政府选择"积极治理"策略的概率为 $y(0 \leqslant y \leqslant 1)$，选择"消极治理"策略的概率为 $1-y$。

假设 2：大宗商品电商交易平台交易中在时间、人力、设备等方面所付出的成本为 $C_p(0 \leqslant C_p \leqslant \infty)$，大宗商品电商交易平台在正常经营时所获得的收益为 $E(0 \leqslant E \leqslant \infty)$。由于大宗商品交易市场内部有特殊"关系"或者面对高额收益，大宗商品电商交易平台会采取投机手段，通过投机获得的额外高额收益为 I_u。当大宗商品电商交易平台诚信经营时，能够获得政府给予的政策优惠，且该平台会获得高声誉，本文将平台诚信经营时获得的激励定义为 $M(M \geqslant 0)$。

假设 3：政府选择积极治理时在时间、人力、设备、管理等方面投入的成本为 $C_g(0 \leqslant C_g \leqslant \infty)$，政府积极治理时能够获得社会肯定，且能够约束大宗商品电商交易平台积极共享信息，减少信息差带来的治理失误，此时政府获得的声誉提升收益为 $S(S \geqslant 0)$。

假设 4：大宗商品电商交易平台选择投机时，积极治理的政府会采取强制性惩罚 $F(F \geqslant 0)$。政府治理监管中，由于存在侥幸心理、关系等，政府选择消极治理时会以 $\alpha(0 \leqslant \alpha \leqslant 1)$ 的机会识别大宗商品电商交易平台投机行为，因此大宗商品电商交易平台会以 $1-\alpha$ 的机会逃避惩罚。

假设 5：政府采取消极治理措施时，对大宗商品电商交易平台以 $\beta(0 \leqslant \beta \leqslant 1)$ 的机会进行激励，因此当政府消极治理时，大宗商品电商交易平台诚信经营所获得的收益为 βM。

3.2.2 模型构建

基于上述模型假设，建立大宗商品电商交易平台与政府之间演化博弈模型，并根据主体关系分析博弈双方的收益矩阵，具体如表1所示。

表1 大宗商品电商交易平台与政府收益矩阵

博弈方		政府	
		积极治理（y）	消极治理（$1-y$）
大宗商品电商交易平台	诚信经营（x）	$E+M-C_p$, $S-C_g-M$	$E-C_p+\beta M$, $-C_g-\beta M$
	投机（$1-x$）	$E+I_u-F-C_p$, $S-C_g+F-I_u$	$E-C_p+(1-\alpha)I_u-\alpha F$, $-C_g+\alpha F-(1-\alpha)I_u$

根据相关假设和参数设置，对大宗商品电商交易平台-政府收益矩阵解释如下：

①当大宗商品电商交易平台诚信经营，政府积极治理时，大宗商品电商交易平台付出成本C_p，获得收益E和激励M。政府积极治理付出成本C_g，对大宗商品电商交易平台付出激励M，同时获得声誉为S。

②当大宗商品电商交易平台投机，政府积极治理时，大宗商品电商交易平台付出成本C_p，获得诚信经营收益E和高额投机收益I_u，由于平台选择投机，所以政府对平台采取强制性惩罚F。政府积极治理付出成本C_g，获得声誉为S，对平台的强制性惩罚同时也是政府的收益，且政府损失了平台的高额投机收益。

③当大宗商品电商交易平台诚信经营，政府消极治理时，大宗商品电商交易平台付出成本C_p，获得诚信经营收益E和激励βM。政府消极治理付出成本C_g，且对平台诚信经营给予奖励βM。

④当大宗商品电商交易平台投机，政府消极治理时，大宗商品电商交易平台付出成本C_p，获得诚信经营收益E和高额投机收益$(1-\alpha)I_u$，且要付出强制性惩罚αF。政府消极治理付出成本C_g，且损失了大宗商品电商交易平台的高额投机收益$(1-\alpha)I_u$，同时获得对平台的强制性惩罚αF。

3.3 演化博弈理论推演

根据假设，大宗商品电商交易平台采取"诚信经营"或"投机"策略的

期望收益为 E_H、E_{NH}，大宗商品电商交易平台的平均收益为 $\bar{E}_1$，那么，

$$E_H = y(E + M - C_p) + (1-y)(E - C_p + \beta M); \qquad (1)$$

$$E_{NH} = y(E + I_u - F - C_p) + (1-y)[E - C_p + (1-\alpha)I_u - \alpha F]; \qquad (2)$$

$$\bar{E}_1 = x E_H + (1-x) E_{NH}。 \qquad (3)$$

政府采取"积极治理"或"消极治理"策略的期望收益为 E_Z、E_{NZ}，政府的平均收益为 $\bar{E}_2$，那么，

$$E_Z = x(S - C_g - M) + (1-x)(S - C_g + F - I_u); \qquad (4)$$

$$E_{NZ} = x(-C_g - \beta M) + (1-x)[-C_g + \alpha F - (1-\alpha)I_u]; \qquad (5)$$

$$\bar{E}_2 = y E_Z + (1-y) E_{NZ}。 \qquad (6)$$

根据演化博弈理论，可得大宗商品电商交易平台的复制动态方程：

$$D(x) = \frac{dx}{dt} = x(E_H - \bar{E}_1) = x(1-x)(E_H - E_{NH})$$
$$= x(1-x)\{y[(1-\beta)M - \alpha I_u + (1-\alpha)F] + [\beta M - (1-\alpha)I_u + \alpha F]\}。 \qquad (7)$$

相似地，关于政府的复制动态方程为：

$$D(y) = \frac{dy}{dt} = y(E_Z - \bar{E}_2) = y(1-y)(E_Z - E_{NZ})$$
$$= y(1-y)\{x[(\beta-1)M - (1-\alpha)F + \alpha I_u] + [S + (1-\alpha)F - \alpha I_u]\}。 \qquad (8)$$

令 $\frac{dx}{dt} = 0$，$\frac{dy}{dt} = 0$，求解复制动态方程，可得均衡点 $E_1(0,0)$、$E_2(0,1)$、$E_3(1,0)$、$E_4(1,1)$、$E(x_0, y_0)$，其中：

$$x_0 = \frac{\alpha I_u - (1-\alpha)F - S}{(\beta-1)M - (1-\alpha)F + \alpha I_u}; \qquad (9)$$

$$y_0 = \frac{-\beta M + (1-\alpha)I_u - \alpha F}{(1-\beta)M + (1-\alpha)F - \alpha I_u}。 \qquad (10)$$

根据 Friedman[17] 提出的雅可比矩阵的局部稳定分析法，对上述均衡点进行稳定性分析。下面是雅可比矩阵：

$$J = \begin{bmatrix} \frac{\partial D(x)}{\partial x} & \frac{\partial D(x)}{\partial y} \\ \frac{\partial S(y)}{\partial x} & \frac{\partial S(y)}{\partial y} \end{bmatrix} = \begin{bmatrix} f_{11} & f_{12} \\ f_{21} & f_{22} \end{bmatrix}。 \qquad (11)$$

式中：

$$f_{11} = \frac{\partial D(x)}{\partial x} = (1-2x)\{y[(1-\beta)M - \alpha I_u + (1-\alpha)F] + [\beta M - (1-\alpha)I_u + \alpha F]\}; \quad (12)$$

$$f_{12} = \frac{\partial D(x)}{\partial y} = x(1-x)[(1-\beta)M - \alpha I_u + (1-\alpha)F]; \quad (13)$$

$$f_{21} = \frac{\partial S(y)}{\partial x} = y(1-y)[(\beta-1)M - (1-\alpha)F + \alpha I_u]; \quad (14)$$

$$f_{22} = \frac{\partial S(y)}{\partial y} = (1-2y)\{x[(\beta-1)M - (1-\alpha)F + \alpha I_u] + [S + (1-\alpha)F - \alpha I_u]\}。\quad (15)$$

根据均衡点的局部渐进稳定状态条件，若均衡点满足 $\det J > 0$，$\text{tr} J < 0$ 两个条件，则为演化动态过程局部渐进稳定点，对应策略为演化稳定策略（ESS）。

局部均衡点处的 f_{11}、f_{12}、f_{21}、f_{22} 的取值如表 2 所示。

表 2 局部均衡点雅可比矩阵的元素取值

均衡点/矩阵元素	f_{11}	f_{12}	f_{21}	f_{22}
(0, 0)	$\beta M - (1-\alpha)I_u + \alpha F$	0	0	$S + (1-\alpha)F - \alpha I_u$
(0, 1)	$M - I_u + F$	0	0	$-[S + (1-\alpha)F - \alpha I_u]$
(1, 0)	$-[\beta M - (1-\alpha)I_u + \alpha F]$	0	0	$(\beta-1)M + S$
(1, 1)	$-(M - I_u + F)$	0	0	$-[(\beta-1)M + S]$
(x_0, y_0)	0	A	B	0

其中：

$$A = \frac{-(\beta-1)M - S}{(\beta-1)M - (1-\alpha)F + \alpha I_u}; \quad (16)$$

$$B = \frac{-M + I_u - F}{(1-\beta)M + (1-\alpha)F - \alpha I_u}。\quad (17)$$

根据演化稳定策略的进一步分析，令：

$$F_1 = \beta M - (1-\alpha)I_u + \alpha F; \quad (18)$$

$$F_2 = M - I_u + F; \quad (19)$$

$$F_3 = S + (1-\alpha)F - \alpha I_u; \quad (20)$$

$$F_4 = (\beta-1)M + S。\quad (21)$$

那么，局部均衡点雅可比矩阵元素取值表达式如表 3 所示。

表 3 局部均衡点雅可比矩阵元素取值表达式

ESS	f_{11}	f_{12}	f_{21}	f_{22}
(0, 0)	F_1	0	0	F_3
(0, 1)	F_2	0	0	$-F_3$
(1, 0)	$-F_1$	0	0	F_4
(1, 1)	$-F_2$	0	0	$-F_4$
(x_0, y_0)	0	$\dfrac{-F_4}{F_1-F_2}$	$\dfrac{-F_2}{-F_1+F_2}$	0

当局部均衡点对应的雅可比矩阵行列式 $\det J > 0$，$\mathrm{tr}J < 0$ 时，该均衡点趋于稳定，对应的策略为演化稳定策略（ESS）；当 $\det J > 0$，$\mathrm{tr}J > 0$ 时，该均衡点不稳定；当 $\det J < 0$，$\mathrm{tr}J$ 的值不确定时，该均衡点为鞍点。排除不符合条件的取值，对局部稳定点 (x_0, y_0) 进行分析，若该点存在，则行列式的迹为 0，故该点不是系统的全局均衡点。演化稳定策略分析如表 4 所示。

表 4 演化稳定策略分析

序号	矩阵元素表达式				(0, 0)			(0, 1)			(1, 0)			(1, 1)		
	F_1	F_2	F_3	F_4	$\det J$	$\mathrm{tr}J$	ESS	$\det J$	$\mathrm{tr}J$	ESS	$\det J$	$\mathrm{tr}J$	ESS	$\det J$	$\mathrm{tr}J$	ESS
1	+	+	+	+		−			−			−		+	−	■
2	+	+	+	−		−			−		+	−	■		−	
3	+	+	−	+		−			−			−		+	−	■
4	+	−	+	+				+	−	■		−			−	
5	−	+	−	−							+	+		+	−	■
6	+	+	−	−							+	−	■		−	
7	−	+	+	−				+	−	■					−	
8	−	+	−	−		−			−						−	
9																
10	−	+	−	+	+	−	■				+	−		+	−	■
11								+	−	■						
12	+	−	−	−							+	−	■			
13	−	+	−	+	+	−	■									
14	−	−	+	−				+	−	■						

续表

序号	矩阵元素表达式				(0, 0)			(0, 1)			(1, 0)			(1, 1)		
	F_1	F_2	F_3	F_4	det$J$	tr$J$	ESS	det$J$	tr$J$	ESS	det$J$	tr$J$	ESS	det$J$	tr$J$	ESS
15	−	−	−	+	+	−	■	−			−			−		
16	−	−	−	−	+	−	■	−			−			−		

根据演化稳定策略的分析得出以下情形。

情形1：当$F_1<0$且$F_3<0$，即$\beta M-(1-\alpha)I_u+\alpha F<0$且$S+(1-\alpha)F-\alpha I_u<0$时，(0, 0)为系统的演化稳定点。

情形2：当$F_2<0$且$F_3>0$，即$M-I_u+F<0$且$S+(1-\alpha)F-\alpha I_u>0$时，(0, 1)为系统的演化稳定点。

情形3：当$F_1>0$且$F_4<0$，即$\beta M-(1-\alpha)I_u+\alpha F>0$且$(\beta-1)M+S<0$时，(1, 0)为系统的演化稳定点。

情形4：当$F_2>0$且$F_4>0$，即$M-I_u+F>0$且$(\beta-1)M+S>0$时，(1, 1)为系统的演化稳定点。

4种情形的演化相位图如图2所示。

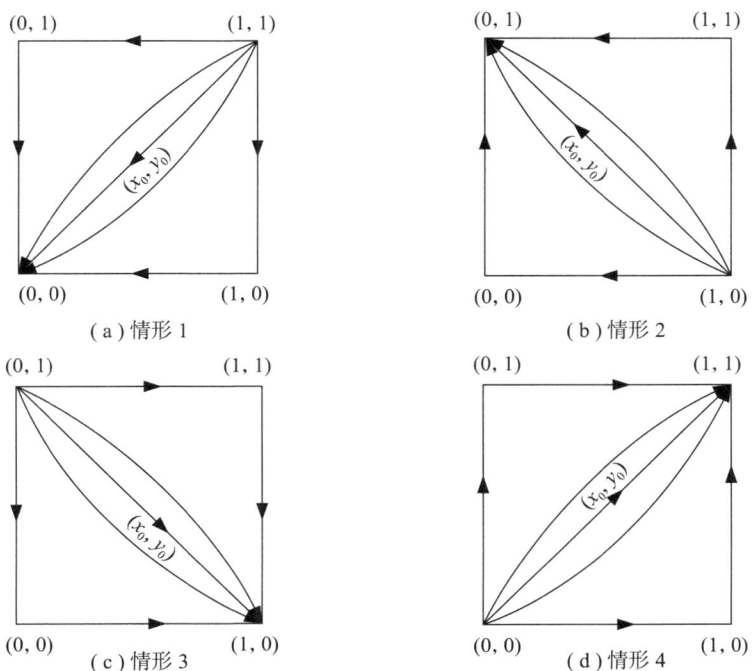

图2 演化相位图

3.4 模型参数分析

为保证大宗商品电商交易市场投机行为得到有效治理，营造健康良好的市场环境，博弈双方的策略选择需要向｛诚信经营，积极治理｝演化。根据上述分析，需要保证 $M-I_u+F>0$ 且 $(\beta-1)M+S>0$。但此时存在两个稳定策略：｛投机，消极治理｝、｛诚信经营，积极治理｝，为达到唯一稳定演化结果，需同时满足以下两个条件：

条件一：$M-I_u+F>0$ 且 $(\beta-1)M+S>0$；

条件二：$\beta M-(1-\alpha)I_u+\alpha F\geqslant 0$ 且 $S+(1-\alpha)F-\alpha I_u\geqslant 0$。

（1）强制性惩罚 F 的影响

在满足条件一的情况下，当 $F>I_u-M$，且 $F\geqslant\dfrac{\alpha I_u-S}{1-\alpha}$、$F\geqslant\dfrac{-\beta M+(1-\alpha)I_u}{\alpha}$ 时，存在唯一稳定点 $(1,1)$。

（2）激励 M 的影响

在满足条件一的情况下，当 $M>I_u-F$，且 $M<\dfrac{S}{1-\beta}$ 时，存在唯一稳定点 $(1,1)$。

（3）奖励系数 β 的影响

在满足条件一的情况下，当 $\beta>\dfrac{-S+M}{M}$，且 $\beta\geqslant\dfrac{(1-\alpha)I_u-\alpha F}{M}$ 时，存在唯一稳定点 $(1,1)$。

（4）识别系数 α 的影响

从演化推理来看，政府消极治理下的识别系数 α 对于 $(1,1)$ 最终稳定点无影响，但当满足 $\dfrac{S+F}{I_u+F}<\alpha<\dfrac{I_u-\beta M}{I_u+F}$ 时，会影响博弈双方的策略选择。

4 结合真实交易场景的仿真实验

为验证上述理论分析的可靠性，本部分利用 MATLAB R2020b 进行系统仿真实验，为了消除仿真过程中多参数变动的影响，尽量减少每组仿真实验参数变动个数。仿真模型参数的合理设置是模型仿真实验有效性的关键保证。遵循汪旭晖等[18-19]的参数设置依据，参数范围的合理设置应依托文献和现实情况。本文结合项目组依托国家重点研发计划项目对大宗商品电子商务市场的调研分析，按照以下规则设置模型参数（表5）。

表5 演化博弈模型默认参数设置

主体	参数	数值	单位	注释
大宗商品电商交易平台	C_p	6	万元	大宗商品电商交易平台"诚信经营"的成本
	E	10	万元	大宗商品电商交易平台"诚信经营"的收益
	I_u	13	万元	大宗商品电商交易平台"投机"的额外收益
	M	0～15	万元	大宗商品电商交易平台获得的激励收益
	x	0.5		大宗商品电商交易平台选择"诚信经营"的初始概率
政府	C_g	8	万元	政府治理付出的成本
	S	6	万元	政府"积极治理"获得的声誉和公信力提升的收益
	α	0～1		政府"消极治理"时对投机行为的识别系数
	β	0～1		政府"消极治理"时对平台的奖励系数
	F	0～20	万元	政府对平台的强制性惩罚收益
	y	0.5		政府选择"积极治理"的初始概率

4.1 关键参数静态条件下系统ESS演化探讨

为验证系统演化稳定性的分析结论（表4），结合平台与政府现实情况设置仿真参数，共设置以下4组仿真实验。结合模型的分析，除了单一演化稳定策略外，有两组存在两个演化稳定策略，参数设置如表6所示，仿真结果如图3所示。

表6 演化稳定策略仿真参数设置

ESS	I_u/万元	M/万元	F/万元	β	S/万元	α
(0，0)	13	6	2	0.3	6	0.6

续表

ESS	I_u/万元	M/万元	F/万元	β	S/万元	α
(0, 1)	13	6	5	0.3	6	0.5
(1, 0)	13	12	10	0.3	6	0.5
(1, 1)	13	12	15	0.7	6	0.5

①当 $F_1 < 0, F_3 < 0$ 且 $F_2 \leqslant 0, F_4 \leqslant 0$ 时，(0, 0) 为系统的唯一演化稳定点。对于大宗商品电商交易平台而言，政府消极治理下平台"诚信经营"获得的收益少于平台"投机"获得的收益时，大宗商品电商交易平台倾向于选择"投机"策略；对于政府来说，平台投机下政府"积极治理"所获得的收益小于"消极治理"所获得的收益时，政府更倾向于选择"消极治理"策略，最终系统博弈主体策略稳定于(0, 0)，如图 3（a）所示。

②当 $F_2 < 0, F_3 > 0$ 且 $F_1 \leqslant 0, F_4 \geqslant 0$ 时，(0, 1) 为系统的唯一演化稳定点。对于大宗商品电商交易平台而言，政府积极治理下平台"诚信经营"获得的收益少于平台"投机"获得的收益时，大宗商品电商交易平台倾向于选择"投机"策略；对于政府来说，平台投机下政府"积极治理"所获得的收益大于"消极治理"所获得的收益时，政府更倾向于选择"积极治理"策略，最终系统博弈主体策略稳定于(0, 1)，如图 3（b）所示。

③当 $F_1 > 0, F_4 < 0$ 且 $F_2 \geqslant 0, F_3 \leqslant 0$ 时，(1, 0) 为系统的唯一演化稳定点。对于大宗商品电商交易平台而言，政府消极治理下平台"诚信经营"获得的收益多于平台"投机"获得的收益时，大宗商品电商交易平台倾向于选择"诚信经营"策略；对于政府来说，平台诚信经营下政府"积极治理"所获得的收益小于"消极治理"所获得的收益时，政府更倾向于选择"消极治理"策略，最终系统博弈主体策略稳定于(1, 0)，如图 3（c）所示。

④当 $F_2 > 0, F_4 > 0$ 且 $F_1 \geqslant 0, F_3 \geqslant 0$ 时，(1, 1) 为系统的唯一演化稳定点。对于大宗商品电商交易平台而言，政府积极治理下平台"诚信经营"获得的收益多于平台"投机"获得的收益时，大宗商品电商交易平台倾向于选择"诚信经营"策略；对于政府来说，平台诚信经营下政府"积极治理"所获得的收益大于"消极治理"所获得的收益时，政府更倾向于选择"积极治理"策略，最终系统博弈主体策略稳定于(1, 1)，如图 3（d）所示。

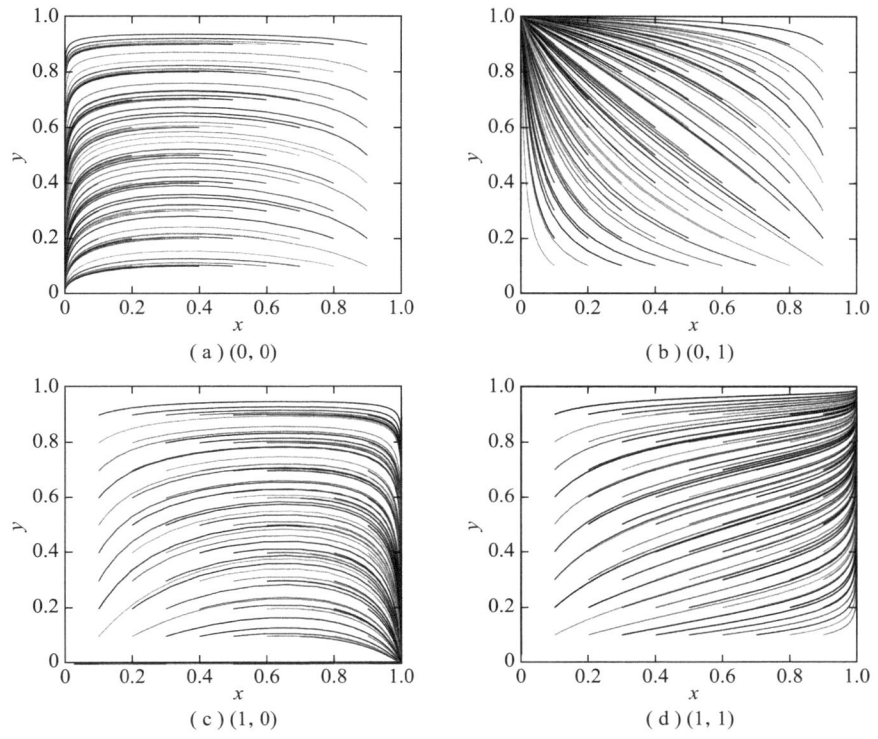

图 3 关键参数静态条件下系统 ESS 演化探讨

4.2 关键参数变化对博弈主体策略选择影响

通过上述对参数静态条件下模型的仿真实验,验证了理论模型结论。为了进一步讨论政府强制性惩罚(F)、激励(M)、奖励系数(β)及政府消极治理识别系数(α)对策略的影响,本文考虑了以下 4 个场景探讨博弈主体策略的动态演化路径,参数设置如表 7 所示。

表 7 关键参数变化下的参数设置

I_u/万元	M/万元	F/万元	β	S/万元	α
13	6	2~20	0~1	6	0~1

4.2.1 强制性惩罚动态条件下对博弈主体策略演化路径的影响

政府强制性惩罚是政府对大宗商品电商交易平台正式治理的一种监管措施,遵循一旦发现必严惩的原则,以达到有效治理的目的。图 4 为在不同 F

下博弈双方的策略选择，当强制性惩罚达到临界值时，博弈双方的策略选择会由（0，0）转为（1，1）。从现实角度来看，政府采取强制性惩罚力度越大，治理的威慑力越大，能够起到很好的治理作用，大宗商品电商交易平台也会遵守规则，提供服务并诚信经营。

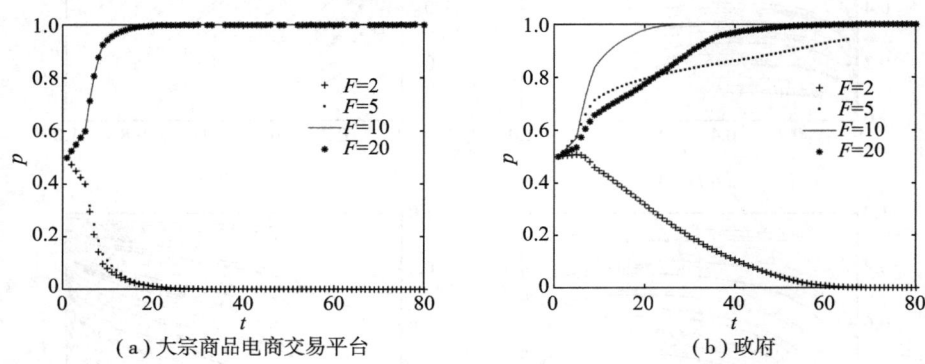

(a) 大宗商品电商交易平台　　　　(b) 政府

图 4　强制性惩罚 F 对博弈双方的影响

4.2.2　激励动态条件下对博弈主体策略演化路径的影响

激励是政府对大宗商品电商交易平台非正式治理的一种手段，以达到辅助治理的目的。图 5 为在不同 M 下博弈双方的策略选择，当激励提高到一定临界值时，博弈双方的策略选择会由（0，1）转为（1，0）。从现实角度来看，激励越大越能够激起大宗商品电商交易平台"诚信经营"的意愿，但由于政府激励会损失政府的收益，所以当激励超出一定范围时，政府反而会选择"消极治理"策略。

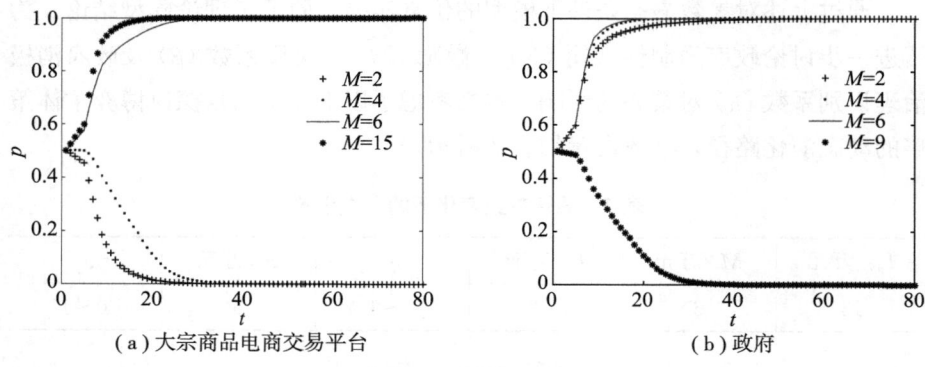

(a) 大宗商品电商交易平台　　　　(b) 政府

图 5　激励 M 对博弈双方的影响

4.2.3　奖励系数动态条件下对博弈主体策略演化路径的影响

奖励系数是政府消极治理下对大宗商品电商交易平台的态度，是一种非正式治理,以达到辅助治理的目的。图 6 为在不同 β 下博弈双方的策略选择,当奖励系数提高到一定临界值时,博弈双方的策略选择会由 (1,0) 转为 (1,1)。在当前参数设置范围中,β 小于 0.3 时,政府会选择"消极治理"策略。

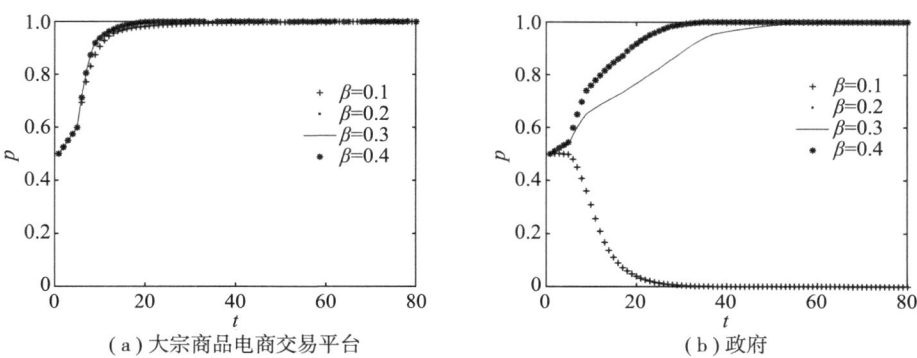

(a) 大宗商品电商交易平台　　　　(b) 政府

图 6　奖励系数 β 对博弈双方的影响

4.2.4　识别系数动态条件下对博弈主体策略演化路径的影响

识别系数是政府消极治理时对平台投机行为的识别效果,是政府利用信息技术来达到治理的目的。图 7 为在不同 α 下博弈双方的策略选择,识别系数越大,所识别出的投机行为越准确,越能够有效识别并阻止投机行为,因此大宗商品电商交易平台会选择"诚信经营"策略;识别系数越小,则平台投机导致的政府损失越大,则政府会倾向于选择"积极治理"策略。

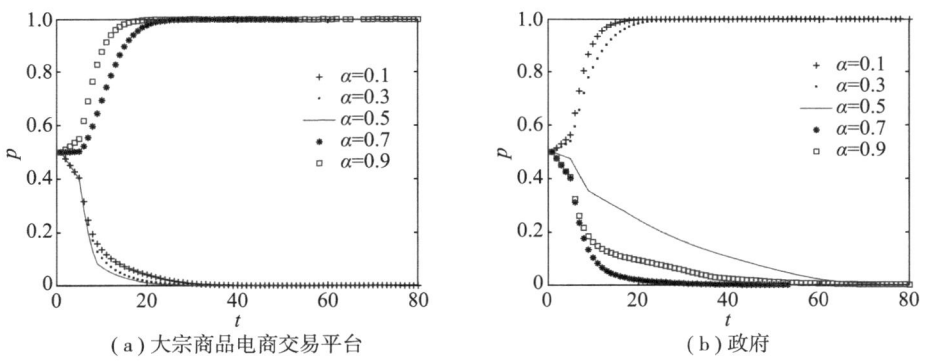

(a) 大宗商品电商交易平台　　　　(b) 政府

图 7　识别系数 α 对博弈双方的影响

5　结论

本文构建了政府态度差异化条件下的大宗商品电商交易平台-政府的两方演化博弈模型,通过合理的假设与分析计算,建立了博弈双方不同策略下的收益矩阵,并对模型的均衡点和稳定性展开分析,探讨各相关参数对博弈双方演化稳定策略的影响。经过不断推演，大宗商品电商交易平台和政府的策略选择有 4 种，其中〔诚信经营，积极治理〕为理想的市场发展状态，但由于不确定性，参数的变化使得"投机"策略、"消极治理"策略处于不稳定状态。政府强制性惩罚、声誉和信息共享的奖励、奖励的系数等因素在不同条件下影响博弈双方的策略选择。通过仿真实验，描绘了政府治理下的大宗商品电商交易平台策略选择，以研究结论为依据，提出相关管理建议。

5.1 研究结论

通过分析大宗商品电商交易平台-政府的博弈模型，在有限理性及惩罚损失已知的条件下，决策者通常都是风险偏好者，敢于追求投机带来的高额收益。平台与政府两个主体间在合理范围内存在共赢局面，若平台在评估风险后在能保障自身安全的情况下，投机总收益低于正常总收益，最终经过演变会选择诚信经营。同样，当政府积极治理带来的收益高于消极治理时，最终会选择积极治理，以保证大宗交易行业良好发展。政府强制性惩罚作为一种正式治理，能够有效抑制投机行为，当平台投机行为愈发严重，且平台自身无法通过自我治理改变现状时，政府的强制性惩罚有助于改变大宗商品电商交易平台的投机行为。激励能够提升平台诚信经营的积极性，平台获得政府的激励越大，选择诚信经营的概率越大，但过高的激励会使得政府不堪重负，进而选择消极治理。因此，激励需要做到平衡且合理。当系统内自身的单一治理方式受阻时，借助外界技术的支持能够有效辅助治理大宗商品电商交易中的投机行为，但技术的辅助功能受限于政府的惩罚，当惩罚足够大或者几乎没有时，技术的支持也不能改变主体的策略选择。因此，在合理的奖惩机制下需要增加智能技术的支持，做到有效且高效的治理效果。

大宗商品电商交易平台的投机行为通过正式治理与非正式治理相结合的方式能够得到有效治理。通过对模型参数的分析与仿真分析可知，强制性惩罚给博弈方带来巨大的利益损失，如经营权的损失、亏本等，对大宗商品电商交易主体具有威慑作用；激励增加了交易主体向好发展的积极性，智能技术的加持则提高了大宗商品电商交易治理的反应效率。

5.2 管理建议

（1）加强大宗商品电商交易行业的法律法规建设。建议完善大宗商品电商交易的生态系统，完善并优化交易系统、运输系统、金融系统、信息系统、监管系统，优化生态系统内的主体群组和信息群组，明确生态系统内的监管与治理结构，依据生态系统建立法律法规。例如，大宗商品电商交易中分别对期货和现货交易出台管理细则、对电商交易的大宗商品做出规定、对平台的权限资格做出规定等。大宗商品电商交易市场离不开金融市场的参与，同时要加强政策管控，制定大宗商品电商交易的国家标准和行业标准。例如，制定平台风险监测的标准和技术标准、应用示范标准、运营标准等，为我国大宗行业发展提供政策上的强力支持。

（2）建立投机治理奖惩机制。政府应加大对平台治理的支持力度，动态调节政府支持力度，对大宗行业参与者积极进行培训支持、政策支持，如提供平台经营授权的机会、设置积分累计制度等。同时，针对投机行为实施惩罚机制，如通过法律追究责任、收回授权经营许可、赔款等。

（3）建立信息共享的治理机制。信息不对称是大宗商品电商交易投机的重要原因，可增加由政府授权的综合服务机构，利用先进的智能信息技术，提供用户信息查询、交易信息查询、黑白名单查询、风险事件查询、舆情信息查询、信息预警等服务。综合服务机构可与政府和平台合作，建立信息共享的奖惩机制，减少由信息差带来的收益损失。

参考文献

［1］FENG G, LU J, ZHAO S. The theory and practice of bulk commodity electronic trading market[M]. Beijing:Science Press,2016,38.

［2］HU Y. Review and prospect on development of China's futures market[J]. Journal of Beijing technology and business university (social sciences),2020,35(4):11-20.

［3］LIU H, ZHANG X. Influence of governance mechanisms of online retail platform on seller's opportunism with perceived uncertainty as moderator[J]. Journal of business economics,2017(4):16-27.

［4］ZHOU Y, ZHUANG G, YANG W. Authoritative governance strategies and opportunism in marketing channels:an empirical examination of nonlinear relationships [J]. Journal of Beijing technology and business university (social sciences),2017,32(1):42-49,93.

［5］WANG X, WANG C, MU J. Governance of sellers' speculation behavior in platform economy from the perspective of platform active governance[J]. Journal of business economics,2020(10):17-28.

［6］XUE J, YUAN H, SHI B. Investigating partners' opportunistic behavior in joint ventures in China:the role of transaction costs and relational exchanges[J]. Journal of business research,2016,69(12):6067-6078.

[7] LI X,DUAN J,CHEN X. How does the pledge of major shareholders' equity affect the market value management of listed companies? Based on over-investment[J]. Shandong social sciences,2020,304(12):127-134.

[8] ZHANG L,WAN D,SHANG C. Can ledger accounts restrain overspeculation-evidence from stock index future market in China[J]. Modern economic science,2017,39(5):48-56,125-126.

[9] FAN J H,TODOROVA N. A note on the behavior of Chinese commodity markets[J]. Finance research letters,2019,38:101424.

[10] KRAPOHL S,OCELÍK V,WALENTEK D M. The instability of globalization: applying evolutionary game theory to global trade cooperation[J]. Public choice,2020,188(1-2):1-21.

[11] WU Z,CHEN T,HOU G. Decision making of collaborative governance subjects and logical conflict of public cultural service projects[J]. Management review,2021,33(1):322-329.

[12] GAO R L,BAO Q. Selection of government supervision mode during the operational period in ppp projects based on evolutionary game theory[J]. Operations research and management science,2019,28(4):155.

[13] ZHOU Y,LIU J. Study on supervision strategy of PPP project considering the participation of higher-level government[J]. Chinese journal of management science,2023,31(2):84-94.

[14] YANG W,ZHANG G,HE J. Research on governance mechanism of opportunistic behavior in international cooperation on green innovation[J]. Chinese journal of management science,2021,29(4):213-224.

[15] ZHU C,FAN R,LUO M,et al. Urban food waste management with multi-agent participation:a combination of evolutionary game and system dynamics approach[J]. Journal of cleaner production,2020,275:123937.

[16] YANG B. The review of responsive regulation:essence and challenges[J]. Chinese public administration,2017,382(4):131-136.

[17] FRIEDMAN D. Evolutionary game in economics[J]. Econometrica,1991,59(3):637-666.

[18] WANG X,REN X. Research on credit supervision mechanism of e-commerce platform based on evolutionary game[J]. Systems engineering-theory & practice,2020,40(10):2617-2630.

[19] WANG X,REN X. Research on dynamic evolutionary game of platform e-commerce credit supervision from the perspective of government governance[J]. Chinese journal of management science,2021,29(12):29-41.

电商助农产品消费意愿研究——以北京市为例

李依湘[1,a]，徐熙茜[1,b]，柳雨荷[2,c]，刘亚娟[1,d,*]

[1] 北京信息科技大学，北京，中国
[2] 曲阜师范大学，山东，中国

[a] lyx010618@163.com，[b] 2532787263@qq.com，[c] 1940320604@qq.com，[d] liupopular@163.com

*通讯作者

摘要：为解决农产品资源丰富但交通不发达地区的农产品滞销问题，"直播＋农业"模式应运而生。正确把握消费者关于助农产品的消费意愿，对于促进电商助农的高质量发展有重要意义。本文采用简单随机抽样的方法获取840份北京地区问卷，利用因子分析、相关性分析，分析了影响消费者消费意愿因素的相关关系；运用结构方程模型分析了影响消费者消费意愿的因素，在此基础上得出结论和建议。

关键词：助农直播；因子分析；结构方程模型

A Study on Consumer Willingness of E-commerce Assisted Agricultural Products：Taking Beijing as an Example

Li Yixiang[1,a]，Xu Xixi[1,b]，Liu Yuhe[2,c]，Liu Yajuan[1,d,*]

[1] Beijing Information Science and Technology University，Beijing，China
[2] Qufu Normal University，Shandong，China

[a] lyx010618@163.com，[b] 2532787263@qq.com，[c] 1940320604@qq.com，[d] liupopular@163.com

*Corresponding author

Abstract：To solve the problem of unsold agricultural products in areas with abundant agricultural resources but underdeveloped transportation，the "live streaming ＋ agriculture" model has emerged. Accurately grasping consumers' willingness to consume agricultural products through e-commerce live streaming sales is of great significance for promoting the high-quality development of e-commerce live streaming agricultural products. This article uses simple random sampling to obtain 840 questionnaire samples from the Beijing area, and uses factor analysis and correlation analysis to analyze the correlation between factors affecting consumption intention; The structural equation model was used to analyze the factors that affect consumers' willingness to consume. Based on this, draw conclusions and suggestions.

Keywords：Assisted farming；Factor analysis；Structural equation modeling

1 引言

我国广大农村经济基础薄弱，经济发展的各个环节之间联系不紧密，应对自然灾害的能力较差。国家为了扶助农村地区的发展、提高农村经济韧性，出台了《关于全面深化农村改革加快推进农业现代化的若干意见》等相关文件帮助农村地区发展。查遍历年政策，可以发现"电商""直播"这两个名词越来越多地出现在与农村发展相关的政策文件中[1]。利用电商助农直播既可以帮助城市居民获得营养价值高、新鲜绿色的农产品，又可以帮助农民脱贫致富[2]。但是，由于电商直播农产品的平台和渠道尚未发展完全，消费者通过电商直播渠道购买农产品的体验较差。

为了提升电商直播农产品的消费体验、提高北京市居民电商直播农产品的消费意愿，本文从北京市消费者关于电商助农产品的消费意愿出发，调查居民消费电商直播农产品的原因[3]，进而分析影响消费者消费电商助农产品的因素，找出阻碍消费电商助农产品的原因，探究营销策略，结合市场调查的一手数据建立数据统计分析模型，最后为促进电商助农高质量发展提出合理有效的建议[4]。

2 研究设计

2.1 数据来源

采用线上发放问卷的方式获取数据。在预调查中，实发问卷 100 份，有效问卷 77 份，问卷回收率为 77%。查阅相关资料可知，北京市的总人口数为 2188.6 万人，采用公式 $n=\dfrac{NZ_{\frac{\alpha}{2}}^2 S^2}{Nd^2+Z_{\frac{\alpha}{2}}^2 S^2}$ 计算样本容量。通过 SPSS 进行计算可得最大方差 $S^2=1.897$，令绝对误差限 $d=0.15$，置信水平为 95%，计算出的初始样本量为 $n=\dfrac{NZ_{\frac{\alpha}{2}}^2 S^2}{Nd^2+Z_{\frac{\alpha}{2}}^2 S^2}=323.88$。

预调查的问卷有效回答率 $r=\dfrac{24}{31}=77.42\%$，对样本量进行再调整，$n_1=\dfrac{n}{r_1}=418.34$。

由于预调查中存在无效问卷，最终将样本量调整为 419。

在调查过程中采取线上收发的方式，问卷回收率 100%，但由于一些被调查者并没有根据问卷问题进行作答，干扰调查结果，有 75 份问卷无效，765 份问卷有效，有效问卷率为 91.07%，满足最低要求。

2.2 信度检验和效度检验

2.2.1 信度检验

本次采用 Cronbach's α 信度检验的方法来反映问卷的稳定性、可靠性。Cronbach's α 信度检验的公式如下：

$$\alpha=\dfrac{K}{K-1}\left(1-\dfrac{\sum S_i^2}{S_i^2}\right) \tag{1}$$

式中，K 表示问卷调查问题的个数，S_i^2 表示第 i 题的调查结果的方差，$\sum S_i^2$ 表示全部调查结果的方差。信度系数 α 越大，说明问卷越可靠。

通过 SPSS 对问卷中售后服务、直播风格、直播内容、主播类型、直播地点、消费认知、社会环境、消费顾虑进行数据处理，得到结果模型的 Cronbach's α 系数值为 0.812，说明该问卷的信度高。

2.2.2 效度检验

本次效度检验采用因子分析法，进行 KMO 和 Bartlett 的检验。利用 SPSS 分析，KMO 检验的结果显示，KMO 的值为 0.807，同时，Bartlett 球形检验的结果显示，显著性 P 值为 0.000，在 0.05 水平上呈现显著性，拒绝原假设，各变量间具有相关性，因子分析有效。

3 结果分析

3.1 因子分析

对有意愿选择助农产品的原因进行分析，备选的因素有产品、售后服务、直播间、直播内容、主播、消费者对于助农产品的认知情况、社会因素、消费顾虑。

对这些因素分别进行了 KMO 检验和 Bartlett 球形检验，选取直播内容与认知这两个大的方面进行因子分析。

首先对直播内容进行因子分析，得到如下结果（表1）。

表1 因子分析（1）

初始特征值	方差贡献率	累计贡献率
3.379 093	0.563 182	0.563 182
0.591 124	0.985 210	0.661 730
0.518 912	0.086 485	0.842 376
0.495 828	0.082 638	0.925 014
0.449 918	0.074 986	1.000 000

从上述表格中我们可以看出对于直播内容这一要素，其因子特征值大于1的只有1个。这1个因子的累计方差解释率达到了56%，对问卷的结构效度的解释较好。

第1个因子特征值较大，对原有变量的解释贡献最大，因此选取第1个因子作为主成分是合适的。

"直播内容"相关维度的选项旋转后，所处成分中的因子载荷均大于0.7，而且也没有出现维度调整现象，因此我们可以把这些维度统一规定为一个主成分维度：直播方面内容。

接着对消费者对于助农产品的认知情况进行因子分析，得到如下结果（表2）。

表2 因子分析（2）

初始特征值	方差贡献率	累计贡献率
3.161 327	0.526 888	0.526 888 4

续表

初始特征值	方差贡献率	累计贡献率
0.962 200	0.160 367	0.687 255 4
0.554 353	0.086 192	0.779 647 4
0.436 919	0.072 820	0.938 659 4
0.368 046	0.061 341	1.000 000 4

从上述表格中我们可以看出对于认知这一要素，其因子特征值大于或者接近1的有2个。这2个因子的累计方差解释率达到了68%，对问卷的结构效度的解释较好。

结合问卷回答的实际意义，可以将因素1命名为"前景期望认知"，将因素2命名为"政策认知"。

3.2 相关性分析

基于上述因子分析的结果对"直播方面内容""前景期望认知""政策认知"继续进行Pearson相关系数的分析。

将数据导入SPSS中，计算出"直播方面内容""前景期望认知""政策认知"之间的相关系数（表3）。

表3 相关性统计

因子		直播方面内容	前景期望认知	政策认知
直播方面内容	皮尔逊相关性	1	0.652	−0.645
	Sig.（双尾）		0.161	0.166
	个案数	6	6	6
前景期望认知	皮尔逊相关性	0.625	1	−0.995**
	Sig.（双尾）	0.161		0.000
	个案数	6	6	6
政策认知	皮尔逊相关性	−0.645	−0.995**	1
	Sig.（双尾）	0.166	0.000	
	个案数	6	6	6

注：* 表示 $p<0.05$，** 表示 $p<0.01$，*** 表示 $p<0.001$。

从表中可以看出，"政策认知"和"前景期望认知"在0.01的显著性水平下相关系数接近于－1，说明消费者的政策认知水平与对于助农直播的前景期望存在高度的负相关关系（政策认知得分高意味着不了解相关政策）。

3.3 结构方程模型分析

3.3.1 模型构建

本文根据深度访谈与文献查阅归纳出了9个因子，分别是：社会环境、消费认知、直播内容、产品特征、直播风格、主播类型、消费顾虑、售后服务、直播地点，提出了9个主范畴之间的研究假设关系[5]。

H1：社会环境与购买意愿有显著的正向关系。

H2：消费认知与购买意愿有显著的正向关系。

H3：直播内容与购买意愿有显著的正向关系。

H4：产品特征与购买意愿有显著的正向关系。

H5：直播风格与购买意愿有显著的正向关系。

H6：主播类型与购买意愿有显著的正向关系。

H7：消费顾虑与购买意愿有显著的正向关系。

H8：售后服务与购买意愿有显著的正向关系。

H9：直播地点与购买意愿有显著的正向关系。

本研究构建的结构方程模型中包含10个结构变量，其中，9个自变量是社会环境、消费认知、直播内容、产品特征、直播风格、主播类型、消费顾虑、售后服务、直播地点，1个因变量即购买意愿。

3.3.2 模型拟合优度分析

除了总体卡方检验之外，也用拟合优度指数（GFI）与调整的拟合优度指数（$AGFI$）作为度量模型拟合程度的指标[6]。

$$GFI = 1 - \frac{F[S, \sum \theta]}{F[S, \sum \theta]} 。 \quad (2)$$

拟合优度指数 GFI 可以用于测定样本数据的方差，GFI 可以按模型中参数估计总数进行调整[7]。调整后的拟合优度指数为：

$$AGFI = 1 - \frac{(p+q)}{df}(p+q+1)/2(1-GFI) 。 \quad (3)$$

式中，$p+q$ 是观测变量的数目，$(p+q+1)/2$ 是数据点的总数，df 是自由度。估计参数相对于数据点总数越少或 df 越大，$AGFI$ 越接近于 GFI。

$AGFI$ 与 GFI 测量的是在样本方差中估计方差所占的加权比例，一般认为其大于 0.9 时，模型拟合观测数据。相对指数大于或等于 0.9，表示模型的拟合程度可以接受；如果 $RMSEA$ 小于 0.05，表示模型拟合较好，$RMSEA$ 在 0.05~0.08 表示模型可以接受。

本研究采用基准化拟合指数 NFI、卡方除以自由度的比值 $CMIN/DF$、不规范拟合指数 $NNFI$、拟合优度指数 GFI、比较适合度拟合指数 CFI、均方根误差 RMR、近似均方根误差 $RMSEA$ 这 7 个拟合指数来共同评价模型[8]。

df 小于 3，RMR 小于 0.05，$RMSEA$ 小于 0.05，符合要求标准，模型的拟合参数 GFI、NFI、CFI、$NNFI$ 均大于 0.90，整个模型的拟合程度较好。

对本研究设置的 10 个因子进行探索性分析，得到的测量模型因素负荷量参数如表 4 所示。

表 4 因素负荷量参数

潜在变量	观测变量	非标准载荷系数	标准化载荷系数	z	S.E.	P
产品特征（PF）	PF1	1	0.650	—	—	—
	PF2	0.948	0.654	15.555	0.061	0.000***
	PF3	1.014	0.671	15.904	0.064	0.000***
售后服务（AS）	AS1	1	0.694	—	—	—
	AS2	0.926	0.711	17.451	0.053	0.000***
	AS3	0.995	0.706	17.349	0.057	0.000***
直播风格（LS）	LS1	1	0.685	—	—	—
	LS2	1.047	0.688	17.021	0.062	0.000***
	LS3	1.076	0.647	16.091	0.067	0.000***
直播内容（LC）	LC1	1	0.700	—	—	—
	LC2	1.069	0.720	18.656	0.057	0.000***
	LC3	0.979	0.666	17.306	0.057	0.000***
	LC4	0.973	0.681	17.702	0.055	0.000***
	LC5	0.97	0.692	17.954	0.054	0.000***
	LC6	1.408	0.679	17.649	0.059	0.000***

续表

潜在变量	观测变量	非标准载荷系数	标准化载荷系数	z	$S.E.$	P
主播类型（AT）	AT1	1	0.587	—	—	—
	AT2	1.083	0.560	12.943	0.084	0.000***
	AT3	1.096	0.661	14.619	0.075	0.000***
	AT4	1.067	0.600	13.639	0.078	0.000***
直播地点（LL）	LL1	1	0.633	—	—	—
	LL2	0.944	0.580	14.220	0.066	0.000***
	LL3	0.905	0.575	14.122	0.064	0.000***
消费认知（CA）	CA1	1	0.579	—	—	—
	CA2	0.951	0.553	12.824	0.074	0.000***
	CA3	1.608	0.683	14.938	0.071	0.000***
	CA4	1.149	0.705	15.259	0.075	0.000***
	CA5	1.139	0.680	14.892	0.077	0.000***
	CA6	1.053	0.668	14.723	0.072	0.000***
社会环境（SE）	SE1	1	0.700	—	—	—
	SE2	0.907	0.619	15.574	0.058	0.000***
消费顾虑（CC）	CC1	1	0.654	—	—	—
	CC2	1.027	0.673	16.558	0.062	0.000***
	CC3	0.955	0.657	16.220	0.059	0.000***
	CC4	1.063	0.714	17.407	0.061	0.000***
	CC5	0.936	0.586	14.661	0.064	0.000***
购买意愿（CW）	CW1	1	0.729	—	—	—

  一般认为，标准化载荷系数＞0.5且显著性检验通过，可以表明该测验数据的内部结构清晰，整体特征效度较高。根据因子分析结果，测量同一维度（潜在变量）的各个指标在其对应维度上的因子载荷值均＞0.5，说明消费者购买意愿及其影响因素的测量问卷的内部结构能够通过测验，具有良好的结构效度。

3.3.3 路径分析

本研究利用 Amos 对各个假设进行验证,各个路径的回归系数如表 5 所示。

表 5　回归系数

潜在变量间的路径关系	非标准化系数	标准误	Z	P	标准化系数	显著性检验
产品特征→购买意愿	0.178	0.120	1.484	0.000***	0.394	显著
售后服务→购买意愿	0.087	0.094	−1.932	0.027**	0.204	显著
直播风格→购买意愿	0.052	0.080	13.659	0.000***	0.112	显著
社会环境→购买意愿	0.009	0.066	0.140	0.889	0.021	不显著
直播内容→直播风格	0.719	0.338	2.123	0.034**	0.749	显著
主播类型→直播风格	−2.148	1.452	−11.479	0.000***	−1.937	显著
直播地点→直播风格	2.154	1.420	10.517	0.000***	2.106	显著
消费认知→产品特征	1.087	0.074	14.768	0.000***	0.961	显著
消费顾虑→产品特征	0.974	0.063	15.490	0.000***	0.959	显著
消费顾虑→售后服务	0.992	0.062	15.959	0.000***	0.924	显著

注:* 表示 $p<0.05$,** 表示 $p<0.01$,*** 表示 $p<0.001$。

从上表的回归结果可以看出,消费认知、直播内容、产品特征、直播风格、主播类型、消费顾虑、售后服务、直播地点与购买意愿具有明显的因果关系。但是数据分析表明,社会环境与购买意愿的因果关系并不显著。因此,本研究提出的假设 H1 没有得到验证,其他的假设均已经得到进一步验证。

可以得出以下结论：社会环境并没有使消费者增长购买意愿；消费者对电商助农产品了解得越多，选择购买的可能性越大；通过直播，消费者能够了解商品细节，进而增强购买意愿；一般来说，农产品更新鲜、更绿色、更健康，消费者购买意愿更强；消费者会受到直播间风格的影响；消费者购买意愿会受到主播类型的影响；消费者顾虑越多，购买意愿越低；售后服务越完善，消费者购买意愿越高；直播地点越符合消费者预期，消费者购买意愿越高。

4 存在问题

4.1 直播形式及内容

农产品直播以农产品简单告知和介绍为主，直播形式直接单一，内容创新不足，趋于同质化。电商直播快速发展的背景下，许多农户及商家加入直播带货行业，但直接模仿其他农产品直播带货的套路，使得直播内容相同单一，又没有专业团队指导，缺乏更深层次的信息挖掘。

4.2 产品质量

农产品的标准化程度不高，品控存在问题。农产品种类繁多，产地气候不同，导致农产品质量参差不齐，加上监管不足，阻碍了标准化生产的发展，同时缺少电商的严格锻炼，产品分级不严，品控不够细致，导致消费者体验感不好。

4.3 物流及售后

电商模式下，商品所有权与商品实物的转移出现分离，在网上实现交易之后，需要有现代物流提供低成本、适时的实物转移服务。农产品冷链物流、仓储条件不足，农村快递服务成本偏高、村级覆盖率偏低，造成农产品送到消费者手里，可能出现口感变异、损坏变质等问题，直接影响消费者的持续购买意愿，产生了售后问题。

4.4 营销噱头大

直播电商夸大宣传、虚假营销问题突出。行业内普遍存在夸大效果、误导消费者等问题。对主播群体和直播售卖的农产品尚未建立准入制度，对有安全隐患、质量不达标甚至存在假冒伪劣问题的商品，以及夸大宣传、以次充好等行为，缺乏明确的执法细则和处罚标准，违法成本较低，造成行业无序竞争。

5 建议

5.1 构建多元电商直播，打造地方特色农产品

政府和相关电子商务企业可以积极合作[9]，为本地农户提供主播专业技能培训，使农户愿意带货、敢于带货。此外，可以借助物联网、区块链等新型数字技术，丰富农产品直播的应用场景，为消费者提供沉浸式、互动化的体验。因地制宜，根据不同产地、不同产品进行场景化直播，拉近消费者与主播的距离，增强消费者对特定产地及农产品的了解和认可。

5.2 重视人才引进，增加技术投入

地方政府应积极引进外地电商平台或企业，吸引优秀人才创业就业，积极宣传国家出台的优惠补贴政策，促进农村电商与院校人才合作[10]。积极引进实践能力强的高素质电商人才，引进网络专业技术人才，给予租房、落户、就业等补贴，完善生活保障，以农村电商为契机带动区域经济整体发展。

5.3 加强农村网络建设，健全售后服务体系

要健全售后服务体系，必然要加强农村信息网络建设。政府应积极支持互联网服务商加强农村地区信息网络建设，以财政补贴、税收减免、信贷优惠等措施，给直播助农建设良好的政治生态环境，促进直播电商普惠农村地区。此外，保障农产品质量的重要一环是冷链运输，政府应加强冷链物流基础设施建设，使更多商户能用得上、用得起冷链物流，进一步保障售后服务。

5.4 发挥多主体协同，加强产业全链条监管

相关部门应加强供应端监管，严格把关进入电商渠道的农产品，从源头打击产假售假行为。完善直播平台信用机制，要严格遵守农产品直播平台入驻规则，把控审批流程，完善各类网络直播主体入驻机制。积极发挥电商行

业协会的协调组织作用，定期抽查直播商品，并及时处理发现的问题。此外，立法部门也需完善立法，为电商农产品质量安全提供法律制度保障。

参考文献

[1] CHUNG J. The spillover effect of e-commerce on local retail real estate markets[J]. Regional science and urban economics,2023,101.

[2] Reetail breaks barriers in e-commerce by offering ai-powered online store creation in under a minute[J]. M2 presswire,2023.

[3] YE X,BATOOL H,HUANG S Z. The effect of e-commerce livestreaming services on customer loyalty:a test of the chain mediation model[J]. Journal of innovation and entrepreneurship,2023,12(1).

[4] SONG B. Discussion on marketing mode innovation and technical support of rural e-commerce[J]. Academic journal of business & management,2023,5(12).

[5] SAFFANAH L,HANDAYANI P W,SUNARSO F P. Actual purchases on instagram live shopping:the influence of live shopping engagement and information technology affordance[J]. Asia pacific management review,2023,28(2):204-214.

[6] TIAN H. Clustering and analysis of rural e-commerce live broadcast mode based on data orientation[J]. International journal of computational intelligence systems,2023,16(1).

[7] ZENG L. Research on the sustainable development strategy of e-commerce agricultural aid model after the epidemic：taking the practice of pinduoduo anti-epidemic agricultural aid as an example[J]. Industrial engineering and innovation management,2023,6(5).

[8] XIN B,HAO Y,XIE L. Strategic product showcasing mode of e-commerce live streaming[J]. Journal of retailing and consumer services,2023,73.

[9] LU Y,HE Y,KE Y. The influence of e-commerce live streaming affordance on consumer's gift-giving and purchase intention[J]. Data science and management,2023,6(1):13-20.

[10] LIU J. Research on the brand building of rural e-commerce live streaming under the background of rural revitalization[J]. SHS web of conferences,2023,155.

海关安全准入场景下基于 LightGBM 的企业信用风险评估

焦万莹[a]，张健[b,*]

北京信息科技大学经济管理学院，北京，中国
[a] jwy20000525@163.com，[b] zhangjian@bistu.edu.cn
*通讯作者

摘要：针对海关对企业监管耗费人力物力成本高，难以抽查到高风险企业的问题，为提升海关监管效率，本文将海关对企业所打风险标签作为特征属性，进行数据仿真，同时基于 SMOTE 对黑白样本进行了平衡处理，利用仿真数据集构建 LightGBM 模型对企业信用风险进行预测。实证结果表明，该集成模型在性能上具有一定优越性，能够较为准确地对企业信用风险进行评估，区分风险高及风险低企业，为海关监管抽查提供依据，提升海关监管智能化水平。

关键词：海关监管；LightGBM；企业风险评估

Corporate Credit Risk Assessment Based on LightGBM in the Customs Security Access Scenario

Jiao Wanying[a], Zhang Jian[b,*]

School of Economics and Management, Beijing Information Science and Technology University, Beijing, China
[a] jwy20000525@163.com，[b] zhangjian@bistu.edu.cn
*Corresponding author

Abstract：In order to improve the efficiency of customs supervision, this paper takes the risk label of the enterprise as a characteristic attribute, simulates the data, balances the black and white samples based on SMOTE, and uses the simulation data set to construct a LightGBM model to predict the credit risk of enterprises. The empirical results show that the integrated model has certain advantages in performance, which can accurately evaluate the credit risk of enterprises, distinguish between high-risk and low-risk enterprises, provide a basis for customs supervision spot checks, and improve the intelligent level of customs supervision.

Keywords：Customs supervision；LightGBM；Enterprise risk assessment

1 引言

  海关是国家的税收、贸易和边境管理机构，负责监管进出口业务、保障国家安全和经济利益，维护市场秩序和公平竞争。在此过程中，海关需要对企业进行监管，确保企业遵守相关法律法规和规定，保障进出口业务的安全和顺利进行。海关对企业的监管方式主要包括审核企业资质、监督进出口申报、检查货物、监督企业遵守法律法规、随机抽查等，为了防止企业存在违法行为，海关也会对企业进行随机抽查，以发现可能存在的问题并及时处理，但是由于贸易较多，因而抽查人力成本较大，另外，对于本分经营无任何不良记录的企业而言，若频繁被随机抽查同样会浪费大量时间精力，造成损失，海关对随机抽查概率难以进行解释。基于此，海关提出引入机器学习模型对企业是否会违规操作进行风险评估。

  目前，我国企业信用风险评估研究相比于国外发展较为落后，由于企业数据难以获得的局限性，我国对企业信用风险评估的理论与实践研究较少，对企业的信用风险进行评估，不仅需要选取合适的评估指标，还需要合理的评估模型与方法。以往传统研究中，企业信用风险评估大多采用统计学方法，以概率论为基础，建立相关评分或回归模型。[1] 近年来，人工智能技术的发展为企业的信用评估提供了新的思路。现有研究表明，机器学习方法，如神经网络、随机森林和支持向量机模型，比传统的信用评估方法具有更高的准确性。

  当前，越来越多的信用风险研究借助机器学习方法建立模型，如逻辑回归、K-近邻、随机森林、支持向量机、BP 神经网络、贝叶斯模型及集成学习算法等。孙雨忱[2] 通过构建 Logistic 回归的违约率测算模型，测算企业的预期违约率；马晓君等[3] 将 PSO 算法运用于基于加权随机森林模型的企业信用评级中，利用企业财务数据对企业信用进行分析；肖斌卿等[4] 将基于不同学习算法的 BP 神经网络模型，应用于内部信用评级；张鸿等[5] 同样将 BP 神经网络模型用于企业信用评级；孟杰等[6] 以中小企业为研究对象，通过 SVM 构建信用风险评估模型；李佳佳等[7] 利用 BP-Adaboost 模型对企业的信用风险进行评估。

集成学习模型融合多个弱学习器，在预测性能和模型鲁棒性两个方面都优于单个机器学习模型，适用于企业信用评价这种特征数目多、数据集规模小且需要精准预测的任务。集成学习就是训练多个模型，再对模型的输出结果归纳总结。单个基学习器可能对于某个样本误差较大，但是由于各个基学习器具有一定差异，在不同数据上的表现不同，集成能够避免选择最差的学习器，集成后的效果一般会有所提高。

综上所述，本文选取 LightGBM 集成学习模型，相比于传统的梯度提升算法，LightGBM 具有更快的训练速度和更低的内存占用[8]，同时支持并行化训练和大规模数据处理。此外，LightGBM 还具有高度可配置性和灵活性，能够适应各种不同的机器学习任务，并在各种评估指标上取得了优秀的表现。

2 基本原理

LightGBM 是一种高效的梯度提升树框架[9]，它的主要目标是在保持模型精度的同时提高计算效率。LightGBM 的发展历程可以追溯到 GBDT 算法，GBDT 是一种基于决策树的集成学习算法。GBDT 算法的主要思想是在每一轮迭代中，训练一个新的决策树模型来纠正上一轮模型的误差。然而，传统的 GBDT 算法存在一些问题。例如，在处理大规模数据集时，计算量较大，训练时间较长。为了解决这些问题，XGBoost 算法被提出，它是 GBDT 算法的一种优化。XGBoost 算法引入了正则化项来防止过拟合，并使用二阶导数来加速训练过程。此外，XGBoost 还支持分布式计算，可以对大规模数据集进行处理。LightGBM 是在 XGBoost 基础上发展而来的[10]，LightGBM 相对于 XGBoost 具有更快的训练速度和更低的内存占用。这是因为 LightGBM 采用了一系列的优化技术来提高算法的效率。

首先，LightGBM 采用了基于直方图的决策树算法。传统的决策树算法在每个节点上都需要遍历每个样本，计算每个特征的信息增益，从而确定最优的分裂点。而基于直方图的算法将特征的取值分成若干个区间，对每个区间建立一个直方图，然后遍历直方图中的取值点来找到最佳分裂点，这样可以大大减少计算量。其次，LightGBM 采用了带深度限制的叶子结点生长策略。传统的梯度提升树算法在每轮迭代中生成一棵新的决策树，然后将这棵树加入模型中。而带深度限制的叶子结点生长策略则是每次迭代只生成一层决策树，然后将这一层加入模型中。这样可以使得每次迭代的计算量大大减少，同时也可以防止过拟合。最后，LightGBM 还采用了按照特征值的稀疏度来划分数据的方法，可以减少内存的占用。这种方法可以将决策树的节点分为稠密节点和稀疏节点，对于稀疏节点，只需要存储非零特征值和对应的索引，而不需要存储所有的特征值。

3 基于 LightGBM 的企业信用风险评估建模

3.1 模型架构

本文所构建模型整体流程主要分为 3 个步骤，首先进行数据预处理，根据海关业务专家所提供的字段及数据类型进行数据仿真，处理成模型能够识别的数值型数据，同时利用 SMOTE 算法进行数据平衡处理，其次是模型构建，最后对模型性能进行评估，输出相关评估指标进行分析，同时使用相同数据集训练多个单一模型，与本文所构建模型进行比较分析（图1）。

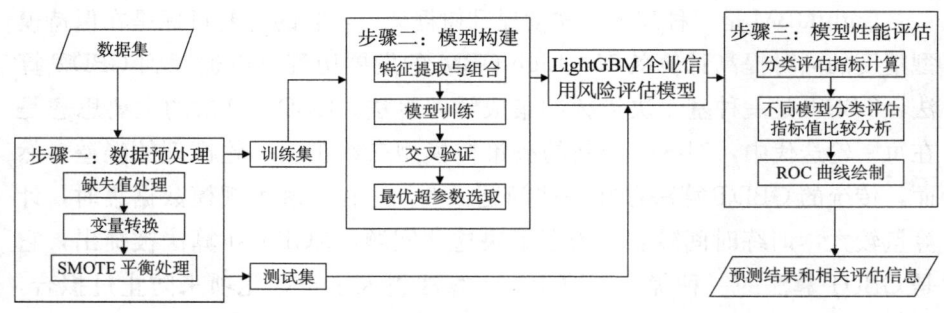

图 1　模型架构

3.2 数据集介绍

通过对海关掌握的大数据资源进行挖掘探索，以企业基本信息、交易类型、经营状况、违规记录 4 个大维度为基本方向，从中选取包含企业、人员、交易及以往处罚记录的基本信息，将相关大数据资源的数据项转换为数据表基础字段。

经过和海关业务专家的多次探讨，依托海关工作人员经验，汇总研判企业信用风险所应关注的信息，最终形成本文数据集特征属性及相应数据类型，由于目前海关数据难以获取，本文所使用数据均为仿真数据。

3.3 数据处理

3.3.1 数据预处理

该数据集中的每条数据由 42 个特征属性和 1 个标签构成，和海关业务专家的相关需求对接，海关提供特征字段 47 个，通过相关性分析，以及由于部分数据难以仿真，本文删除 5 个特征属性，后续根据海关业务专家所提供数据类型，黑样本数值人为仿真 15 个，白样本数值随机生成 5000 个。

由于算法需要数值型输入，但是数据集数据类型大部分为文本形式，本文将文本型变量进行转换，全部转换为数值型变量。

3.3.2 基于 SMOTE 的不平衡处理方法

SMOTE 算法（synthetic minority over-sampling technique）是一种用于数据不平衡问题的合成数据算法，旨在增加少数类样本数量。SMOTE 算法的基本思想是对于少数类样本中的每一个样本 x，从它的 k 个最近邻样本中随机选取一个样本，然后在 x 和这个随机选取的样本之间按照一定比例生成一个新的样本，这样就可以通过合成新数据的方式来增加少数类样本的数量，从而达到数据平衡的效果。本文黑样本仿真数据较少，白样本仿真数据较多，利用 SMOTE 算法，增加黑样本企业数量，从而使得数据平衡，最终数据集样本量共计 10 000 个。

SMOTE 算法的具体步骤如下：

步骤 1：对于少数类样本中的每一个样本 x，计算它与所有少数类样本之间的距离，并选择其中距离最近的 k 个样本。

步骤 2：对于选中的 k 个样本，随机选择一个样本 y，并根据公式生成一个新的样本 z：

$$z = x + rand(0, 1) * (y - x) \tag{1}$$

式中，$rand(0, 1)$ 是在 $[0, 1]$ 随机生成的一个数，表示新样本在 x 和 y 之间的位置。

步骤 3：重复步骤 1 和步骤 2，直到生成足够数量的新样本。

3.4 LightGBM 模型构建

由于数据量较小，模型复杂度较高，本文 LightGBM 模型进行了五折交叉验证（5-fold cross-validation），它的基本思想是将数据集分成 5 个大小相等的子集，然后分别用其中 4 个子集作为训练集，剩余的 1 个子集作为验证集，重复进行 5 次，每次验证集不同，最后将 5 次验证结果的平均值作为模型的性能评估指标。它能够有效地利用数据集，减小由于数据集划分不当带来的误差。

超参数的选取会对模型的性能产生显著影响[11]，本文模型参数信息如表 1 所示。

表 1 模型参数信息

模型	参数	参数解释	参数值
LightGBM	num_leaves	每个树上的叶子结点数	10/个
	max_depth	树的最大深度	8/层
	n_estimators	迭代次数，即训练的决策树数量	29 次
	learning_rate	集成算法中的学习率	0.1
	subsample_for_bin	用于构建直方图的数据子样本大小	10 000 个

4 实验与结果分析

4.1 评估指标

为验证模型的性能，本文的评估指标选取分类问题模型常用评估指标，即准确率（accuracy rate，AR）、召回率（recall rate，RR）、精确率（precision rate，PR）和 F1 值（F1 score，F1）。

准确率是分类问题中最简单和常用的评估指标之一，它表示分类正确的样本数量占总样本数量的比例，计算公式如下：

$$Accuracy = \frac{TP + TN}{TP + TN + FP + FN} \tag{2}$$

召回率反映了所有实例为正例的样本中被正确识别为正例的比例，其计算公式如下：

$$Recall = \frac{TP}{TP + FN} \tag{3}$$

精确率和召回率通常会结合在一起使用来评估分类器的性能，精确率表示预测为正例的样本中真正为正例的比例，计算公式如下：

$$Precision = \frac{TP}{TP+FP} \text{。} \quad (4)$$

F1 值是精确率和召回率的调和平均数，综合考虑了精确率和召回率的影响，当精确率和召回率都很高时，F1 值也会很高，反之亦然，其计算公式如下：

$$F1 = 2\frac{Recall * Precision}{Recall + Precision} \text{。} \quad (5)$$

式中，TP（true positive）表示正确归类为风险高的企业，TN（true negative）表示正确归类为风险低信用高的企业，FP（false positive）表示错误归类为风险高的企业，FN（false negative）表示错误归类为风险低信用高的企业。

4.2 实验分析

表 2 为模型输出的混淆矩阵，数值为 1 表示该企业为高风险企业，数值为 0 表示该企业为低风险企业，在这个混淆矩阵中，真实值为 0、预测值为 0 的样本数为 809 个，真实值为 0、预测值为 1 的样本数为 197 个，真实值为 1、预测值为 0 的样本数为 167 个，真实值为 1、预测值为 1 的样本数为 827 个，它显示了真实值和预测值之间的对应关系。通过该混淆矩阵数值，模型可以计算各项评估指标值。

表 2 混淆矩阵

Confusion Matrix		预测值	
		0	1
真实值	0	809	197
	1	167	827

表 3 是模型输出的分类报告，它是一种常用的评估分类模型性能的指标，对每个类别输出准确率、召回率和 F1 值等指标。可以看出，该模型准确率达到 0.82，通过 support 指标观察数据集的样本分布情况，由于对数据集使用 SMOTE 算法进行了平衡处理，所以正负样本数较为平衡。

表 3 分类报告

指标	precision	recall	F1 score	support
0	0.83	0.80	0.82	1006
1	0.81	0.83	0.82	994
accuracy			0.82	2000
macro avg	0.82	0.82	0.82	2000
weighted avg	0.82	0.82	0.82	2000

图 2 为模型输出的 ROC 曲线，ROC 为概率曲线，该图直观地反映了模型真正率和假正率，由图可以看出模型 AUC 值达到 0.82，性能较好。虚线表示 Random Classifier，指一种完全随机的分类器，其 AUC 曲线将会是一条接近于对角线的直线，其 AUC 值接近于 0.5。

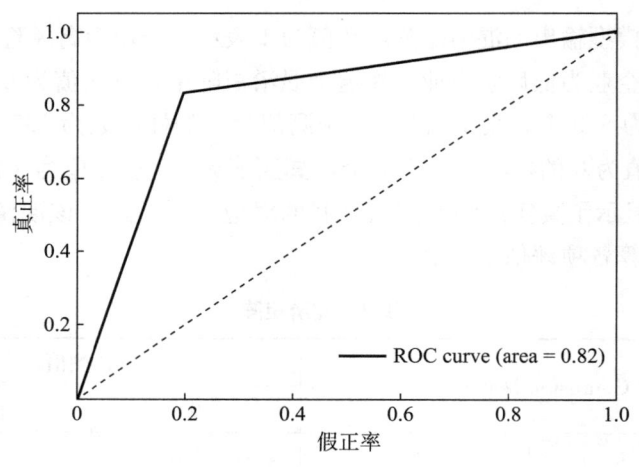

图 2 ROC 曲线

为了进一步验证集成学习模型 LightGBM 的性能，本文将其与目前的主流机器学习模型进行对比分析，使用相同数据集训练了 K-近邻、决策树、支持向量机、高斯朴素贝叶斯、多项式朴素贝叶斯及伯努利朴素贝叶斯模型，并选取相应评估指标与 LightGBM 模型进行对比，由于海关人工查验关注标签为 1 的黑样本企业，所以各模型对比指标选取模型准确率，以及黑样本企业精确率、召回率、F1 值如表 4 所示。

表 4 实验结果比较分析

模型	准确率	精确率	召回率	F1 值
K-近邻	0.75	0.74	0.77	0.75
决策树	0.74	0.71	0.79	0.75
支持向量机	0.81	0.81	0.81	0.81
高斯朴素贝叶斯	0.77	0.78	0.74	0.76
多项式朴素贝叶斯	0.72	0.71	0.73	0.72
伯努利朴素贝叶斯	0.75	0.76	0.74	0.75
LightGBM	**0.82**	**0.81**	**0.83**	**0.82**

由实验结果可知，LightGBM 模型与主流机器学习模型比较性能更为优秀，大部分模型准确率不到 0.8，支持向量机模型性能较好，准确率达到 0.81，与本文所采取的 LightGBM 模型相差 1%，黑样本召回率相差 2%。

5 结语

针对目前海关对企业进行监管人力成本耗费较大，随机抽查到违规企业概率较低问题，本文通过建立 LightGBM 集成模型对企业进行信用风险评估，为海关抽查提供相应依据，从而提升海关监管的效率，提升海关风险防控的智能化水平。该模型属于 Boosting 集成学习范式，相对于 Bagging 和 Stacking 集成范式来说，能够应对高维稀疏数据，自适应地调整样本权重，从而取得更好的分类效果，通过对模型评估指标进行分析，该模型准确率达到 0.82，与其他主流机器学习模型比较性能较好。

本文通过 SMOTE 算法增加黑样本数据，从而平衡整体样本数量，该模型在实际工作中的有效性有待在更多数据集上进行验证。

参考文献

[1] WANG X, WANG Y, CHEN J D. Research status and development trend of credit evaluation of small and medium-sized enterprises in China[J]. Credit information, 2021,39(5):62-70.

[2] SUN Y C. Research on the optimal credit strategy of banks to small and mediumsized enterprises under information asymmetry: a default rate estimation model based on logistic regression[J]. Journal of financial development research, 2021,474(6):

78-84.

[3] MA X J, DONG B Y, WANG C X. A design of credit rating model of listed companies based on PSO optimization weighted stochastic forest algorithm[J]. Journal of quantitative & technical economics, 2019, 36(12): 165-182.

[4] XIAO B Q, YANG Y, YU Z, et al. Credit rating model and comparative study of small and micro enterprises[J]. Journal of systems engineering, 2016, 31(6): 798-807, 830.

[5] ZHANG H, DING Y Z. Enterprise credit rating model based on BP neural network [J]. Journal of Shanghai maritime university, 2007, 116(3): 64-68.

[6] MENG J, LI T, YUAN Z M. Based on ODR-BADASYN-SVM credit risk assessment of small and medium-sized enterprises[J]. Research on financial development, 2018, 433(1): 24-31.

[7] LI J J, LI T. Research on corporate credit risk assessment from the perspective of corporate governance——based on BP-adaboost model[J]. Finance and accounting bulletin, 2018, 769(5): 100-104.

[8] FENG Y, WANG D J, HU Z N, et al. Gastric cancer survival prediction method based on improved LightGBM ensemble model[J]. Chinese journal of management science, 2023, 31(10): 1-15.

[9] ZHANG W, YU C B, WANG S B, et al. Multi-characteristic short-term power load prediction based on VMD-LSTM-LightGBM[J]. Southern power system technology, 2023, 17(2): 74-81.

[10] ZHU X C, YIN Q Z, ZHAO F Q, et al. Ship speed prediction model based on LightGBM[J]. Journal of Dalian maritime university, 2023, 49(1): 56-65.

[11] FAN G Y, TANG J, GAO X J, et al. Risk assessment of flash flood disaster in western Nanyang City based on LightGBM[J]. China rural water resources and hydropower, 2023, 5: 1-16[2023-06-30]. http://kns.cnki.net/kcms/detail/42.1419.TV.20230515.1146.014.html.

基于 VOSviewer 文献计量的家庭能源管理系统研究态势分析

熊易辰[1,a]，李莉[2,b,*]

[1]北京信息科技大学，北京，中国
[2]智能决策与大数据应用北京市国际科技合作基地，北京，中国
[a] xyc_bistu@126.com，[b] lilinw2001@126.com
*通讯作者

摘要：为了了解家庭能源管理系统领域的研究现状、热点等，本文以 Web of Science 数据库为数据来源，提取关于家庭能源管理系统领域的近 10 年相关学术期刊，运用文献计量分析方法，对主要发文期刊、机构、国家和国际合作，以及作者、关键词等进行聚类分析，以了解家庭能源管理系统领域的研究态势。研究结果表明，近 10 年来，家庭能源管理系统受到的关注日益增加，发文量整体呈现上升态势。能源领域，计算机、信息系统领域及可持续发展领域的期刊发文量较多。亚洲、美洲、欧洲和大洋洲地区发表相关论文的国家比较多，中国的发文量和国际合作频次均居于前列。发文作者合作相对固定且并不广泛，以核心作者为中心，形成了多个小型的合作团队。主要研究方向集中于家庭能源管理系统中的家电调度和能源消费、对绿色可再生能源及能源的存储、利用强化学习或者深度强化学习实现优化调度，以及需求响应。

关键词：家庭能源管理系统；VOSviewer；文献计量；可视化分析

Exploring the State-of-the-art of Home Energy Management System Research Based on a VOSviewer Bibliometrics Analysis

Xiong Yichen[1,a], Li Li[2,b,*]

[1] Beijing Information Science & Technology University, Beijing, China

[2] Beijing International Science and Technology Cooperation Base of Intelligent Decision Making and Big Data Application, Beijing, China

[a] xyc_bistu@126.com, [b] lilinw2001@126.com

*Corresponding author

Abstract: In order to understand the research status and hot spots in the field of home energy management system, this paper takes the Web of Science database as the data source, extracts the academic journals published in the field of home energy management system in recent ten years, and uses the bibliometric analysis method to cluster and analyze the main journals, institutions, national and international cooperation, authors and keywords, so as to understand the research trend in the field of home energy management system. The research results show that in recent 10 years, the attention of home energy management system has been increasing, and the overall number of papers has shown an upward trend. Journals in the fields of energy, computer, information system and sustainable development have a large number of articles. There are many countries in Asia, America, Europe and Oceania that have published relevant papers, and China ranks among the top in the number of papers published and the frequency of international cooperation. The cooperation of authors is relatively fixed and not extensive, with the core authors as the center, forming a number of small cooperation teams. The main research direction focuses on household appliance scheduling and energy consumption in the household energy management system, green renewable energy and energy storage, optimized scheduling and demand response by reinforcement learning or deep reinforcement learning.

Keywords：Home energy management system；VOSviewer；Bibliometrics；Visual analysis

1 引言

党的十九届五中全会指出，"十四五"期间我国经济社会发展的主要目标之一是生产生活方式绿色转型成效显著，到 2035 年广泛形成绿色生产生活方式。"十三五"期间，伴随着我国增进民生福祉发展目标的实现，我国居民的美好生活质量得到了稳步提高，居民部门的用电量大幅增长。未来随着我国产业结构的转型和居民美好生活质量的持续提高，居民部门用电量在全社会用电量中的占比仍将持续上升，居民部门将成为我国全社会用电量增长的重要引擎。进入"十四五"以来，我国的数字经济发展迎来了新的转型期，人工智能等新一代信息技术的发展将会推动我国社会进入一个全面感知、可靠传输、智能处理和精准决策的万物智联时代，家庭的日常生活用电具备了智慧化的条件。随着社会高质量的发展，智能家居产品成为家庭生活质量显著提高的重要体现。通过数字化的信息手段，让居民可以即时掌握可再生能源的供应信息，并可以利用前沿的通信技术随时随地设置家庭能源管理系统的智能运行程序，实现对智能家电的远程灵活操控，使得居民家庭的生活用电灵活性与可再生能源的间歇性供应互补互通，充分提升可再生能源的消纳空间，深度促进居民部门生活用电的绿色转型，家庭能源管理系统不可或缺。

家庭能源管理系统（Home Energy Management System，HEMS）是智能电网在家庭用电侧的延伸，是以智能电网为基础，以优化调度及需求响应（Demand Response，DR）等技术为支撑，整合家庭中所有发电、用电和储能设备，从而进行控制管理的智能化调度控制系统。分布式发电、多种储能系统、需求响应、负荷调度等都是智能家庭管理的重要工具。家庭能源管理系统是在考虑电价、消费者舒适度等因素下，将能量产生和消耗的时段转移到更有利时段的系统[1]。因此，家庭能源管理系统能够收集关于能量的产销、电量的购买和销售等相关信息，同时做出调度家庭设备的最佳决策。通过对智能家居的优化调度，可以实现家庭的能源消耗最小化，增强电网的韧性和弹性。家庭能源管理系统的发展趋势是变得更加先进和智能。

随着能源结构的变化，为了经济的可持续发展，在构建家庭能源管理系统中，研究人员更加重视可再生能源的使用，如太阳能光伏（PV）、风能等，以及柔性负载，如电动汽车（EV）、储蓄电池等。家庭能源管理系统的技术主要分为三大类：数学方法、启发式算法、人工智能方法。

一些研究人员使用数学方法解决了家庭能源管理问题，如混合整数线性规划（MILP）和混合整数非线性规划（MINLP）等方法。参考文献［2］提出了一种新的基于激励补偿的管理办法，控制器在接收到需求限制后通过混合整数线性规划（MILP）进行优化求解，通过发出控制信号以优化电力使用，实现照顾不便的前提下能耗减少的目标。同时还有参考文献［3］利用混合整数非线性规划（MINLP），引入权重系数权衡总成本与不便因素，在智能家庭能源管理中实现家用电器优化调度。这些基于模型的方法性能受到复杂环境中不确定性的挑战。

还有一些研究使用了启发式算法。参考文献［4］针对住宅用户设计了基于家庭能源调度、光伏及蓄电池储能的多目标家庭能源管理系统，建模为一个多目标非混合整数线性问题，并采用遗传算法进行求解。参考文献［5］使用了一种二值粒子群与内点法相结合的混合优化算法求解在动态电价环境下的优化模型，提出了综合考虑用户负荷、储能系统、电动汽车的联合调度及分布式可再生能源随机波动特点的家庭能源管理机制。

人工智能方法为解决家庭能源管理优化问题提供了一些新的方法。例如，参考文献［6］使用DQN和DDQN算法在考虑有无PV和EV的情况下，结合经济利益、清洁能源的使用等奖赏机制，实现最小化HEMS的成本。参考文献［7］提出了基于光伏和储能的能源调度优化框架，同时考虑能源的使用行为和实时电价的不确定性，在actor-critic的无模型方法中使用Kronecker因子信任域（ACKTR）提高采样效率并能同时处理离散和连续的控制动作。

文献计量分析是一种结合统计学、数据挖掘和数学来确定某一学术领域发展模式的可量化的综述方法。它现在越来越受欢迎，并用于各种研究领域[8]。通过这种策略，可以发现当前家庭能源管理系统中的共同关键词及那些高频出现的主题关键词，这可能是未来研究的一个有效的途径。因此，在本研究中，借助数据可视化软件VOSviewer[9]，使用Web of Science数据库中以"家庭能源管理系统"为主题的2012—2022年的研究文献，以发现相关领域研究的发展过程、热点方向等。

2 数据来源与分析方法

2.1 数据来源

本研究数据来自 Web of Science 核心期刊引文索引数据库，其优势是数据较完整，能更好地反映文献之间的联系及某一研究领域的热点演进。以固定词段"home energy management system"进行检索，排除无关文献后共获得 1373 篇文献结果，检索时间为 2022 年 6 月 5 日，时间跨度为 2013 年 1 月 1 日—2023 年 6 月 1 日。本研究将文献结果的全部记录以文本格式导出，作为研究数据。

2.2 分析方法

根据搜集到的 1373 篇文献，在 Excel 软件中计算整理。根据 Web of Science 自带的分类体系，统计主要发文期刊、机构、开展研究的国家和国际合作，以及主要发文作者和关键词。使用 VOSviewer 1.6.19 软件深入挖掘文献信息，并进行可视化分析。VOSviewer 软件是通过可视化的方法来呈现科学知识的结构、规律和分布情况，展现一定时间内该学科或领域的研究现状和势态，预测该领域的未来发展趋势的。根据各节点间距离、密度和大小的不同构建出聚类视图、密度视图和叠加视图，多用于评估该领域的研究方向和热点[10]。

3 文献计量分析

3.1 文献年度分布趋势分析

研究领域紧密相关的文献数量的变化能够反映出该领域的发展现状。本文针对 2013—2022 年近 10 年关于家庭能源管理系统的论文进行统计，文献数量按时间分布情况如图 1 所示。自 2013 年以来文献数量整体呈现上升态势。2014—2017 年文献数量保持缓慢上涨，文献数量在 2020 年达到峰值 166 篇，并在 2020—2022 年保持在 150 篇以上。说明经过多年的发展与应用，智能家居管理已经取得了长足的发展。预计 2023 年文献数量仍然会上涨。

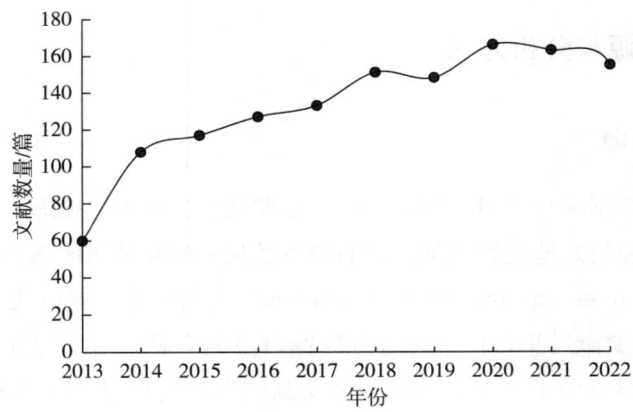

图 1　文献数量按时间分布情况

3.2　文献期刊分析

发表家庭能源管理系统相关文献的期刊一共有 800 多个，发文量排名前 10 的期刊如表 1 所示。国际上与家庭能源管理系统相关的文献主要发表在能源领域的外文期刊上，如 *Energies*、*Applied Energy*、*Sustainable Cities and Society*、*Energy and Buildings* 和 *Energy* 等；还有计算机、信息系统领域的期刊，如 *IEEE Access*，电子电气领域的期刊，如 *IEEE Transactions on Smart Grid*，以及可持续发展领域的期刊，如 *Sustainability*。这些期刊为家庭能源管理系统研究提供了高质量的沟通平台，研究人员可以将成果发表出来，更利于与同行交流讨论，同时这些期刊均为学界认可度较高和影响力较强的刊物。

表 1　发文量排名前 10 的期刊

发文期刊	发文量/篇	占比
Energies	92	6.701%
IEEE Access	81	5.899%
Applied Energy	45	3.277%
IEEE Transactions on Smart Grid	30	2.185%
Energy and Buildings	28	2.039%
Energy	26	1.894%
Sustainable Cities and Society	24	1.748%

续表

发文期刊	发文量/篇	占比
Sustainability	20	1.457%
Applied Sciences Basel	18	1.311%
Sensors	18	1.311%

3.3 主要发文机构分析

1373 篇文献中共有 1269 个发文机构，表 2 给出了发文量超过 15 篇的机构。从主要发文机构来看，大体趋势为"高等院校为主，科研机构为辅"。高等院校以综合类高校（COMSATS University Islamabad、University of Sydney）为主，也兼有一些理工类（Indian Institute of Technology System）、科技类（Instituto Superior Tecnico）院校。从科研机构来看，多为电力和能源相关机构。

表 2 发文量超过 15 篇的机构

所属机构	发文量/篇	占比
COMSATS University Islamabad	86	6.264%
Egyptian Knowledge Bank（EKB）	29	2.112%
University of Sydney	26	1.894%
Aalborg University	23	1.675%
Universidade do Porto	22	1.602%
Indian Institute of Technology System（IIT System）	21	1.529%
INESC TEC	21	1.529%
King Saud University	21	1.529%
National Institute of Technology（NIT）	20	1.457%
Universidade de Lisboa	20	1.457%
Islamic Azad University	19	1.384%
United States Department of Energy（DOE）	19	1.384%
Chinese Academy of Sciences	18	1.311%
Instituto Superior Tecnico	18	1.311%
Yildiz Technical University	18	1.311%

续表

所属机构	发文量/篇	占比
State Grid Corporation of China	17	1.238%
University of Alberta	17	1.238%
University of New South Wales Sydney	16	1.165%
Chung Ang University	15	1.092%

3.4 主要发文国家与国际合作分析

发表家庭能源管理系统相关文献的国家共有89个,包括中国、美国、巴基斯坦、印度、伊朗、韩国、澳大利亚、加拿大、意大利、葡萄牙等。通过对主要发文国家的分析,不难看出发展中国家在家庭能源管理系统领域的研究成果更多一些,且研究国家多集中于亚洲、美洲、欧洲和大洋洲地区。其中,中国的发文量居世界第一位,共224篇,占比16.3%,处于主导地位。可见中国对该领域的关注程度更高,学术研究的氛围更加活跃。其次为美国,发文量为156篇,占比11.3%。

根据1373篇文献的数据,利用VOSviewer软件绘制了国际合作网络,同时仅筛选发文量超过15篇的国家(图2)。其中,发文国家所在的圆圈越大,代表该国家在该领域内的发文量越多;连接线越粗,代表两国之间的国

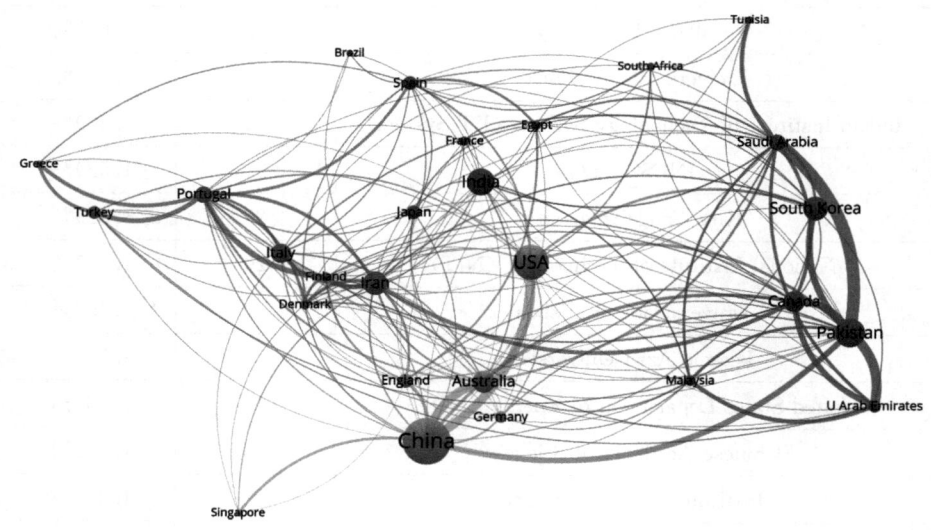

图2 国际合作网络

际合作频次越高。由图 2 可以看出，国际合作频次最高的国家是巴基斯坦，其合作对象相对较为固定，主要为沙特阿拉伯、阿拉伯联合酋长国、韩国、中国等，可以发现其国际合作有很强的地域性，多与亚洲国家进行研究合作。国际合作频次稍稍低于巴基斯坦的为中国，与中国合作的国家数量最多，达到了 20 个，合作对象覆盖面极广，体现了我国科研实力的强大。

3.5 主要发文作者分析

根据已有文献数据，利用 VOSviewer 软件绘制了家庭能源管理系统领域文献作者合作网络（图 3），其中筛选发文量大于 5 篇的作者，共 83 人。由图 3 我们可以发现，作者合作相对固定且并不广泛，以核心作者为中心，形成了多个小型的合作团队，将图片放大后可以具体到每个小团体的合作作者。主要的合作团队有，以 Javaid N.（发文量 73 篇）为主的第一团队、以 Catalao J. P. S.（发文量 25 篇）为主的第二团队、以 Dong Z. Y.（发文量 11 篇）和 Luo F. J.（发文量 10 篇）为主的第三团队等。

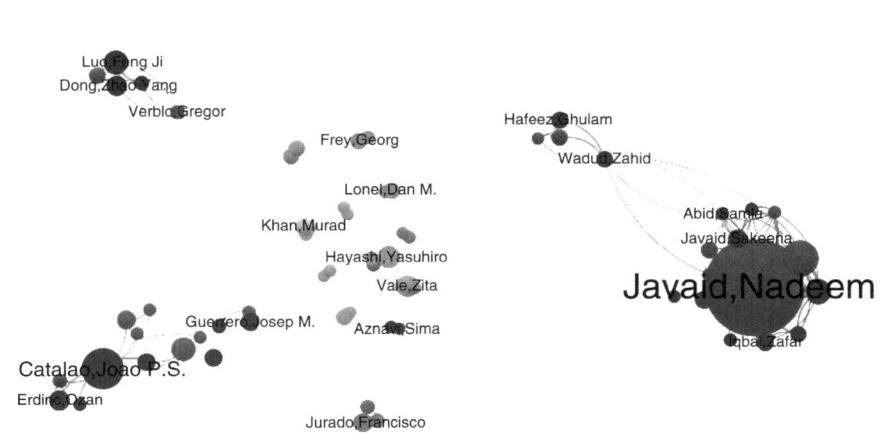

图 3 文献作者合作网络

3.6 研究热点可视化分析

关键词是对论文研究内容的凝练与高度概括，出现频次较高的关键词在一定程度上能够体现该研究领域的研究热点[11]。将1373条文献记录导入VOSviewer软件进行分析，筛选出现频率大于10次的关键词，同时合并同义词（例如，home energy management systems合并为hems）后，得出的关键词共96个（图4，见书末彩插）。关键词共现聚类由大小不同的节点和节点之间粗细不同的连线组成。图中节点的圆越大，表示该关键词出现的次数越多，节点之间的连线越粗表示两个关键词共现的频次越多。关键词出现频次及总链接强度排在前列的有（去除搜索词hems）智能家庭、需求响应、智能电网、能源管理、家用电器、需求侧响应、算法、负载管理、可再生能源等。

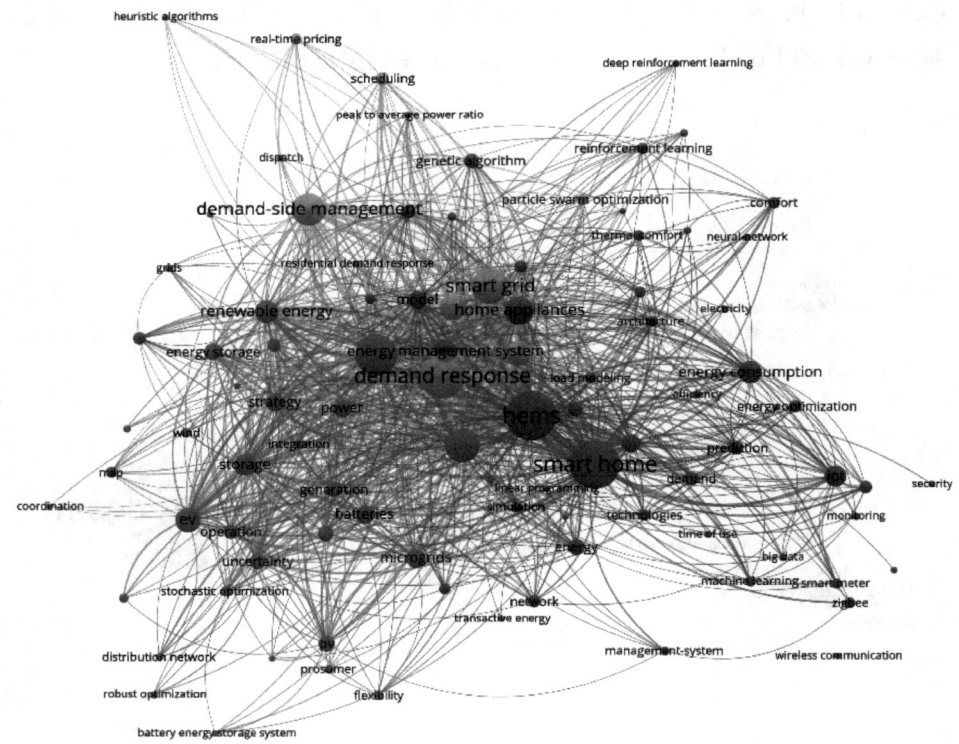

图4 关键词共现聚类

由图 4 得知，聚类最大的 4 类分别以智能家庭、优化、家用电器和需求响应为中心词。由图中红色部分我们可以得知，智能家庭这一类包含了家庭能源管理系统所必需的大量基础设施，如智能电表、家庭网关等，利用它们在考虑需求、舒适度、效率、安全等前提下进行家电调度和能源消费。由图中绿色部分我们可以发现，以优化为中心词的这一大类多考虑对绿色可再生能源及能源的存储，如电动汽车（EV）、太阳能光伏（PV）、风能、电池等。由于可再生能源发电分布大多有地域性特点，因此分布式发电、分布式算法及分布式网络也需要同时归并到一起。还有一类聚类单元比较多的是蓝色部分，我们可以发现，家用电器是家庭能源管理系统的基本控制单元。这类文献研究大多基于实时系统利用强化学习或者深度强化学习这种考虑不确定性影响的算法搭建负载模型，从而实现优化调度。最后一个较大的聚类是以需求响应为中心词的黄色部分，仔细观察关键词之间关系我们可以发现，需求响应技术作为智能电网的重要技术之一，实现了需求侧管理和负载管理。这类文献使用的算法多为启发式算法，如粒子群优化算法。

4 结语

本研究利用 VOSviewer 软件对 2013—2023 年家庭能源管理系统领域的文献进行了文献计量分析，主要得出 5 点结论。①近 10 年来，家庭能源管理系统受到的关注日益增加，发文量整体呈现上升态势。②能源领域，计算机、信息系统领域及可持续发展领域的期刊发文量较多，其中 *Energies* 是该领域的主要发文期刊。③亚洲、美洲、欧洲和大洋洲地区发表相关论文的国家比较多，中国的发文量和国际合作频次均居于前列。④发文作者合作相对固定且并不广泛，以核心作者为中心，形成了多个小型的合作团队。⑤主要研究方向集中于家庭能源管理系统中的家电调度和能源消费、对绿色可再生能源及能源的存储、利用强化学习或者深度强化学习实现优化调度，以及需求响应。

本文借助 VOSviewer 对近 10 年来家庭能源管理系统领域发表的文献的纯文本数据和 Web of Science 的检索分析结果进行预处理和研究分析，明确了该领域的现状及近期的研究热点方向，对于家庭能源管理系统的研究方向有了清晰明确的认知。

参考文献

[1] MARC B, HAMIDREZA Z. Home energy management systems: a review of modelling and complexity[J]. Renewable and sustainable energy reviews, 2015, 45: 318-335.

[2] PRITI P, ZHEN N. Smart home energy optimization with incentives compensation from inconvenience for shifting electric appliances[J]. International journal of electrical power and energy systems, 2019, 109: 652-660.

[3] LU X, ZHOU K, CHAN F T S, et al. Optimal scheduling of household appliances for smart home energy management considering demand response[J]. Natural hazards, 2017, 88(3): 1639-1653.

[4] SONG Z, GUAN X, CHENG M. Multi-objective optimization strategy for home energy management system including PV and battery energy storage[J]. Energy reports, 2022, 8: 5396-5411.

[5] CAO X, YANG W, JIE S, et al. Study of integrated modelling and optimization method for home energy management system considering uncertainties[J]. Information and control, 2017, 46(3): 365-372.

[6] Optimization strategy based on deep reinforcement learning for home energy management[J]. CSEE journal of power and energy systems, 2020: 444.

[7] CHU Y, WEI Z, SUN G, et al. Optimal home energy management strategy: a reinforcement learning method with actor-critic using Kronecker-factored trust region[J]. Electric power systems research, 2022, 212.

[8] FAVARO-TRINDADE C S, DE MATOS J F E, OKURO P K, et al. Encapsulation of active pharmaceutical ingredients in lipid micro/nanoparticles for oral administration by spray-cooling[J]. Pharmaceutics, 2021, 13(8): 1186-1186.

[9] HAN X. A visual analysis of the research on the use of mobile phones by college students based on VOSviewer[J]. International journal of education and management engineering(IJEME), 2020, 10(6): 10-16.

[10] CHEN Y, LI H, LI F, et al. Status and trend of the research in environmental magnetism field-bibliometric and visualization analysis based on VOSviewer[J]. Industrial minerals & processing, 2021, 50(6): 50-52, 58.

[11] LU S, ZHANG J, CAI Y, et al. Analysis on research status of nutrients in estuary of China based on bibliometrics[J]. Chinese journal of marine environmental science, 2021, 40(2): 309-316.

基于改进 ERNIE-RCNN 模型的报关商品分类方法

黄磊[a]，张健[b,*]

北京信息科技大学，北京，中国
[a] hl13030582552@163.com，[b] zhangjian@bistu.edu.cn
*通讯作者

摘要：查验报关商品所属 HS 编码是海关进出口贸易的重要环节。然而，现有报关商品分类模型难以解决商品描述文本专业术语多、类别特征信息分散及不同 HS 编码间相似度高等问题。针对上述问题，本文提出了基于改进 ERNIE-RCNN 模型的报关商品分类方法，采用预训练语言模型 ERNIE 对文本进行特征编码，增强对文本特征的提取能力；为识别文本中分散的类别特征信息，将 ERNIE 模型编码后的词向量送入 TextRCNN 模型中，进一步提取文本特征进行分类。改进 ERNIE 模型的丢弃率和 TextRCNN 模型中 BILSTM 层的丢弃率，以增强模型的泛化能力，进而实现海关报关商品的自动分类。在真实海关商品数据集上验证所提模型的有效性，改进后的 ERNIE-RCNN 模型准确率、宏平均 F1 值分别达到 0.8588、0.8258，相较于原始模型分别提升了 1.02% 和 1.39%，结果表明，基于改进 ERNIE-RCNN 模型的报关商品分类模型在分类时能从多维度学习商品描述文本的特征表示，RCNN 层能进一步学习 HS 编码类别特征，从而提高分类准确性，满足实际需要。

关键词：报关商品；HS 编码；ERNIE；TextRCNN；文本分类

An Improved ERNIE-RCNN Model-based Classification Method for Customs Declaration Goods

Huang Lei[a], Zhang Jian[b,*]

Beijing Information Science and Technology University, Beijing, China

[a] hl13030582552@163.com, [b] zhangjian@bistu.edu.cn

*Corresponding author

Abstract: Verification of HS codes of declared goods is an important part of customs import and export trade. However, it is difficult for the existing customs declaration commodity classification models to solve the problems of many specialized terms in commodity description texts, scattered category feature information and high similarity between different HS codes. In order to identify the scattered category feature information in the text, the word vector encoded by the ERNIE model is fed into the TextRCNN model to further extract the text features for classification. The discard rate of the ERNIE model and the discard rate of the BILSM layer in the TextRCNN model are improved to enhance the generalization ability of the model, and then realize the automatic classification of customs declaration goods. The effectiveness of the proposed model is verified on the real customs commodity dataset, and the improved ERNIE-RCNN model achieves 0.8588 and 0.8258 in accuracy and macro-average F1 values, which are 1.02% and 1.39% higher than the original model, respectively. The achieved results show that the improved ERNIE-RCNN-based customs declaration commodity classification model is able to classify commodities from multi-dimensional learning of feature representation of commodity description text, and the RCNN layer can further learn HS coding category features, thus improving classification accuracy and meeting practical needs.

Keywords: Customs goods; HS code; ERNIE; TextRCNN; Text classification

1 引言

近年来,随着我国进出口贸易规模的不断扩大,进出口商品 HS（Harmonized System）编码的归类已成为影响国际贸易成本和效益的关键因素之一。商品归类是指根据报关单中的商品描述信息确定商品所属 HS 编码,而商品的 HS 编码将决定税率与海关查验方式。HS 编码申报错误,将会对海关统计准确性、海关监管秩序、国家税款征收等多方面产生影响。目前,国际上通用的进出口商品分类标准是由世界海关组织创建的商品名称及编码协调制度。HS 国际标准编码采用 6 位制,把全部国际贸易商品分为 22 类共 98 章。章以下再分为目和子目。商品编码第 1、第 2 位数码代表"章"（chapter）,第 3、第 4 位数码代表"目"（heading）,第 5、第 6 位数码代表"子目"（subheading）[1]。而我国海关使用的是以 6 位 HS 国际标准编码为基础的 10 位 HS 编码,其中前 8 位为主码,后 2 位为附加码。相关贸易研究表明,大约 30% 的报关商品使用了错误的 HS 编码。由于报关商品的描述文本多为短语而非完整的句子,文本中的各个要素互相独立,不能通过上下文和语义关系对其进行分析,因此使用传统的数据处理方法无法合理且有效地对海关数据进行表征。

在海关业务场景中,HS 编码相近的商品被误报的情况时有发生。如表 1 所示,商品描述为"4｜3｜木制｜杨木 populus species"的商品对应的正确 HS 编码应为 4410120000,但却被错报为 4403499090。由于正确 HS 编码的税率高于错误 HS 编码,这将会导致税收损失。而商品描述为"4｜3｜打击鼓用｜塑料｜牌子：GAMALCO｜无型号"的商品被错报为税率更高的 HS 编码,这会导致进出口商需要支付更多的关税。此外,即使正确 HS 编码与错误 HS 编码的税率一致,使用错误的 HS 编码也可能会导致后续通关流程出现问题。由于相近 HS 编码的商品信息区别并不明显,通常需要海关关税专业领域人员逐个进行人工判别,但人工判别存在速度慢、成本高等缺点,且专业领域人员较少,采用人工难以实现及时、全面的 HS 编码检测和判别。因此,使用自动分类技术辅助海关人员对报关单进行审核,可以提高商品通关效率,同时有效缓解海关关税专业领域人力资源不足的状况。

表 1　HS 编码分类错误的报关商品税率变化

商品描述	错误 HS 编码	正确 HS 编码	修改 HS 编码的税率变化
0｜3｜阿玻同名豆木 TIPA｜100－150MM＊150－350MM＊1500－1600MM｜无级别	4403499090	4407299099	增加
4｜3｜打击鼓用｜塑料｜牌子：GAMALCO｜无型号	3926909090	4421999090	减少
4｜3｜木制｜杨木 populus species	4403499090	4410120000	增加
4｜3｜红雪松 Pinus	4403499090	4407119099	不变

报关商品的 HS 编码分类问题即根据商品描述文本判断其所属 HS 编码，属于文本分类问题。但相较于其他文本分类问题，报关商品的描述文本有其独有的特点。

①专业术语类别、数量多。例如，存在 PET 薄膜（聚酯）、EVA 树脂（乙烯-乙酸乙烯酯共聚物）、型 1220731U00 日产小轿车用、55％焦磷酸哌嗪等各类专业术语及词汇。

②类间相似度高。可能由于一字之差，商品的类别就会不同，这需要词向量拥有很强的文本表征能力。

③类别特征信息分散。由于不同申报要素的文本由"｜"分隔，可能类别特征词相隔较远，需要捕获这些相隔较远的非连续特征词才能将商品进行正确分类。

除此之外，HS 编码种类众多，全部类别约有 1 万个，且存在样本数量不平衡问题，不同类别的样本数量有着巨大差别。以往研究主要聚焦于如何对申报要素进行特征提取，但忽略了商品描述文本之间的序列关系，导致分类效果不佳。针对上述问题，本文采用了使用大规模中文语料库进行训练的预训练语言模型 ERNIE，以获取表征能力更强的词向量，并采用 TextRCNN 模型获取词向量中远距离的类别特征信息，提出了基于改进 ERNIE-RCNN 模型的报关商品分类模型。

2 相关研究

2.1 文本分类方法

文本分类的基础是利用自然语言处理（Natural Language Processing, NLP）技术将文本转化为蕴含文本特征的数字向量，也称词向量，将文本转化为词向量的技术称为词嵌入技术。最早的词嵌入技术为独热编码，以 0 或 1 表示单个字符或词组，但该方法在面对大量数据时，其词向量维度也会呈爆炸性增长。Mikolov 等[2] 提出了 Word2Vec 词向量模型，以词袋模型（CBOW）和跳字（skip-gram）模型训练词向量，可以学习到低维空间中单词的分布式特征，解决了维度灾难问题，但面对多义词问题无法有效解决，直到 Peters 等[3] 提出了 ELMo（Embeddings from Language Models），通过构建双向 LSTM 模型学习词的上下文信息，有效解决了多义词问题。文本分类方法的发展由早期的机器学习模型到深度学习模型再到现在的预训练语言模型，其对文本特征的提取能力逐步提高，模型分类效果逐步提升，常用的机器学习方法，如支持向量机、贝叶斯网络，在面对小规模数据时也能取得较好的效果，当数据规模提升时，其效果难以提升。随着深度学习模型的发展，Kim 用于短文本分类的 TextCNN 模型[4] 首次将卷积神经网络应用在文本分类任务中，并取得较好效果。Hochreiter 等提出的 LSTM 模型[5]、Lai 等提出的 RCNN 模型[6]，均以循环神经网络为基础，利用其优点获取词的上下文语义信息，并解决了梯度消失和梯度爆炸的问题，对于特征信息分散的文本具有更强的分类能力，提升了长文本分类效果，自注意力机制的提出又使文本分类领域快速发展，Cornelia 等提出的 HAN 模型[7] 通过多层的注意力机制对特征向量进行加权，提升了模型的分类精度，谷歌在 2018 年提出的 BERT 模型[8]，以 Transformer 编码器为核心，在外文大规模语料库中进行训练，可以学习到文本的通用特征，成为多个自然语言处理任务的最优模型，随后百度提出了在中文大规模语料库进行预训练的 ERNIE 模型[9]，针对中文语句特点改进 mask 方式，该模型对中文的编码与理解能力更强，只需根据具体任务需求微调预训练模型，即可达到较好的效果。

2.2 报关商品分类算法

随着智能化水平的提高与相关技术的不断发展，许多学者在报关商品自动分类领域进行了相关研究。最早有学者基于文本的共现矩阵进行探索，通过统计申报要素中的词频构建共现矩阵以挖掘能用于分类的重要特征。张紫玄等[10] 结合文本中的数值特征和文本的共现矩阵对申报要素进行特征提取，将构建的共现矩阵送入支持向量机中进行分类，验证了层次分类法在报关商品分类任务中的有效性。Ding 等[11] 考虑到共现矩阵易于增量的特点，通过构建背景网络（Background Net，B-Net）对不同的类别进行学习，并将多个背景网络组合成一个分类器，有效地通过增量的方式学习单词的共现，能够更好地应对开放和变化领域的内容。Chen 等[12] 利用 Word2Vec 技术对商品描述文本进行词嵌入操作，并用训练后的词向量通过无监督聚类的方式构建各类税号的类中心向量，在预测时通过对申报要素进行特征提取，并与各类中心向量进行角相似度计算，最终以相似度作为样本归属某个类别的概率，但由于 Word2Vec 技术无法生成动态的词向量，即无法解决一词多义问题，对此，王昊等[13] 在 Word2Vec 的基础上，利用了 TextRNN ＋ Attention[14] 的神经网络计算方法获得包含上下文信息的词向量，并在章节、目及税号分类任务上进行了层次分类研究，取得了更好的效果。杜少华等[15] 使用图建模技术构建申报要素的图网络，并使用 LSTM 学习其中的序列信息，使用图神经网络融合两个部分特征进行税号分类，由于考虑了文本中隐藏的图信息，该方法进一步捕获到了更多的信息，提升了模型分类效果。随着基于 Transformer[16] 的预训练语言模型（Pretrained Language Model，PLM）的出现，许多学者也尝试将其应用在报关商品分类领域。孙维远等[17] 使用 SBERT 通过对比学习商品内容得到句向量，通过词向量聚类得到同义要素表进行数据增强，并使用要素平均获得某商品的统一表示，最终利用 I-SMOTE 算法通过异常检测任务对税号分类的正误进行判别。阮启铭等[1] 利用预训练模型强大表征能力对商品描述文本进行编码，并研究了 10 位税号分类问题，研究提出的 HM-BERT 通过对税号编码进行层次拆分，将 10 位税号分类任务进一步分解为多个子任务，通过章节号、目号及 HS 编码 3 个任务进行多任务学习，共同微调 BERT 模型，通过多任务学习使模型学习任务之间的相关性，从而提升税号的分类效果，该方法有效利用了多任务学习的方式，且基于大模型的微调相较以往的学习方法具有更好的效果。

以上方法在面对专业术语少、特征信息集中的商品描述文本时都有较好的分类效果，但对于商品描述文本专业术语多、不同类别间相似度高、特征信息分散等问题仍无法有效解决。对此，本文使用 ERNIE 模型编码商品描述文本，获取具有强大表征能力的词向量，以解决商品描述文本专业术语多、不同类别间相似度高问题，再融合 RCNN 模型提取远距离的文本特征，解决特征信息分散问题。

3 ERNIE-RCNN 模型

3.1 模型整体结构

ERNIE-RCNN 模型的整体结构如图 1 所示，该模型主要由预训练语言模型 ERNIE 和 RCNN 构成。ERNIE 层负责将构建好的输入文本转化为蕴含文本特征的词向量，获得词的动态语义表示；RCNN 层由 BILSTM 层、拼接层、池化层、全连接层构成，负责捕获词向量的高维序列特征，最终输出每个类别的得分，得分最高者即为模型预测的类别。

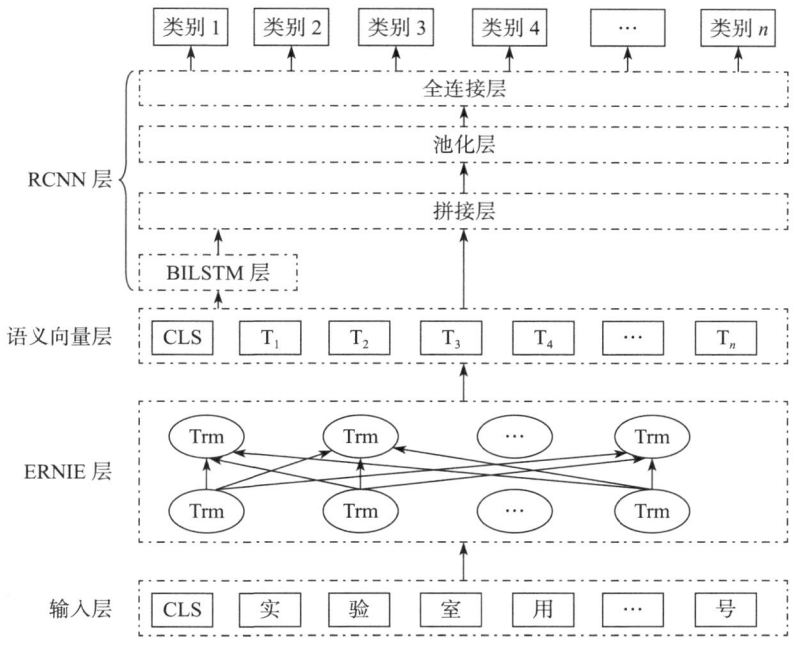

图 1 ERNIE-RCNN 模型的整体结构

3.2 预训练模型 ERNIE

预训练模型 ERNIE 的结构如图 2 所示。其中，Trm 表示 Transformer 编码器，输入层的向量会送入编码器中进行自注意力计算，计算后输出包含每个字符对其他字符重要程度的新向量。ERNIE 模型由多个 Trm 模块堆叠而成，可以获取输入向量中每个字符或词组的重要程度。$\{E_1, E_2, \cdots, E_n\}$ 为输入向量，是文本经 ERNIE 模型嵌入操作后的向量表示。$\{T_1, T_2, \cdots, T_n\}$ 为经过 Trm 模块计算后所得到的包含文本语义信息的动态词向量，该向量将作为 RCNN 层的输入。

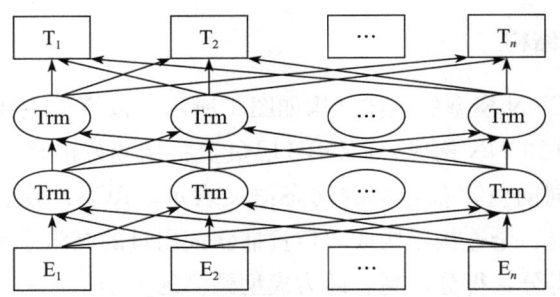

图 2　预训练模型 ERNIE 的结构

3.3　特征提取层 RCNN

RCNN 层由循环层（BILSTM 层）、拼接层、池化层及全连接层组成，RCNN 模型结合了循环神经网络和卷积神经网络的优点，使用双向循环神经网络替换了卷积神经网络中的卷积层，解决了卷积层滑动窗口难以确定的问题，且循环层可以获得每个词的上下文信息，学习得到更加复杂的文本特征。RCNN 模型结构如图 3 所示，通过 ERNIE 模型可获得每个词的向量表示，将其组合为词向量矩阵送入循环层，可以得到每个词前向和后向的上下文

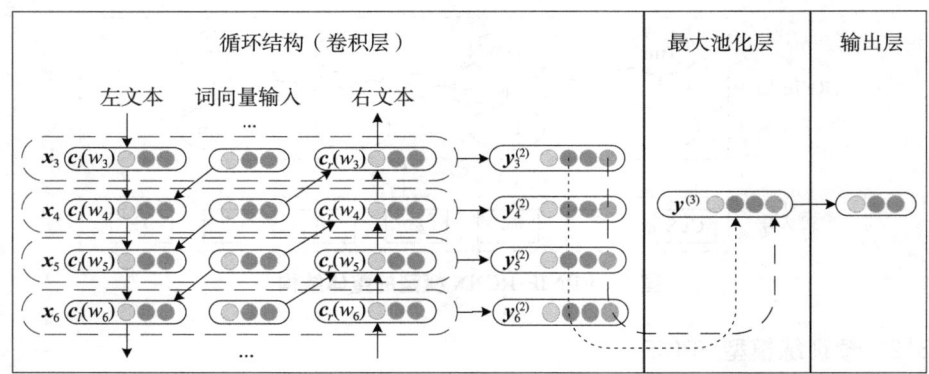

图 3　RCNN 模型结构

表示，其计算公式为：

$$c_l(w_i) = f(W^{(l)} c_l(w_{i-1}) + W^{(sl)} e(w_{i-1}));\qquad(1)$$

$$c_r(w_i) = f(W^{(r)} c_r(w_{i+1}) + W^{(sr)} e(w_{i+1}))。\qquad(2)$$

式中，$c_l(w_i)$ 与 $c_r(w_i)$ 分别为词 w_i 的左侧上下文向量和右侧上下文向量，$W^{(l)}$ 和 $W^{(sl)}$ 用于将上一个单词的左上下文语义和上一个单词的语义结合到单词 w_i 的左上下文表示中，右上下文的处理与左上下文完全相同，如式(2)所示。x_i 为词 w_i 的左侧上下文向量、词向量、右侧上下文向量拼接在一起的向量，其计算公式为：

$$x_i = [c_l(w_i); e(w_i); c_r(w_i)]。\qquad(3)$$

x_i 经过激活函数处理后即可得到输出向量 $y_i^{(2)}$，$y_i^{(2)}$ 经过最大池化层后得到最大化向量 $y^{(3)}$，$y^{(3)}$ 最后经过全连接层得到最终的分类结果。

4 实验与结果分析

4.1 实验环境

本文的实验环境为：操作系统 Ubuntu20.04.5LTS；CUDA11.2；处理器 Intel（R）Xeon（R）Gold5218RCPU@2.10GHz80 核，GPU NVIDIA GeForce RTX 3090；内存 128 GB；显存 24 GB；开发框架 Pytorch1.9.1+cu111；编程语言 Python3.7。

4.2 数据集

本文数据来自中国某海关提供的报关数据及国内某报关服务网站的公开报关数据。在对异常数据进行处理后对数据进行统计，可以发现各类之间样本数量不均衡，为了缓解这种情况，本文采取分层抽样，对于样本数量大于 5000 个的类别进行随机抽样 5000 个，小于 5000 个大于 500 个的类别全部保留，得到 323 596 条数据，涉及 227 个税号类别，每条数据字段包括商品描述（G_MODEL）和 HS 编码（CODE_TS），商品描述由申报要素构成。例如，HS 编码为 8451900000 的申报要素为 1：品名；2：品牌类型；3：出口享惠情况；4：用途（适用于××品牌××机或通用于××机等）；5：品牌（中文或外文名称）；6：型号；7：GTIN；8：CAS；9：其他。HS 编码为 3922200090 的申报要素为 1：品名；2：用途；3：材质；4：品牌；5：型号；6：是否带按摩装置。不同申报要素之间用"｜"隔开，表 2 为部分数据样例。HS 编码为商品进行申报时所填写的税号编码，数据中所有编码均为 10 位。在数据样例中可以发现，商品描述由不同申报要素构成，其文本中上下文语义信息没有明显关联，不同类别的商品其描述中的申报要素输入顺序有所不同，且由于部分申报要素内容可以为空，导致同一 HS 编码的申报要素也没有固定的顺序关系，这让模型很难利用申报要素的顺序信息。为更好测试模型性能，本文将数据集按 0.8∶0.1∶0.1 的比例划分为训练集、验证集和测试集。

表 2　部分数据样例

商品描述（G_MODEL）	HS 编码（CODE_TS）
4｜3｜实验室用｜聚乙烯｜ASONE｜型号 ASONE｜00000000｜无须申报｜	3926909090
4｜3｜实验室用｜聚乙烯｜SHINANO｜SN-20 蓝｜00000000｜00-00-0｜	3926909090
0｜3｜衔接零件用｜ABS 制｜无品牌｜无型号	3926909090
4｜3｜石制｜无须报	6815999000
1｜3｜雪花石｜无 GTIN｜无 CAS	6815999000

4.3　评价指标

本文采用了 5 个常用的评价分类模型效果的指标，分别为召回率 R (Recall)、精准率 P (Precision)、F1 值、宏平均 F1 值（Macro-F1）和准确率 Acc (Accuracy)[18]。由于不同类别的税号其样本数量有较大差异，为了更好地评价模型的分类效果，本文主要采用准确率和宏平均 F1 值作为主要的模型评价指标，以评价模型对每个类别的分类效果。P、R 由 TP、FP、TN、FN 计算所得。F1 值为精确率和召回率的调和平均值，F1 值越高代表模型的综合性能越强，宏平均 F1 值为对每一类计算 F1 值后取平均值，表示模型对所有类别的综合分类能力。TP、FP、TN、FN 混淆矩阵如表 3 所示。

表 3　TP、FP、TN、FN 混淆矩阵

真实情况	预测结果	
	正例	反例
正例	TP（真正例）	FN（假反例）
反例	FP（假正例）	TN（真反例）

$$P = \frac{TP}{TP+FP}。 \quad (4)$$

$$R = \frac{TP}{TP+FN}。 \quad (5)$$

$$F1 = \frac{2 \times P \times R}{P+R}。 \quad (6)$$

$$Acc = \frac{TP+TN}{TP+FP+TN+FN}。 \quad (7)$$

$$MacroF1 = \sum_{i=1}^{N} \frac{F_i}{N}。 \quad (8)$$

4.4 实验设置

将文本数据词向量维度 hidden_size 设置为 768，文本最大保留长度 max_length 设置为 64，学习率 lr 设置为 5e-5，ERNIE 模型的丢弃率 dropout 设置为 0.15，TextRCNN 的 LSTM 层丢弃率 dropout 设置为 0.15，训练轮数 epoch 设置为 20，批数据长度 batch_size 设置为 128，模型参数配置如表 4 所示。

表 4 模型参数配置

参数	参数值
hidden_size	768
max_length	64
lr	5e-5
ERNIE 模型的 dropout	0.15
LSTM 层的 dropout	0.15

4.5 实验结果与分析

为验证 ERNIE-RCNN 模型性能，针对报关商品数据集利用不同的模型做了多组实验，与多种先进的模型进行比较，包括 TextCNN、TextRNN、TextRCNN、DPCNN、FastText，预训练模型 ERNIE 和 BERT，以及 BERT-RCNN，分别测试其在报关商品数据集上的准确率和宏平均 F1 值，实验全部保留在验证集上效果最好的模型结果，实验结果对比如表 5 所示。

表 5 各模型实验结果对比

模型	准确率	宏平均 F1 值
TextCNN	0.7333	0.6981
TextRNN	0.7727	0.7243
TextRCNN	0.8164	0.7785
DPCNN	0.8193	0.7797
FastText	0.8220	0.7918
BERT	0.8336	0.7923
BERT-RCNN	0.8454	0.8089
ERNIE	0.8469	0.8082
ERNIE-RCNN	0.8486	0.8119
改进 ERNIE-RCNN	**0.8588**	**0.8258**

从表 5 可以看出，改进后的 ERNIE-RCNN 模型在报关商品数据集上的准确率、宏平均 F1 值达到了 0.8588 和 0.8258。实验结果表明，预训练模型的分类效果普遍优于传统神经网络模型，其主要原因在于预训练模型通常在大规模多源语料库中进行预训练，这使得模型能够学习到更丰富的语言模式和语义表示。ERNIE 模型的效果优于 BERT 模型，其主要原因在于 ERNIE 模型在预训练阶段使用了大规模的中文数据，且其训练方式更符合中文语句结构，相比于 BERT 以单个字符为单位进行训练，ERNIE 结合中文语句的特点，以词作为基本单位进行训练，具有更强的中文表示能力。但基于 ERNIE 预训练语言模型的分类模型在对商品描述信息进行特征提取时，由于上述商品描述信息自身的复杂性，会存在一定的特征缺失，TextRCNN 在分类过程中能进一步提取远距离的类别特征信息，同时考虑文本上下文信息，提取文本重要特征，因此在融合 TextRCNN 提取的特征后，模型分类准确率和宏平均 F1 值分别提升了 1.02% 和 1.39%。这一结果表明，改进后的 ERNIE-RCNN 模型相对于原始模型，能够进一步提取远距离的类别特征信息，更好地学习到每个 HS 编码的类别特征，从而提升报关商品分类的准确率与宏平均 F1 值。

5 结语

针对报关商品描述文本专业术语多、类别特征信息分散及不同 HS 编码间相似度高等问题,本文设计了一种基于改进 ERNIE-RCNN 的分类模型,该模型利用 ERNIE 预训练语言模型获取表征能力更强的词向量,并融合 TextRCNN 模型进一步提取分散的类别特征。实验结果表明,改进后的 ERNIE-RCNN 模型相比于原始 ERNIE-RCNN 模型具有更强的泛化能力与分类能力,且其分类效果均高于其他对比模型,表明针对模型丢弃率进行改进后模型对报关商品的分类能力更强。在下一步的工作中,可以考虑研究新的方法,如引入外部知识,并扩大数据集中 HS 编码类别,进一步提升模型对报关商品的分类能力,使其能更好地应用在报关商品分类任务中。

参考文献

[1] RUAN Q,GUO Y,ZHENG N,et al. Customs declaration good classification algorithm based on hierarchical multi-task BERT[J]. Journal of computer applications,2022,42(1):71-77.

[2] MIKOLOV T,SUTSKEVER I,CHEN K,et al. Distributed representations of words and phrases and their compositionality[C]//Proceedings of the 26th International Conference on Neural Information Processing Systems. Red Hook,NY:Curran Associates Inc,2013:3111-3119.

[3] PETERS M,NEUMANN M,IYYER M,et al. Deep contextualized word representations[C]// Proceedings of the 2018 Conference of the North American Chapter of the Association for Computational Linguistics:Human Language Technologies,Volume 1 (Long Papers). New Orleans,Louisiana:Association for Computational Linguistics,2018:2227-2237.

[4] Kim Y. Convolutional neural network for sentence classification[D]. Waterloo:University of Waterloo,2015.

[5] HOCHREITER S,SCHMIDHUBER J. Long short-term memory[J]. Neural computation,1997,9(8):1735-1780.

[6] LAI S,XU L,LIU K,et al. Recurrent convolutional neural networks for text classification[C]//Proceedings of the AAAI conference on artificial intelligence. 2015.

[7] YOU R,ZHANG Z,DAI S,et al. HAXMLNet:hierarchical attention network for extreme multi-label text classification[EB/OL]. [2023-07-19]. https:// arxiv. org/abs/1904.12578,2019-3-24.

[8] DEVLIN J,CHANG M W,LEE K,et al. Bert:pre-training of deep bi-directional transformers for language understanding[EB/OL]. [2023-07-19]. https:// arxiv. org/abs/1810.04805,2018-10-11.

[9] SUN Y, WANG S, LI Y, et al. Ernie: enhanced representation through knowledge integration[EB/OL]. [2023-07-19]. https://arxiv.org/abs/1904.09223,2019-4-19.

[10] ZHANG Z, WANG H, ZHU L, et al. Identifying risks of HS codes by china customs [J]. Data analysis and knowledge discovery,2019,3(1):72-84.

[11] DING L, FAN Z Z, CHEN D L. Auto-categorization of HS code using background net approach[J]. Procedia computer science,2015,60:1462-1471.

[12] CHEN H, VAN RIJNSOEVER B, MOLENHUIS M, et al. The use of machine learning to identify the correctness of HS Code for the customs import declarations [C]//2021 IEEE 8th International Conference on Data Science and Advanced Analytics (DSAA). IEEE,2021:1-8.

[13] WANG H, DENG S, ZHU L, et al. Research on the intelligence value of government data and its utilization in the big data environment: taking customs declaration commodity categorization risk avoidance as an example[J]. Science and technology intelligence research,2020,2(4):74-89.

[14] LIU P, QIU X, HUANG X. Recurrent neural network for text classification with multi-task learning[J]. arXiv preprint arXiv:1605.05101,2016.

[15] DU S, WAN H, WU Z, et al. Fusion of text sequence and graph information for HS code classification of customs commodities[J]. Computer science,2021,48(4):97-103.

[16] VASWANI A, SHAZEER N, PARMAR N, et al. Attention is all you need[J]. Advances in neural information processing systems,2017,30.

[17] SUN W. Research on abnormal declaration detection of customs goods based on pretrained model[D]. Dalian:Dalian University of Technology,2021.

[18] CHICCO D, JURMAN G. The advantages of the Matthews correlation coefficient (MCC) over F1 score and accuracy in binary classification evaluation[J]. BMC genomics,2020,21(1):1-13.

基于提示学习的事件抽取研究综述

刘城洪[a]，施水才[b,*]

北京信息科技大学，北京，中国
[a] liuchenghong1998@163.com，[b] Shi.Shuicai@trs.com.cn
*通讯作者

摘要：事件抽取是自然语言处理和自然语言理解中一项重要的课题，广泛应用在信息检索、知识图谱和自动问答等方面。目前，基于模式匹配、机器学习和深度学习的事件抽取方法都已经取得了不错的效果。然而，这些方法仍然存在着一些问题。例如，模式匹配方法需要人工设计规则，机器学习方法则需要大量标注数据，深度学习方法需要庞大的模型及大量的计算资源。近年来，基于提示学习的事件抽取方法逐渐受到关注，其不需要额外的标注数据，且具有灵活性和可扩展性。本文对基于提示学习的事件抽取方法进行了综述，介绍了其原理、流程和实现方法。最后，本文对其未来发展方向和挑战进行了探讨。

关键词：事件抽取；自然语言处理；机器学习；深度学习；提示学习

Review on Event Extraction Based on Prompt Learning

Liu Chenghong[a]，Shi Shuicai[b,*]

Beijing Information Science and Technology University，Beijing，China
[a] liuchenghong1998@163.com，[b] Shi.Shuicai@trs.com.cn
*Corresponding author

Abstract：Event extraction is an important subject in natural language processing and understanding. It is widely used in information retrieval，knowledge mapping and automatic question answering. At present，event extraction methods based on pattern matching, machine learning and deep learning have achieved good results. However, these methods still have some problems. For example, pattern matching requires manual design of rules, machine learning requires a large amount of annotated data, and deep learning requires a large model and a large amount of computing resources. In recent years, event extraction method based on prompt learning has attracted more and more attention. It does not need extra annotation data, and has flexibility and scalability. In this paper, event extraction based on prompt learning is reviewed, and its principle, process and implementation methods are introduced. Finally, this paper discusses the challenges and future development direction of event extraction based on prompt learning.

Keywords：Event extraction; Natural language processing; Machine learning; Deep learning; Prompt learning

1 引言

自然语言处理技术正在迅速发展，而事件抽取是其中的一个重要研究方向。根据 ACE 会议[1] 的定义，事件是指在特定时间点或时间段内发生的一个或多个角色参与的操作或状态变化。因此，从文本数据中提取结构化事件信息[2]，是自然语言处理的重要研究课题之一。事件抽取是指从自然语言文本中自动识别和提取相关的事件信息，包括事件类型、事件触发词、参与者、时间等。事件抽取在信息抽取、问答系统、知识图谱等领域有着广泛应用。

虽然传统的事件抽取方法采用了模式匹配、机器学习和深度学习等技术，它们在一定程度上可以解决事件抽取问题。然而，这些方法各自存在一些问题，如需要大量标注数据、对领域依赖性强和解释性不强等。近年来，基于提示学习的事件抽取方法受到越来越多的关注，这种方法通过向输入中添加结构化的提示信息（prompt）来指导模型进行事件抽取，具有灵活性和可扩展性，无需额外的标注数据，而且相对于传统方法更容易进行模型的调整和优化。

2 相关工作

在早期的事件抽取研究中，通常采用模式匹配和机器学习方法。虽然模式匹配方法在某些特定领域表现良好，但其泛化能力较差，在通用领域中难以应用[3-5]。图 1 是模式匹配事件抽取流程。

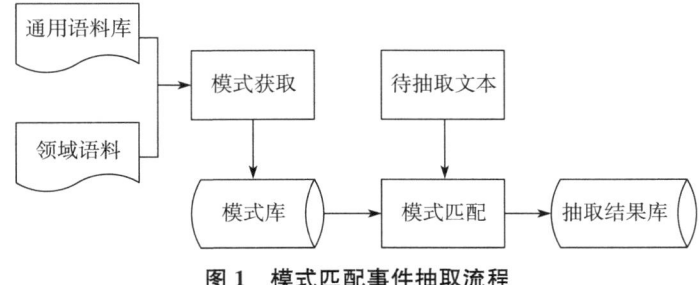

图 1　模式匹配事件抽取流程

机器学习方法需要进行特征工程，可能存在误差传播的问题，从而降低事件抽取的效果[6-7]。图 2 是机器学习事件抽取流程。

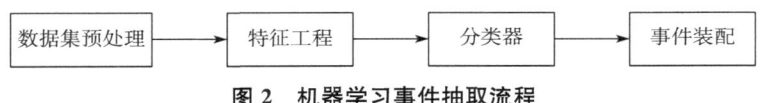

图 2　机器学习事件抽取流程

随着深度学习技术的不断发展和进步，近年来，事件抽取领域的研究呈现出新的发展趋势。许多学者尝试利用基于联合学习的分类模型实现事件和论元的提取。Chen 等[8] 和 Nguyen 等[9] 分别使用 CNN 和 RNN 模型实现了事件抽取。同时，Zeng 等[10] 和 Yang 等[11] 将双向长短时记忆网络（BiLSTM）和条件随机场（CRF）模型进行融合，以序列标注的方式实现事件抽取。值得一提的是，贾阵等[12] 通过引入字词向量的交互表示，进一步增强了 BiLSTM+CRF 模型的性能，从而有效地表达了句子的语义信息。这些工作为事件抽取提供了新的思路和方法，为该领域的研究和应用奠定了基础。

此外，随着预训练模型的出现，如 BERT[13] 等模型，事件抽取方法开始倾向于采用"预训练+微调"的范式，这些模型具备出色的文本语义表征能力，使得事件抽取的效果得到了显著提升。

例如，Yang 等[14] 使用 BERT 模型实现了事件抽取的两个阶段：触发词抽取和论元抽取。Lin 等[15] 提出了 ONEIE 框架，利用 BERT、前馈神经网络（FFN）和 CRF 模型实现了基于全局特征的事件抽取。此外，研究者也提出了新的模型结构，以增强事件抽取的性能。例如，Gao 等[16] 在 BERT、BiLSTM 和 CRF 模型中引入了自注意力层（self-attention），以加强事件触发词与论元联合抽取的性能。Yu 等[17] 提出了一种基于 BERT 模型的多任务学习模型，将事件检测与命名实体识别任务相结合，以实现实体与事件的联合抽取。总之，深度学习技术的不断进步和发展为事件抽取领域带来了新的机遇和挑战，同时也为该领域的研究者提供了更加高效、准确的方法和工具。

近年来，GPT-3 模型[18]的出现引入了一种新的训练方法——"prompt-based learning"，它与传统的"预训练＋微调"方法不同。通过调整下游任务的设置，prompt-based learning 能够利用预训练语言模型中的先验知识进行训练，从而能充分利用预训练语言模型所学到的先验知识[19]。它有两种实现方式：一种是手工设计模板，它是对不同任务人工设计合适的自然语言模板，并在模板中使用待预测内容的位置进行填充[20]，需要进行大量试错实验才能得到合适的模板；另一种是自动学习模板，它能够自动生成一个模板来进行提示。例如，Shin 等[21]提出了 AUTOPROMPT 方法，它通过梯度自动搜索合适的词语来形成一个语义上不通顺但对模型有效的提示模板，2021 年，Schick 等[22]将有监督的微调和无监督的微调相结合提出了 PET（pattern exploiting training），采用了半监督训练的方式，将输入示例转换为完形填空形式的短语，帮助模型理解相应任务。该方法使用手工设计模板的方式，使用相应短语为未标记数据添加软标签，最后对生成的训练集执行标准的监督训练。通过定义一个模式函数 $P(x)$，将 x 输入后生成模板。在生成的模板中包含［mask］标记，让模型对标记位置进行预测，预测结果通过词表 V 映射为最终结果 y。

综上所述，前期的事件抽取大多采用模式匹配和机器学习的方法。近年来，使用预训练模型进行事件抽取逐渐成为主流方法，而提示学习范式的提出则进一步挖掘了语言模型中蕴含的语义知识。

3 基于提示学习的事件抽取方法

3.1 提示学习原理和流程

提示学习（prompt learning）被誉为自然语言处理领域的新兴范式，与传统的监督学习不同，其不再给定输入 x 和输出 y 之间的显式对应关系，而是直接利用语言模型计算文本序列的概率。为了在提示学习框架下完成预测任务，我们需要使用模板（template）将输入文本序列 x 转化为待填充的模板文本序列 x'，其中 x' 由一些已知的、需要填充的槽（slot）构成。接着，利用语言模型对 x' 进行填充，得到我们需要的输出 y。这种方法的优点在于可以直接利用语言模型中所蕴含的大量先验知识,从而提高模型的预测精度。表 1 介绍了提示学习相关概念及例子。

表 1　提示学习相关概念及例子

名称	数学表示	样例	描述
原始输入	x	我非常喜欢这部电影	一段文本
情绪色彩	y	积极	标签或文本
提示函数	$f_{prompt}(x)$	[我非常喜欢这部电影],这是一部[z]的电影	通过插入构建好的输入,得到提示文本
提示模板	x'	[我非常喜欢这部电影],这是一部[z]的电影	原模板
填空示例 1	$f_{fill}(x', z)$	[我非常喜欢这部电影],这是一部无聊的电影	错误示例
填空示例 2	$f_{fill}(x', z^*)$	[我非常喜欢这部电影],这是一部有趣的电影	正确示例
答案	z	"有趣","无聊"	一个标签

提示学习思想的核心是将下游任务的输入输出形式转化为预训练任务中的形式,如掩码语言模型(Masked Language Model,MLM),以减少模型与任务之间的差异。GPT-1(Generative Pre-trained Transformer 1)[23]中已经开始在情感分析等任务上探索提示学习的应用,而随着 GPT-3[18] 的显著成功,越来越多的研究[24-26] 致力于将提示学习方法引入较小的语言模型中。提示学习模板可以将输入的普通文本转换为满足预训练任务输入形式的字符序列。例如,在句子中加入[mask]令牌可以使输入满足 MLM 任务的数据形式。根据预训练语言模型和提示学习模板的使用方式,提示学习模板的构造与选择也是该领域的主要研究方向。Liu 等[27] 对相关研究进行了综述。尽管提示学习范式在抽取领域得到了快速发展,但其在抽取任务中的相关研究仍受到限制。

提示学习模板的设计分为 3 个步骤:第一步是模板设计。通过手动或自动设计模板,将输入 x 转变成 x'。通常情况下 x' 中包含空槽,让预训练语言模型对空槽填充,从而推断出 y。在设计模板时,需要考虑下游任务与预训练语言模型之间的匹配程度,因此模板的选择应具有灵活性和多样性。近年来,Petroni 等[28] 通过探测预训练模型中的知识,提出了一种基于完形填空的方法,模板创建举例如表 2 所示。将下游任务训练数据集转换为填空文本形式，并利用 BERT 模型进行预训练，以缩小预训练和微调时所看到的数据差异，并检验模型中所包含的知识量。第二步是答案搜索。在得到填充了模板的输入 x' 后，预训练语言模型开始在答案空间中搜索，以找到最高得分的值来填充相应的 slot。第三步是答案映射。在答案搜索得到了空槽对应的填充值后，有些任务的槽值就是最终的输出结果，而有些任务的槽值需要映射到最终的输出标签 y。

表 2　模板创建举例

问题	答案
中国的国宝是_。	熊猫
中国国庆节在_月。	十
中国有_个民族。	56
世界上人口最多的国家是_。	印度

3.2　基于提示学习的事件抽取

基于提示学习的事件抽取通用的一般流程如图 3 所示。第一，确定需要抽取的事件类型和用于指导模型抽取事件的提示信息。例如，如果要抽取"新冠病毒疫情"的事件，提示信息可以是"新冠病毒""疫情""感染"等关键词或短语。第二，根据确定的事件类型和提示信息，构建对应的提示学习模板。提示信息可以是一个或多个关键词、短语、句子、篇章，可以根据需要进行灵活组合和调整。第三，微调预训练模型。使用已经预训练好的语言模型（如 BERT、GPT 等），在输入文本中添加提示信息，进行微调以进行事件抽取。微调时需要根据数据集和任务类型进行适当的调整和优化。第四，抽取事件信息。使用微调后的模型，输入包含提示信息的自然语言文本，进行事件抽取并输出事件信息。事件信息可以包括事件类型、事件触发词、参与者、时间等。第五，模型评估和调整。根据抽取结果，对模型进行评估和调整，如调整提示学习的组合、微调模型参数等，以提高模型的准确性和效率。

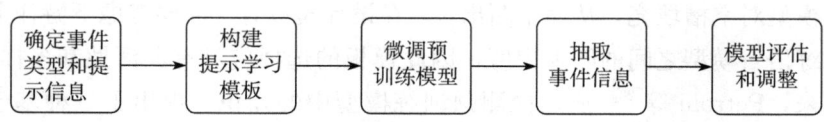

图 3　基于提示学习的事件抽取通用的一般流程

通过问答、阅读理解、生成等方式进行事件抽取。Du 等[29] 将事件抽取定义为问答范式（QA），并根据事件类型设计问题来对触发词和每个论元进行提取，避免传统方法中出现的错误传播问题，本质上仍然将事件抽取作为序列标注问题来求解；他们使用 BERT 作为基础模型去获得输入序列的上下文表示，开发了两个 BERT-base 的 QA 模型：一个用于事件触发词检测；另一个用于论元抽取。对于每一个，我们设计一个或多个问题模板，将输入句子映射到标准 BERT 输入格式。经过问题模板实例化之后，序列的格式为［CLS］问题［SEP］句子［SEP］，其中，［CLS］为特殊分类标记，［SEP］是特殊标记以表示分离。因此，触发词检测成为识别输入句子中的"动作"或"动词"并确定其事件类型的请求；论元抽取成为一系列请求，以识别事件的论元，每个论元都是输入句子中的文本跨度。最后，将动态阈值应用于所抽取的候选论元，并且仅保留顶部论元。

Liu 等[30] 则基于 EEQA 模型，设计了一套针对中文的模板生成规则；和前人工作不同的是他们定义了 3 个模板。模板 1 是将问题设计为参数角色名称，如代理、时间等，进行实例化。模板 2 将问题设计为"参数角色名称＋疑问词"，先确定参数角色的一般语义类型，如人物、地点等，再构建相关的疑问词，如"谁""哪里"等。与模板 1 相比，模板 2 包含了更多的语义信息。模板 3 是根据事件子类型，将确定的参数角色实例化为符合事件子类型的语义角色。模板 3 相对于模板 2，包含了更多的语义信息，但是问题设计得过于具体也会存在模型过拟合的风险。

Liu 等[31] 为了解决语序差异问题，设计了用于多语言协同训练的共享句法顺序事件检测器，有效缓解标注极差的情景；Li 等[32] 提出多轮问答事件抽取框架，充分利用触发词、事件类型和论元之间的交互信息，捕捉相同事件类型中不同论元角色之间的依赖；Xiang 等[33] 利用标签层次结构对事件检测进行优化，提高事件抽取的准确性；Sheng 等[34] 将 CasRel 范式迁移到事件抽取任务中，解决了在复杂场景下可能会出现的问题。Paolini 等、Si 等[35] 将基于提示学习的学习策略引入事件抽取框架中，将触发词抽取和论元抽取分离开，并行进行，自动利用标签语义以达到提高抽取准确率的目的。如表 3 所示，对上述模型进行比较分析。

表 3 模型比较分析

研究	方法	优点	不足
Du 等[29]、Liu 等[30]、Li 等[31]	问答	将事件抽取视为问答/阅读理解任务，能够明确引入标签知识，扩充语料库，避免错误传播问题	性能取决于问题模板的质量，且设计模板需要高水平的专业知识和大量的人力
Si 等[34]	prompt	解决目标重叠问题	无法较好捕捉上下文语义
GIOVANNI 等[36]	生成	能够直接学习包含知识结构的平行语料，统一建模事件抽取的所有子任务	生成的部分令牌与任务无关；输出结构可能过于复杂，无法扩展

提示学习相比于其他抽取方式优势在于：①精细化任务。基于提示学习的事件抽取方法相比传统的基于规则或机器学习的方法，更具有灵活性和可扩展性。在实际场景中，我们经常会遇到一些非常特定的领域或任务，需要有针对性地设计抽取事件的模板或规则。基于提示学习的方法可以通过设计不同的提示信息来适应不同的场景，实现更加精细化的任务。②无监督学习。基于提示学习的事件抽取方法可以通过无监督学习的方式来学习模板。在实际场景中，我们往往难以获得大量的标注数据，这时候无监督学习就显得尤为重要。通过无监督学习，我们可以利用大量未标注的数据来训练模型，使得模型更加泛化。③模型的可解释性。提示学习方法通过设计提示信息来指导模型学习，这样得到的模型对于人来说更具有可解释性。我们可以通过观察不同提示信息对应的权重，来了解模型是如何学习的。

总之，基于提示学习的事件抽取方法在实际场景中具有广泛的应用前景，可以帮助我们更加高效地完成各种自然语言处理任务。

4 发展趋势及面临挑战

随着深度学习技术的不断发展，提示学习作为一种将预定义提示与深度学习模型相结合的新兴研究方向，在自然语言处理领域展现出了巨大的应用潜力。在事件抽取任务中，提示学习方法能够通过利用预定义提示的方式，解决模型面临多个下游任务且每个任务都需要单独进行训练的问题，从而实现全模型微调的轻量化替代方案。当前的提示学习方法主要是基于自然语言查询或者模板填充的形式，其能够在不同的数据集和任务上获得优异的性能表现，进一步证明了其在事件抽取领域的有效性。

未来的提示学习在事件抽取任务中主要面临着的挑战包括以下几个方面：首先，随着技术的不断发展和研究的深入，预定义的提示将变得越来越复杂和多样。目前的提示主要是基于自然语言查询或者模板填充的形式，未来的提示可能会更加灵活和个性化，可以根据不同的应用场景和任务需求来设计。其次，未来的提示学习将更加注重模型的可解释性。当前的提示学习往往是黑盒模型，其内部机制难以解释，这在某些场景下可能会带来风险和不可控性。因此，未来的提示学习需要更加注重可解释性，使得用户能够理解模型的预测过程和判断依据。再次，未来的提示学习将会更加注重多模态和多任务的应用。随着多模态和多任务场景的不断增加，单一的提示可能无法满足多种不同的需求，因此未来的提示学习需要更加注重多模态和多任务的扩展和应用，为更多的应用场景提供支持。最后，未来的提示学习还将更加注重在小样本和零样本情况下的应用。目前的提示学习往往需要较好质量的标注数据进行训练，但在一些实际场景下，标注数据可能非常有限或者根本不存在。因此，未来的提示学习需要更加注重小样本和零样本情况下的应用，为这些场景下的事件抽取任务提供更加有效的解决方案。

总之，提示学习作为一种新兴的自然语言处理方法，在事件抽取领域具有广阔的应用前景。未来的研究将会注重预定义提示的复杂性、模型的可解释性、多模态和多任务的应用，以及在小样本和零样本情况下的应用，为事件抽取任务的高效完成提供更加有效的方法和工具。

5　结语

在本文中，我们全面阐述了提示学习在事件抽取领域的研究进展和未来发展趋势。提示学习作为一种新的自然语言处理方法，通过提供预定义的提示来解决模型面临多个下游任务的问题，从而避免为每个任务单独训练模型的麻烦。目前，基于提示学习的微调方法已经在事件抽取任务中取得了良好的表现，未来其将进一步发展复杂和多样化的提示设计，注重模型的可解释性、多模态和多任务的应用，以及在小样本和零样本情况下的应用。总的来说，提示学习已经成为一种有前途的事件抽取方法，并且在未来将继续推动自然语言处理领域的发展。

参考文献

[1] MISSINGHAM R. Access to Australian government information: a decade of change 1997—2007[J]. Government information quarterly,2008,25(1):25-37.

[2] AHN D. The stages of event extraction[C]//Proceedings of the Workshop on Annotating and Reasoning about Time and Events. 2006:1-8.

[3] RIOLOFF E,SHOEN J. Automatically acquiring conceptual patterns without an annotated corpus[C]//Third Workshop on Very Large Corpora. 1995.

[4] RIOLOFF E. Automatically constructing a dictionary for information extraction tasks[C]//Proceedings of the Eleventh National Conference on Artificial Intelligence. 1993:811-816.

[5] FELDMAN R,ROSENFELD B,BAR-HAIM R,et al. The stock sonar: sentiment analysis of stocks based on a hybrid approach[C]//Proceedings of the AAAI Conference on Artificial Intelligence. 2011:1642-1647.

[6] CHIEU H,Ng H T. A maximum entropy approach to information extraction from semi-structured and free text[C]//Eighteenth National Conference on Artificial Intelligence. 2002:786-791.

[7] ZHAO Y,QIN B,CHE W,et al. Research on Chinese event extraction[J]. Journal of Chinese information processing,2008,22(1):3-8.

[8] CHEN Y,XU L,LIU K,et al. Event extraction via dynamic multi-pooling convolutional neural networks[C]//Proceedings of the 53rd Annual Meeting of the Association for Computational Linguistics and the 7th International Joint Conference on Natural Language Processing (Volume 1:Long Papers). 2015:167-176.

[9] NGUYEN T,CHO K,GRISHMAN R. Joint event extraction via recurrent neural networks[C]//Proceedings of the 2016 Conference of the North American Chapter of the Association for Computational Linguistics:Human Language Technologies. 2016: 300-309.

[10] ZENG Y,FENG Y,MA R,et al. Scale up event extraction learning via automatic training data generation[C]//Thirty-Second AAAI Conference on Artificial Intelligence. 2018.

[11] YANG H,CHEN Y,LIU K,et al. Dcfee: a document-level chinese financial event extraction system based on automatically labeled training data[C]//Proceedings of ACL 2018,System Demonstrations. 2018:50-55.

[12] JIA Z,DING Z H,CHEN Y P,et al. Research on event extraction method for judicial data[J]. Computer engineering and applications,2023,59(6):1-7.

[13] DEVLIN J, CHANG M, LEE K, et al. BERT: pre-training of deep bidirectional transformers for language understanding[C]//Proceedings of the 2019 Conference of the North American Chapter of the Association for Computational Linguistics: Human Language Technologies. 2019: 4171-4186.

[14] YANG S, FENG D, QIAO L, et al. Exploring pre-trained language models for event extraction and generation[C]//Proceedings of the 57th Annual Meeting of the Association for Computational Linguistics. 2019: 5284-5294.

[15] LIN Y, JI H, HUANG F, et al. A joint neural model for information extraction with global features[C]//Proceedings of the 58th Annual Meeting of the Association for Computational Linguistics. 2020: 7999-8009.

[16] GAO S, TAO H, JIANG Y H, et al. Sentence-level Joint event extraction of traditional Chinese medical literature[J]. Technology intelligence engineering, 2021, 7(5): 15-29.

[17] YU C M, LIN H J, ZHANG Z G. Joint extraction model for entities and events with multi-task deep learning[J]. Data analysis and knowledge discover, 2022, 6(Z1): 117-128.

[18] BROWN T, MANN B, RYDER N, et al. Language models are few-shot learners[J]. Advances in neural information processing systems, 2020, 33: 1877-1901.

[19] SUN Y, ZHENG Y, HAO C, et al. NSP-BERT: a prompt based zero-shot learner through an original pre-trainingtask—next sentence prediction[J]. arXiv: 2109.03564, 2021.

[20] ANGELA F, MIKE L, YANN N, et al. Hierarchical neural story generation[C]//Proceedings of the 56th Annual Meeting of the Association for Computational Linguistics. Melbourne: Association for Computational Linguistics, 2018, 1.

[21] SHIN T, RAZEGHI Y, LOGAN I R, et al. Eliciting knowledge from language models using automatically generated prompts[C]//Proceedings of the 2020 Conference on Empirical Methods in Natural Language Processing (EMNLP). 2020: 4222-4235.

[22] SCHICK T, SCHÜTZE H. Exploiting cloze questions for few shot text classification and natural language inference[J]. arXiv: 2001.07676, 2020.

[23] RADFORD A, NARASIMHAN K, SALIMANS T, et al. Improving language understanding by generative pre-training[EB/OL]. [2023-07-19]. https://www.cs.ubc.ca/~amuham01/LING530/papers/radford2018improving.pdf.

[24] ZHONG R, LEE K, ZHANG Z, et al. Adapting language models for zero-shot learning by metatuning on dataset and prompt collections[C]//Findings of the Association for Computational Linguistics: EMNLP 2021. 2021: 2856-2878.

[25] LESTER B,AL-RFOU R,CONSTANT N. The power of scale for parameter-efficient prompt tuning[C]//2021 Conference on Empirical Methods in Natural Language Processing. 2021:3045-3059.

[26] LIU X,ZHENG Y,DU Z,et al. GPT understands,too[J]. arXiv preprint arXiv:2103.10385,2021.

[27] LIU P,YUAN W,FU J,et al. Pre-train,prompt,and predict:a systematic survey of prompting methods in natural language processing[J]. arXiv preprint arXiv:2107.13586,2021.

[28] PETRONI F,ROCKTÄSCHEL T,RIEDEL S,et al. Language models as knowledge bases?[C]//Proceedings of the 2019 Conference on Empirical Methods in Natural Language Processing and the 9th International Joint Conference on Natural Language Processing. 2019:2463-2473.

[29] DU X Y,CARDIE C. Event extraction by answering (almost) natural questions[DB/OL]. [2023-07-19]. https://arxiv.org/pdf/2004.13625.pdf.

[30] LIU Z Y,YU W H,HONG Z Y,et al. Chinese event extraction using question answering[J]. Computer engineering and applications,2023,59(2):1-8.

[31] LIU J,CHEN Y B,LIU K,et al. Event extraction as machine reading comprehension [C]//Proceedings of the 2020 Conference on Empirical Methods in Natural Language Processing (EMNLP). 2020:1641-1651.

[32] LI F Y,PENG W H,CHEN Y G,et al. Event extraction as multiturn question answering[C]// Findings of the Association for Computational Linguistics:EMNLP 2020. 2020:4982.

[33] XIANG Y X,WEI Y,ZHANG T,et al. Improving event detection by ex-ploiting label hierarchy[C]//ICASSP 2021-2021 IEEE International Conference on Acoustics, Speech and Signal Processing. 2021:7688-7692.

[34] SHENG J W,GUO S,YU B W,et al. Casee:a joint learning framework with cascade decoding for overlapping event extraction[DB/OL]. [2023-07-19]. https:// arxiv.org/pdf/2107.01583.pdf.

[35] SI J,PENG X,LI C,et al. Generating disentangled arguments with prompts:a simple event extraction framework that works[C]//International Conferenceon Acoustics, Speech and Signal Processing(ICASSP). 2022:6342-6346.

[36] PAOLINI G,ATHIARATKUN B,KRONE J,et al. Structured prediction as translation between augmented natural languages[EB/OL]. [2023-07-19]. https://www.researchgate.net/publication/348487215_Structured_Prediction_as_Translation_between_Augmented_Natural_Languages.

基于修正熵权 TOPSIS 法的我国商业银行高质量发展水平研究

李玉曼[1,a]，王栋[2,b]，徐颖[1,c,*]

[1]北京信息科技大学财务管理系，北京，中国
[2]北京信息科技大学经济系，北京，中国
[a] yuman_li@sina.com，[b] 569044507@qq.com，[c] xxuying@126.com
*通讯作者

摘要：在复杂的国内外经济环境下，如何构建商业银行高质量发展测度与评价体系，是我国银行业全面贯彻高质量发展理念并稳健运营亟待解决的问题。本文以我国上市商业银行为研究对象，运用熵权 TOPSIS 法和排序检验法，通过不同发展维度权重的重要性、稳健性及综合发展水平的异质性分析，评价商业银行高质量发展水平。研究发现，自 2018 年以来我国商业银行高质量发展水平略有下降，且在五大新发展理念中，开放维度对商业银行高质量发展影响最大；平等性评价视角下，国有商业银行注重环境责任，双重上市商业银行注重对外开放，而其他类型与内地上市商业银行更加注重风险控制；贡献度评价视角下，国有、双重上市商业银行是践行国家高质量发展的主体，并且凭借自身优势更易获得政策支持。本文为我国商业银行面对当前脱钩断链下的复杂国际环境，坚持对外高水平开放、对内营造公平营商环境提供决策依据。

关键词：商业银行；高质量发展；修正熵权 TOPSIS 法；高水平开放

Research on the High Quality Development Level of Commercial Banks in China Based on the Modified Entropy Weight TOPSIS Method

Li Yuman[1,a], Wang Dong[2,b], Xu Ying[1,c,*]

[1] Beijing Information Science and Technology University, Department of Financial Management, Beijing, China

[2] Beijing Information Science and Technology University, Department of Economics, Beijing, China

[a] yuman_li@sina.com, [b] 569044507@qq.com, [c] xxuying@126.com

* Corresponding author

Abstract: In the complex domestic and international economic environment, how to construct a measurement and evaluation system for the high-quality development of commercial banks is an urgent issue for China's banking industry to fully implement the concept of high-quality development. This article selects 38 listed commercial banks in China, and uses the entropy weight TOPSIS method and ranking test method to evaluate the industry's high-quality development level of commercial banks. The results show that the level of high-quality development of commercial banks in China has slightly decreased since 2018, and among the five new development concepts, the open dimension has the greatest impact on the high-quality development of commercial banks. From the perspective of equality evaluation, state-owned commercial banks focus on environmental responsibility, dual listed commercial banks focus on open dimension, and other banks pay more attention to risk control. From the perspective of contribution evaluation, state-owned and dual listed commercial banks are the main entities practicing high-quality national development and are more likely to receive policy support based on their own advantages.

Keywords: Commercial bank; High quality development; Modified entropy weight TOPSIS method; High level openness

1 引言

当前，我们身处百年未有之大变局，在全球经济面临滞涨的同时，银行体系自身的适应性、竞争力明显提升，但是银行业在服务新经济、新模式、新业态过程中也遇到了一些新的问题。党的二十大报告指出，高质量发展是全面建设社会主义现代化国家的首要任务，要求完整、准确、全面贯彻新发展理念，但是国家新发展理念在践行过程中是否并驾齐驱还未有定论，如何将国家新发展理念融入商业银行中，如何构建高质量发展评价体系成为银行业面临的棘手问题。2020 年，中央全面深化改革委员会通过了《国企改革三年行动方案（2020—2022 年）》，指出国有企业是中国特色社会主义的重要物质基础和政治基础。为进一步扩大金融业对外开放，国务院决定放宽银行、证券、保险行业外资股比限制，扩大外资金融机构在华业务范围。国有、双重上市商业银行资产规模较为庞大，肩负着重要的社会、环境、高水平开放任务，但是国有、双重上市商业银行是否能肩负起高质量发展的重任还未得到证实。

如何解决以上问题是商业银行高质量发展的关键，基于此本文将我国政府提出的新发展理念，即创新、协调、绿色、开放、共享引申到金融领域，加入衡量银行业高效发展的指标，以及体现固有特征的风险控制指标，从 7 个维度来对商业银行高质量发展进行测度和评价。

2 文献回顾

商业银行高质量发展需要完整、准确、全面贯彻新发展理念，目前对于商业银行高质量发展的研究主要从单一方面入手，如梅非奇（2022）从公司内部治理的角度[1]，张骏逸等（2021）从安全性、流动性、效率等维度[2]，石静雯（2022）从大型商业银行角度[3]，苏博文等（2021）利用全要素生产率[4]，廉保华（2018）基于商业银行的两个属性[5]，评估上市商业银行发展质量。在研究方法方面，熵权 TOPSIS 法是研究行业、区域高质量发展情况的一种重要方法，章蓓蓓等（2022）[6]、李南等（2022）[7] 分别利用熵权 TOPSIS 法对安徽省建筑业高质量发展情况和环渤海港口高质量发展情况进行评价，在商业银行领域运用熵权 TOPSIS 法较少。

上述研究成果仍存在 3 点不足。第一，目前对于商业银行高质量发展的研究中，在国家新发展理念框架下进行商业银行高质量发展综合性评价测度的研究较少，分析不同维度对于商业银行高质量发展影响程度的文章较少；第二，对于商业银行高质量发展的研究中，体现不同属性商业银行所做贡献的文章较少，没有对国有或者双重上市商业银行在高质量发展中所做出的贡献进行研究。第三，运用熵权 TOPSIS 法进行评价时，大多从宏观视角对均衡面板数据结果进行简单平均作为综合评价，没有从微观领域视角出发，对非均衡、资产规模差异较大时企业所做出的不同贡献度进行加权研究，导致综合评价结果扭曲的现象。

基于此，本文的创新之处主要体现在以下方面：第一，将国家新发展理念融入商业银行高质量发展，加入衡量银行业高效发展的指标及体现固有特征的风险控制指标，从 7 个维度构建商业银行高质量发展水平评价体系，对目前各维度在商业银行高质量发展中的重要程度进行研究；第二，对不同属性银行进行异质性分析，评价现阶段不同属性银行对高质量发展所做出的贡献大小；第三，在非均衡、资产规模参差不齐情况下构建一次加权指标，按照公平性原则评价单个银行的高质量发展水平，再从贡献度视角按照资产规模进行二次加权，测度行业综合高质量发展水平。

3 商业银行高质量发展的实证研究

3.1 商业银行高质量发展评价指标体系构建

本文将我国政府提出的新发展理念引申到金融领域，加入衡量银行业高效发展的指标及体现固有特征的风险控制指标，从 7 个维度构建商业银行高质量发展评价指标体系（表1）。以 38 家我国上市商业银行为研究对象，其中国有商业银行 6 家，股份制商业银行 9 家，地方性商业银行 23 家。收集整理上市商业银行官网披露的财务年报、ESG 报告和万得 ESG 评级数据，各项数据的时间跨度为 2018—2021 年。

表 1 商业银行高质量发展评价指标体系

维度	一级指标	二级指标	说明	属性
创新	金融科技	高学历人员占比	研究生及以上学历人员占员工总数比例	正向
		固定资产占比	固定资产占营业收入比重	正向

续表

维度	一级指标	二级指标	说明	属性
协调	表内业务协调	资本充足率	资本净额占加权风险资产总额比例	正向
		流动性比例	流动性资产占流动性负债比例	正向
		净息差	银行净利息收入占全部生息资产比例	正向
	表外业务协调	非利息收入占比	1－净利息收入占营业收入的比	正向
绿色	绿色发展	绿色信贷占比	绿色信贷占贷款余额比例	正向
		环境维度得分	万得ESG评级数据中环境维度得分	正向
开放	开放程度	外资股占比	境外上市外资股占股份总数比例	正向
		境外同业占比	境外同业存放款项占同业存放款项总数比例	正向
共享	普惠金融	普惠金融占比	普惠金融贷款余额占贷款余额比例	正向
		社会维度得分	万得ESG评级数据中社会维度得分	正向
盈利	经济效益	投入产出比	成本收入比＝长期借款与应付债款之和占总资产比例	负向
		总资产收益率	净利润占平均资产总额比例	正向
风险	风险控制	不良贷款率	不良贷款占总贷款余额比例	负向
		拨备覆盖率	（一般准备＋专项准备＋特种准备）占（次级类贷款＋可疑类贷款＋损失类贷款）比例	正向

创新是高质量发展源源不断的动力，也是商业银行在发展进程中拉开差距，形成特色化高质量发展战略的基础。本文分别选取固定资产占比与高学历人员占比综合反映商业银行创新水平。参考李昕（2021）[8]与Kong（2021）[9]的相关文献，研究和开发支出是确保经济增长质量的重要因素，而固定资产作为商业银行创新发展的前提，是开展一切经营活动的载体；人才一直就是商业银行进行创新的核心，也是进行创新活动的智力支撑。员工的受教育程度越高，越有利于商业银行创新活动的开展。

协调是商业银行高质量稳健发展的基础，表内外的协调共同促进其朝着高质量发展。本文选取银行的安全性、流动性和盈利性指标反映表内业务协调程度；非利息收入占比反映表外业务协调程度。

绿色金融是商业银行走可持续发展道路的必要条件，契合新时代生态环境大主题是维持经济活力的保障，本文以绿色信贷占比与万得 ESG 评级数据中环境维度得分，衡量各商业银行绿色方面的发展程度。

开放是商业银行进一步促进高质量发展的途径，通过提高海内外知名度以扩大业务市场份额，参考王伟（2006）[10] 的相关文献，选取外资股占比与境外同业占比作为商业银行对外开放的度量指标。

共享是商业银行高质量发展的必然要求，通过支持小微企业发展以整体提高市场中的经济活力，参考高惺惟（2017）[11] 的相关文献，选取普惠金融占比与万得 ESG 评级数据中社会维度得分，作为商业银行共享维度的衡量指标。

盈利是商业银行高质量发展的根本保障与目标，在节约成本的前提下提升经济效益是生存基石。本文从两个方面综合反映经济效益，其一是银行投入产出视角，选取长期借款与应付债款之和占总资产比例，即成本收入比作为衡量指标。其二是财务视角，选取总资产收益率反映经济产出效益。

风险是商业银行高质量发展中亟须解决的重大考验，控制风险是维持健康发展的前提条件，为衡量各商业银行的风险控制能力，本文从不良信贷与信用风险两个主要方面出发，选取了不良贷款率与拨备覆盖率两个指标。

3.2 测度方法

为综合衡量商业银行高质量发展现状，本文运用了熵权 TOPSIS 法。熵权 TOPSIS 法是熵值法与 TOPSIS 法相结合的综合评价方法，计算数据时，首先会利用熵值（熵权法）计算得到各评价指标的权重，并且将评价指标数据与权重相乘，得到新的数据，利用新数据进行 TOPSIS 法研究。具体计算过程如下：

第一步，判断评价指标体系中各指标正、负项性质，运用极差法对原始数据进行标准无量纲化处理，消除量纲数据对评价结果的影响：

$$Y_{ij} = \begin{cases} (x_{ij} - x_{\min})/(x_{\max} - x_{\min}), & \text{正向指标} \\ (x_{\max} - x_{ij})/(x_{\max} - x_{\min}), & \text{逆向指标} \end{cases} \quad (1)$$

式中，设 i 代表评价对象，即上市商业银行数量；j 代表评价指标，即评价指标数量。

第二步，计算指标信息熵：

$$E_j = \ln\frac{1}{n}\sum\left[\left(\frac{Y_{ij}}{\sum Y_{ij}}\right)\ln\left(\frac{Y_{ij}}{\sum Y_{ij}}\right)\right]。 \quad (2)$$

式中，信息熵值越小，说明指标的离散程度越大，该指标对综合评价的影响（即权重）就越大，反之信息熵值越大，该指标对综合评价的影响（即权重）就越小。

第三步，计算指标权重：

$$W_j = (1-E_j)/\sum(1-E_j)。 \quad (3)$$

第四步，构建指标的加权矩阵 $\boldsymbol{P}$：

$$\boldsymbol{P} = (p_{ij})_{n*m} = (W_j * Y_{ij})_{n*m}。 \quad (4)$$

第五步，根据加权矩阵 $\boldsymbol{P}$，计算最优方案 Q_j^+ 和最劣方案 Q_j^-：

$$Q_j^+ = (\max p_{i1}, \max p_{i2}, \cdots, \max p_{im}); \quad (5)$$

$$Q_j^- = (\min p_{i1}, \min p_{i2}, \cdots, \min p_{im})。 \quad (6)$$

第六步，计算每家商业银行与最优方案 Q_j^+ 和最劣方案 Q_j^- 的欧氏距离 D_i^+ 和 D_i^-：

$$D_i^+ = \sqrt{\sum_{j=1}^{m}(Q_j^+ - p_{ij})^2}; \quad (7)$$

$$D_i^- = \sqrt{\sum_{j=1}^{m}(Q_j^- - p_{ij})^2}。 \quad (8)$$

第七步，计算得到每家商业银行与最优方案的贴近程度 C_i：

$$C_i = \frac{D_i^-}{D_i^- + D_i^+}。 \quad (9)$$

式中，贴近度 C_i 的取值范围为 0～1，C_i 的值越大，说明商业银行的高质量发展水平越高。

第八步，从两个视角构建商业银行各维度及综合得分。

在传统的熵权 TOPSIS 法下，对样本的综合评价主要采取简单平均法。例如，张爱国等（2022）采取简单平均法对长江经济带建筑业高质量发展水平进行评价[12]。本文中在不考虑商业银行资产规模大小影响下，即从微观平等视角计算商业银行简单平均最优贴近程度，评价商业银行各维度及综合得分情况：

$$\bar{C} = \sum_{i=1}^{n} C_i/n。 \quad (10)$$

但是，在社会经济领域由于样本存在差异性，本文中不同商业银行资产规模大小对行业高质量发展的贡献程度不同，如果直接计算商业银行简单平均最优贴近程度，具有一定的客观局限性，将会使结果发生扭曲，因此本文构造按照商业银行资产规模进行二次加权后的最优贴近程度指标，从而反映信息披露不完整导致的非均衡面板数据情况下商业银行各维度及综合得分情况：

$$\bar{C}_G = C_i * G_i \text{。} \tag{11}$$

式中，G_i 代表各商业银行资产规模权重。

4 商业银行高质量发展水平的测度与评价

4.1 分维度权重的重要性分析

商业银行高质量发展各维度权重如表 2 所示。开放维度在商业银行高质量发展过程中所占的权重随时间推移越来越大，从 2018 年的 19.3% 增长至 2021 年的 35.9%，这符合党的二十大报告所提出的要求，依托我国超大规模市场优势，加强国内国际市场间的资源联动，通过国内大循环吸引全球资源投入，提高对外合作的水平，畅通国内国际双循环，不断提升高水平对外开放能力。风险维度的权重高于盈利维度，商业银行在高质量发展过程中需要承担大量社会、环境责任，这就要求商业银行在盈利一定的情况下注重风险控制，近年来商业银行积极响应习近平总书记的要求，正确把握金融本质，深化金融供给侧结构性改革，坚决打好防范化解包括金融风险在内的重大风险攻坚战，推动我国金融业健康发展。创新维度的权重大小较为稳定，符合把谋创新、抓创新作为长期战略的任务要求。

表 2 商业银行高质量发展各维度权重

维度	2018 年	2019 年	2020 年	2021 年
创新	0.108	0.136	0.092	0.090
协调	0.207	0.180	0.146	0.173
绿色	0.066	0.098	0.107	0.075
开放	0.193	0.312	0.346	0.359
共享	0.154	0.130	0.148	0.152
盈利	0.089	0.060	0.054	0.042
风险	0.183	0.084	0.108	0.110

4.2 分维度权重的稳健性分析

对表 2 各维度权重进行排序，如表 3 所示。7 个维度中开放维度从 2018 年的第 2 位上升到第 1 位并持续稳定在首位，这说明商业银行积极响应国家对金融行业高水平开放的要求。工商银行针对外贸外资领域强化服务措施，持续加大对外贸领域企业的融资支持；交通银行主动对接"一带一路"沿线国家政府和企业基础设施、对外贸易、跨境金融等方面的需求，不断提高跨境、跨业、跨市场经营能力和服务水平；浦发银行加大跨境人民币业务对外贸新业态的支持力度。绿色、共享维度的排序随时间推移整体来看有所上升，近年来，金融机构不断加大对小微企业、"三农"等普惠领域的金融支持力度，2022 年上半年普惠型的小微企业贷款余额同比增长 22.6%。绿色金融随着碳达峰、碳中和"双碳目标"的提出，发展速度不断加快，2022 年上半年主要金融机构绿色信贷余额较年初增长 23.0%。

表 3 商业银行各维度权重排序与秩和结果

年份	创新	协调	绿色	开放	共享	盈利	风险
2018	5	1	7	2	4	6	3
2019	3	2	5	1	4	7	6
2020	6	3	5	1	2	7	4
2021	5	2	6	1	3	7	4
秩和	19	8	23	5	13	27	17

熵权法的内在要求使得各银行在每一年上的权重相同，所以无法进行方差齐性检验，为了比较 4 年内各维度权重排序是否存在显著变化，运用 Kramer 排序检验法，在 5% 显著水平上开放、协调和盈利维度存在显著性差异，其中开放、协调维度对于商业银行的高质量发展影响较大，而盈利维度的影响较小。

4.3 商业银行高质量发展水平的时序分析

运用熵权 TOPSIS 法计算商业银行各维度及综合得分，如图 1 所示。整体上，2018 年以来商业银行综合得分处于波动下降趋势，其波动范围为 0.2857~0.3782。从具体维度看，2018—2021 年，协调维度出现波动上升，其波动范围为 0.3983~0.4556，除了在 2020 年略有下降，其余年份均保持上升。绿色维度虽波动下降，但是整体水平高于其他维度。开放维度在商业银行高质量发展的过程中一直处于较低水平，其随着时间变化波动下降，从 2018 年的 0.3224 下降到 2021 年的 0.2087。

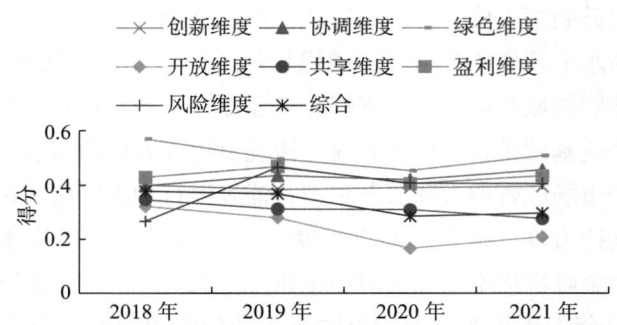

图 1　基于平等视角的商业银行高质量发展水平各维度及综合得分

商业银行各维度及综合得分，随时间的推移、样本数量的增加，而不断减少。通过观察原始数据我们发现，随着年份的推移一些资产规模较小的银行不断加入样本之中，这可能是商业银行各维度及综合得分不断减少的原因。为了避免简单平均对指标结果的扭曲，我们对熵权 TOPSIS 结果按照资产规模进行加权平均。

经过对熵权 TOPSIS 结果的修正，我们得到图 2。整体来看，商业银行综合得分波动上升，2020 年受疫情影响出现下降，其余年份均在上升。分维度看，绿色维度保持较高水平，在 0.67 左右波动，各商业银行积极响应国家号召，不断拓展绿色信贷市场。盈利维度在 0.5 左右波动，整体保持稳定，盈利作为商业银行发展的根本保障，各商业银行均较为重视。协调维度随时间推移有所上升，从 0.4573 上升到 0.5015，为商业银行高质量发展持续提供动力。创新维度同样随时间有所增加，近年来各商业银行不断改善学历构成，加大研发投入，为研发创新不断提供动力。开放维度则是有所降低，从 0.5355 下降到 0.4528，在 2020 年受到疫情的冲击有一个较大的下降，但随着疫情影响的减弱，境外对于我国商业银行的投资不断增加，开放维度在 2021 年有一定回升。共享与风险维度整体发展较差，共享维度得分低于其他各维度，且随着时间变化保持波动下降，从 0.3210 下降到 0.2144，风险维度则随时间波动上升，从 0.1585 上升到 0.3083。开放维度权重较大，但是整体水平却低于绿色、盈利维度，制约了商业银行整体的高质量发展。

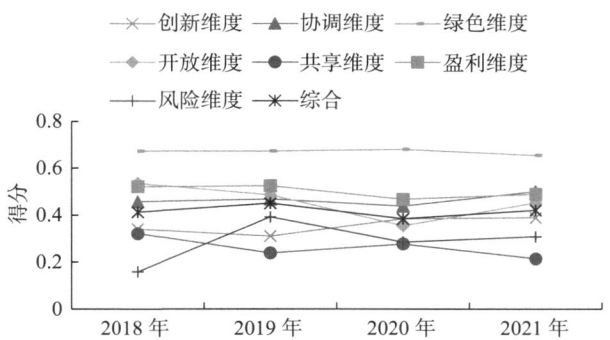

图 2　基于贡献度视角的商业银行高质量发展水平各维度及综合得分

5　商业银行高质量发展水平的异质性分析

5.1　基于所有权属性的商业银行高质量发展异质分析

（1）平等视角

按照所有权属性将商业银行划分为国有和其他类型商业银行，其中国有商业银行包括工商银行、建设银行、交通银行、农业银行、邮储银行和中国银行，其他类型商业银行包括北京银行、常熟银行、成都银行、光大银行和南京银行等。通过熵权 TOPSIS 法计算各商业银行总体及各维度的贴近程度，并将结果按照银行属性进行简单平均，得出国有商业银行和其他类型商业银行各维度及综合得分。

表 4 是国有商业银行各维度及综合得分，国有商业银行高质量发展水平并不高，其综合得分平均值为 0.434，但随着时间推移综合得分呈现波动上升态势，除了 2020 年受疫情影响有所下降外，其余年份均在上升。绿色、开放维度是国有商业银行中得分较高的两个维度，这两个维度平均得分分别为 0.655 和 0.517，成为国有商业银行高质量发展的关键动力。协调维度较为平缓，其波动范围为 0.447～0.469，为国有商业银行高质量发展提供稳定的力量。国有商业银行在创新、共享和风险维度则表现较差，平均得分均没有超过 0.4。

表 4　国有商业银行各维度及综合得分

维度	2018 年	2019 年	2020 年	2021 年	平均得分
创新	0.343	0.285	0.368	0.323	0.330

续表

维度	2018年	2019年	2020年	2021年	平均得分
协调	0.468	0.469	0.453	0.447	0.459
绿色	0.681	0.622	0.735	0.582	0.655
开放	0.611	0.532	0.435	0.491	0.517
共享	0.266	0.232	0.285	0.189	0.243
盈利	0.478	0.442	0.412	0.393	0.431
风险	0.126	0.403	0.297	0.275	0.275
综合得分	0.350	0.464	0.434	0.489	0.434

表5是其他类型商业银行各维度及综合得分，其他类型商业银行高质量发展水平较差，其综合得分平均值仅为0.266，且随着时间推移综合得分呈现波动下降态势，在2020年其他类型商业银行受到疫情的影响较为明显，各维度均出现明显下降。风险维度为得分最高的维度，其他类型商业银行主要依靠控制风险来提高银行的高质量发展水平。创新、绿色和盈利维度相对其他维度得分较高，平均得分均高过0.4，为其他类型商业银行高质量发展提供重要力量。共享维度与国有商业银行相似，相对于其他维度得分较低。开放维度则表现最差，其波动范围为0.082~0.129，严重制约了其他类型商业银行的高质量发展。

表5 其他类型商业银行各维度及综合得分

维度	2018年	2019年	2020年	2021年	平均得分
创新	0.450	0.444	0.379	0.384	0.414
协调	0.340	0.415	0.390	0.419	0.391
绿色	0.476	0.419	0.350	0.440	0.421
开放	0.082	0.129	0.082	0.105	0.100
共享	0.415	0.361	0.302	0.280	0.340
盈利	0.387	0.483	0.384	0.408	0.416
风险	0.385	0.503	0.420	0.410	0.430
综合得分	0.295	0.283	0.241	0.245	0.266

结合表 4 和表 5，整体上国有商业银行综合得分高于其他类型商业银行，国有商业银行综合得分随时间波动上升，其波动范围为 0.350～0.489，而其他类型商业银行综合得分则随时间波动下降，从 0.295 下降到 0.245，且随时间变化两类银行之间的差距逐渐加大。分维度来看，除了创新、共享和风险维度外，国有商业银行其他维度的平均得分均高于其他类型商业银行。相对于其他 6 个维度，绿色维度在两类银行中得分较高，对于我国商业银行来说绿色维度为践行国家新发展理念提供了重要动力，而共享维度则在两类银行中均表现较差，阻碍了商业银行的高质量发展。

与其他类型商业银行相比较，国有商业银行中盈利维度较风险维度得分更高，而其他类型商业银行中则是风险维度得分较高，为研究不同所有权属性商业银行风险与盈利间的关系，计算盈利与风险维度得分比，发现国有商业银行在承担相同风险的情况下盈利高于非国有商业银行，主要原因在于国有商业银行对经济政策不确定性的抵御能力较强，不会因此显著地降低自身的经济效率，尤其是在经济环境复杂需要加强国有企业责任的情况下，而股份制银行在面临经济政策不确定性时表现则较差，其经济效率出现了明显的减损[13]，这可能存在垄断等问题，不利于构成公平的营商环境。创新、共享维度上，国有商业银行高质量发展水平表现相对较差，由于普惠贷款业务的发展是依托科技的进步[14]，结合原始数据发现，国有商业银行员工的受教育程度较低，制约了创新水平，从而导致普惠业务水平低于其他类型商业银行。在开放维度上，两类商业银行的差距最大，尽管国有商业银行出现波动下降趋势，但国有商业银行开放维度的整体水平仍远高于其他类型商业银行。

进一步地对不同属性商业银行各维度高质量发展水平进行方差分析（表 6）。结果显示，我国商业银行在践行国家新发展理念方面，开放维度 2018—2021 年在 1% 水平上显著，绿色维度 2020—2021 年在 5% 水平上显著，协调维度 2021 年在 5% 水平上显著。国有商业银行在开放、绿色和协调维度存在显著性差异，结合原始数据发现国有商业银行每年的外资股占比和境外同业占比，均高于其他类型商业银行，且随着时间的推移，国有商业银行在绿色信贷、流动性比例等方面与其他类型商业银行拉开差距，这与国务院国有资产监督管理委员会要求的到 2020 年国有企业形成更加成熟定型的社会责任管理体系，经济、社会、环境综合价值创造能力显著增强息息相关。

表 6 不同属性商业银行各维度显著性水平

维度	2018 年	2019 年	2020 年	2021 年
创新	0.349	0.101	0.659	0.706
协调	0.097*	0.250	0.285	0.024**
绿色	0.175	0.172	0.002**	0.034**
开放	0.000***	0.005***	0.000***	0.000***
共享	0.175	0.229	0.718	0.362
盈利	0.558	0.735	0.937	0.677
风险	0.136	0.506	0.272	0.388

注：*** 表示 1% 显著性水平，** 表示 5% 显著性水平，* 表示 10% 显著性水平。

综合来看，绿色维度在两类商业银行中得分较高，共享维度则表现较差。国有商业银行的协调、绿色、开放和盈利维度高于其他类型商业银行，这也是国有商业银行高质量发展综合得分高于其他类型商业银行的原因。但是，国有商业银行在创新、共享和风险维度还略显不足，有待进一步提高。另外，国有商业银行更加注重环境责任，而其他类型商业银行更加注重风险控制，开放维度是两类商业银行的主要差距。

（2）贡献度视角

与基于平等视角一样，我们将商业银行按照所有权属性进行划分。通过熵权 TOPSIS 法计算各商业银行总体及各维度的贴近程度，之后将结果按照资产规模进行加权平均，得出加权后的国有商业银行和其他类型商业银行各维度及综合得分。

表 7 是加权后的国有商业银行各维度及综合得分，国有商业银行综合得分除了 2020 年受疫情影响有所下降外，其他年份均有所提升。绿色、开放维度为得分较高的维度，两个维度平均得分均高于 0.4，而创新、共享和风险维度则表现较差，平均得分均低于 0.3。

表 7 加权后的国有商业银行各维度及综合得分

维度	2018 年	2019 年	2020 年	2021 年	平均得分
创新	0.270	0.222	0.244	0.242	0.245
协调	0.406	0.398	0.312	0.356	0.368
绿色	0.627	0.601	0.543	0.494	0.566

续表

维度	2018年	2019年	2020年	2021年	平均得分
开放	0.521	0.460	0.314	0.401	0.424
共享	0.264	0.191	0.197	0.139	0.198
盈利	0.475	0.435	0.341	0.344	0.399
风险	0.112	0.308	0.182	0.199	0.200
综合得分	0.367	0.398	0.308	0.338	0.353

表8是加权后的其他类型商业银行各维度及综合得分，综合得分在0.046~0.083波动，7个维度的平均得分均在0.1左右，创新维度为得分最高的维度，开放维度则是得分最低的维度。整体看来，加权后的其他类型商业银行各维度及综合得分表现均较差，但是随着时间推移得分均在不断提高。

表8　加权后的其他类型商业银行各维度及综合得分

维度	2018年	2019年	2020年	2021年	平均得分
创新	0.071	0.088	0.140	0.148	0.112
协调	0.052	0.070	0.126	0.145	0.098
绿色	0.046	0.072	0.138	0.161	0.104
开放	0.014	0.026	0.040	0.052	0.033
共享	0.057	0.048	0.081	0.076	0.066
盈利	0.047	0.090	0.127	0.146	0.103
风险	0.047	0.083	0.103	0.109	0.086
综合得分	0.046	0.052	0.076	0.083	0.064

综合来看，国有商业银行各维度及综合得分远远高于其他类型商业银行，在商业银行高质量发展的过程中，国有商业银行起到主导作用。主要是因为，国有商业银行一直是政府支持和扶持的对象，在全球疫情持续蔓延、国内外形势复杂严峻的背景下，政府支持国有商业银行"科创金融""数字金融""开放金融"转型发展，国有商业银行在获得政府政策支持上具有更多优势，与国有商业银行不同，其他类型商业银行不具备和政府的天然联系，其他类型商业银行在行业政策上所受到的待遇并不平衡，受到的宏观政策支持较为有限，严格的监督管制与行政审批给其他类型商业银行的发展带

来困难，经济政策不确定性使其他类型商业银行缺乏安全感[15]。

结合平等视角，国有商业银行各维度及综合得分均有所下降，其他类型商业银行各维度及综合得分大幅下降，主要是由于国有商业银行中出现分化，其中农业银行与邮储银行在创新、协调等维度得分较少，其他类型商业银行的资产规模相对国有商业银行较小，所以对整体商业银行高质量发展的贡献度较小，但随着时间推移，其资产规模会不断扩大，进而会逐渐拉动商业银行整体高质量发展水平。

5.2 基于不同上市地点的商业银行高质量发展异质分析

（1）平等视角

按照商业银行是否两地上市，将商业银行划分为内地上市和双重上市两种类型，其中前者包括工商银行、光大银行、建设银行、交通银行和民生银行等，后者包括北京银行、贵阳银行、杭州银行、华夏银行和江苏银行等。通过熵权 TOPSIS 法计算各商业银行总体及各维度的贴近程度，并将结果按照上市类型分别进行简单平均，得出双重上市商业银行和内地上市商业银行各维度及综合得分。

表 9 是双重上市商业银行各维度及综合得分，双重上市商业银行高质量发展水平较低，综合得分的平均值为 0.387，在 2020 年受到疫情影响较为明显，出现大幅下降。绿色、协调维度是双重上市商业银行得分较高的维度，双重上市商业银行主要通过提升绿色贷款业务规模、控制内外部的协调实现高质量发展。开放维度波动下降，其波动范围为 0.307～0.472，结合原始数据发现，由于商业银行近年来股价长期下跌等，双重上市商业银行的外资股、境外同业及其他金融机构存放款项占比随时间推移有所下降。共享维度是双重上市商业银行发展较差的维度，平均得分仅为 0.288。

表 9 双重上市商业银行各维度及综合得分

维度	2018 年	2019 年	2020 年	2021 年	平均得分
创新	0.405	0.356	0.419	0.420	0.400
协调	0.461	0.476	0.421	0.481	0.460
绿色	0.566	0.596	0.603	0.549	0.579
开放	0.472	0.434	0.307	0.367	0.395
共享	0.310	0.243	0.319	0.278	0.288

续表

维度	2018年	2019年	2020年	2021年	平均得分
盈利	0.441	0.489	0.403	0.435	0.442
风险	0.167	0.433	0.339	0.321	0.315
综合得分	0.394	0.426	0.357	0.371	0.387

表10是内地上市商业银行各维度及综合得分，内地上市商业银行高质量发展水平波动下降，综合得分的平均值仅为0.282。风险维度是内地上市商业银行平均得分最高的维度，结合原始数据发现，内地上市商业银行不良贷款率较低而拨备覆盖率较高，在控制风险方面投入很大。绿色、盈利维度是内地上市商业银行得分较高的维度，平均得分均高于0.4。开放维度是得分最低的维度。

表10 内地上市商业银行各维度及综合得分

维度	2018年	2019年	2020年	2021年	平均得分
创新	0.395	0.413	0.371	0.375	0.389
协调	0.289	0.395	0.418	0.434	0.384
绿色	0.575	0.394	0.343	0.471	0.446
开放	0.060	0.127	0.063	0.072	0.081
共享	0.413	0.383	0.304	0.276	0.344
盈利	0.407	0.446	0.407	0.433	0.423
风险	0.442	0.498	0.458	0.478	0.469
综合得分	0.350	0.311	0.233	0.234	0.282

结合表9和表10，整体来看双重上市商业银行高质量发展水平高于内地上市商业银行，两类商业银行高质量发展水平均随时间波动下降，但不同的是双重上市商业银行仅在2020年受到疫情影响有所下降，其他年份均在上升，而内地上市商业银行则是持续保持下降。与按所有权属性进行划分类似，在两类商业银行中绿色维度得分较高，平均得分分别为0.579和0.446，绿色金融作为国家战略的重要组成部分，是我国政府对未来经济发展方式的明确，和人民币国际化之间是高度相关的，近年来商业银行通过"一带一路"等政策，在沿线国家开展人民币的绿色信贷、绿色保险、绿色信托等服务，得到当地政府、社会和居民的认同，使人民币资产所具有的吸

引力显著提升。共享维度的得分较低，普惠金融主要服务于国内贫困人群、小微企业等弱势群体，但普惠金融由于产品创新能力不足、风险控制体系不健全等问题，对内对外均发展较差，所以得分较低。

除了共享和风险维度外，其他维度的平均得分双重上市商业银行均高于内地上市商业银行，这主要是由于国有商业银行和部分其他类型商业银行为了提高知名度与社会影响力，扩大股东基础，提高股份流动性，均选择两地上市，外资参与使得商业银行高质量发展步伐加快。开放维度上两类商业银行的差距最大，平均得分差值达 0.314，双重上市商业银行使得内地证券市场与国际市场接轨的进程更进一步，提高了国际竞争力，吸引了大量外资前来投资。

进一步地对是否双重上市商业银行进行方差分析，得到各维度显著性水平，如表 11 所示。结果显示，我国商业银行在践行国家新发展理念方面，开放维度 2018 年和 2019 年在 5％水平上显著，而 2020 年和 2021 年其显著性进一步提升，均达到了 1％的水平，协调维度 2018 年在 5％水平上显著，绿色维度 2020 年在 5％水平上显著。在中央经济工作会议提出的更大力度吸引和利用外资，推进高水平对外开放，提升贸易投资合作质量和水平要求下，双重上市商业银行每年的外资股占比和境外同业占比均高于内地上市商业银行，使得双重上市商业银行与内地上市商业银行在开放维度上的显著性水平逐渐提高。

表 11 不同上市地点商业银行各维度显著性水平

维度	2018 年	2019 年	2020 年	2021 年
创新	0.934	0.567	0.419	0.383
协调	0.021**	0.064	0.918	0.138
绿色	0.955	0.160	0.011**	0.380
开放	0.024**	0.039**	0.001***	0.001***
共享	0.378	0.176	0.840	0.974
盈利	0.834	0.706	0.958	0.970
风险	0.126	0.655	0.286	0.119

注：*** 表示 1％显著性水平，** 表示 5％显著性水平，* 表示 10％显著性水平。

综合来看，绿色维度在两类银行中得分较高，共享维度则表现较差。双重上市商业银行的创新、协调、绿色、开放和盈利维度得分高于内地上市商业银行,这也是双重上市商业银行高质量发展综合得分高于内地上市商业银行的原因。但是,双重上市商业银行在共享和风险维度还略显不足,有待进一步提高。双重上市商业银行更加注重对外开放,因为外国直接投资能显著提高经济增长质量[16],结合原始数据发现,双重上市商业银行外资股占比与境外同业占比均高于内地上市商业银行,这也是双重上市商业银行高质量发展水平高于内地上市商业银行的主要原因。

(2)贡献度视角

与基于平等视角一样,我们将商业银行按照是否两地上市进行划分。通过熵权 TOPSIS 法计算各商业银行总体及各维度的贴近程度,之后将结果按照资产规模进行加权平均,得出加权后的双重上市商业银行和内地上市商业银行各维度及综合得分。

表 12 是加权后的双重上市商业银行各维度及综合得分,双重上市商业银行综合得分在 2020 年受疫情影响有大幅下降。协调、绿色、开放和盈利维度为得分较高的维度,平均得分均高于 0.4,为双重上市商业银行高质量发展提供动力,而创新、共享和风险维度则表现较差,平均得分均低于 0.3。

表 12 加权后的双重上市商业银行各维度及综合得分

维度	2018 年	2019 年	2020 年	2021 年	平均得分
创新	0.270	0.222	0.314	0.326	0.283
协调	0.406	0.398	0.366	0.430	0.400
绿色	0.627	0.601	0.599	0.558	0.596
开放	0.521	0.460	0.334	0.430	0.436
共享	0.264	0.191	0.232	0.180	0.217
盈利	0.475	0.435	0.402	0.418	0.433
风险	0.112	0.308	0.236	0.254	0.228
综合得分	0.400	0.425	0.343	0.381	0.387

表 13 是加权后的内地上市商业银行各维度及综合得分,综合得分在 0.013~0.042 波动,7 个维度的平均得分均在 0.08 以下,创新、绿色维度为得分较高的维度,开放维度则是得分最低的维度。整体看来,加权后的内地上市商业银行各维度及综合得分表现均较差,但是综合得分及大部分维度得分随着时间推移有所提高。

表 13　加权后的内地上市商业银行各维度及综合得分

维度	2018 年	2019 年	2020 年	2021 年	平均得分
创新	0.071	0.088	0.071	0.064	0.074
协调	0.052	0.070	0.072	0.071	0.066
绿色	0.046	0.072	0.082	0.097	0.074
开放	0.014	0.026	0.021	0.023	0.021
共享	0.057	0.048	0.045	0.034	0.046
盈利	0.047	0.090	0.066	0.072	0.069
风险	0.047	0.083	0.050	0.054	0.059
综合得分	0.013	0.025	0.042	0.040	0.030

综合来看，双重上市商业银行各维度及综合得分远远高于内地上市商业银行，在商业银行高水平对外开放过程中，双重上市商业银行贡献较大，由于"一带一路"倡议对城市经济增长质量的影响是积极的、显著的[17]，双重上市商业银行拥有更高知名度，客户对其的信心更强，凭借"一带一路"等政策不断提升高质量发展水平，内地上市商业银行不具备国际资本市场上市的优点，主要在打破国内桥块分割，促进公平有序的国内大循环中发挥作用，其受到开放政策的影响较为有限。

贡献度视角下，双重上市商业银行综合得分及波动趋势与平等视角相同，但是绿色、开放维度得分有所提高，这主要是由于资产规模较大的商业银行对外开放和绿色信贷投入能力较强，所以这两个维度得分有所上升，而创新、协调、共享、盈利和风险维度平均得分有所下降，主要是由于部分资产规模较大的商业银行，在这些方面投入较小。例如，农业银行与邮储银行等在创新、协调等维度的得分较少。内地上市商业银行各维度及综合得分则出现大幅下降，因为内地上市商业银行的资产规模相对较小，对商业银行高质量发展的贡献也相对较小。

6　结论与建议

6.1　结论

本文以商业银行为研究对象，构建了商业银行高质量发展评价指标体系，并运用熵权 TOPSIS 法对 38 家商业银行的高质量发展水平展开综合评价，研究取得的主要结论如下：

立足国家新发展理念，构建具有商业银行行业特性的高质量发展水平评价体系，具有稳健性和行业适用性；运用熵权法计算得出的指标权重经过排序检验后发现，开放维度对商业银行高质量发展最重要，是检验商业银行高质量发展水平的关键指标，协调、共享、风险、创新、绿色维度次之，盈利维度重要程度最低。

通过商业银行高质量发展水平的时序分析，现阶段我国商业银行高质量发展水平并不高，但整体来看商业银行综合得分波动上升，在各维度中，绿色维度发展较好，而共享维度则发展较差，开放作为权重占比最大维度，其维度得分情况却低于绿色、盈利维度，制约了商业银行高质量发展。

通过异质性分析发现，基于平等性评价视角下，国有商业银行在协调、绿色、开放和盈利维度上具有优势。双重上市商业银行在创新、协调、绿色、开放和盈利维度上具有优势。另外，国有商业银行注重环境责任，双重上市商业银行注重对外开放，而其他类型与内地上市商业银行更加注重风险控制。基于贡献度视角下，国有、双重上市商业银行是践行国家高质量发展的主体；国有商业银行更容易获得政策支持，对经济政策不确定性的抵御能力较强，而其他类型商业银行受到的政策支持较为有限，不利于构成公平的营商环境；双重上市商业银行凭借两地上市的优势，更易得到政策的支持，而内地上市商业银行主要立足于国内，受到开放政策的影响有限。

6.2 建议

（1）坚定不移推进商业银行高水平对外开放

开放维度作为对商业银行高质量发展影响最大的维度，商业银行要摒弃对外开放可有可无的旧观念，树立开放合作的新理念，在推动形成以国内大循环为主体、国内国际双循环相互促进的新发展格局下，构建商业银行高质量开放型经济。习近平总书记在党的二十大报告中强调，"中国坚持对外开放的基本国策，坚定奉行互利共赢的开放战略"，"推进高水平对外开放"。双重上市商业银行，拥有独特的区位优势，更易吸引外资投资，应当进一步加大对外合作力度，坚持"走出去"和"请进来"并重，满足国内外投资需求。

（2）政府应当矢志不渝地构建国内公平营商环境

2022年中共中央、国务院发布《关于加快建设全国统一大市场的意见》，要求加快营造稳定公平透明可预期的营商环境。政府需要落实公平竞争审查制度，规范和约束政府行为，防止滥用行政权力出台排除、限制竞争的政策措施。要运用相关法律破除一切针对民营企业的行政壁垒和政策歧视，争取与外资企业、国有企业公平竞争的条件，破除各种形式的行政垄断，实行自由进入和自由退出[18]。

（3）国有商业银行应当继续担当社会和环境责任的中流砥柱

勇于承担社会和环境责任是国有商业银行的基本属性和必然要求，国有商业银行在合法经营过程中除了盈利、为股东创造价值外，还要承担环境保护、慈善事业等社会方面的责任。国有商业银行在现有的基础之上应当继续保持绿色领域高质量、可持续发展，大力推进普惠金融服务，不断提升普惠金融贷款在贷款余额中的占比，同时发挥全球化、综合化经营优势，提升绿色金融、普惠金融综合服务水平，努力为社会、消费者提供优质的服务。

（4）促进其他类型商业银行履行社会和环境责任

其他类型商业银行更加重视风险控制，一般选择在内地上市，主要在国内大循环中发挥作用。与国有商业银行一样，其他类型商业银行也应当在平衡好长短期成本与收益关系的同时，保持绿色领域的投入，积极参与普惠项目，提升其高质量发展水平。

参考文献

［1］MEI F. Research on the high quality development of corporate governance in large commercial banks in China[J]. China finance,2022(4):38-40.

［2］ZHANG J,CHEN X. Research on the connotation and evaluation system of high quality development of commercial banks[J]. Financial theory & practice,2021(12):79-87.

［3］SHI J. Research on the high quality development of corporate governance in large commercial banks in China[J]. China national conditions and strength,2022(6):53-56.

［4］SU B,XIAO M,XIE C. Theoretical and empirical analysis on the driving factors of high-quality development of Chinese banking industry[J]. Price:theory & practice,2021(11):138-141.

［5］LIAN B,GAO L,ZHU L,et al. Research on the construction and application of high quality development evaluation system for commercial banks[J]. Financial regulation research,2018(12):17-33.

［6］ZHANG B,HE N. High quality development evaluation of construction industry in anhui province based on the entropy weight on TOPSIS method[J]. Journal of anhui jianzhu university,2022,30(5):45-50.

[7] LI N,CHANG W,YANG T. Evaluation of high quality development of bohai rim ports based on entropy weight-TOPSIS method[J]. Industrial innovation,2022(17):13-15,26.

[8] LI X. Research on the innovation ability of a-share listed commercial banks based on the DEA model [D]. Hohhot: inner mongolia university of finance and economics,2021.

[9] KONG Q,CHEN A,SHEN C,et al. Has the belt and road initiative improved the quality of economic growth in China's cities? [J]. International review of economics and finance,2021,76:870-883.

[10] WANG W. The degree of openness and evaluation index system of commercial banks in China[J]. World economy studies,2006(6):48-52.

[11] GAO X. The significance of financial inclusion strategy and China's path[J]. Theoretical horizon,2017(4):35-39.

[12] ZHANG A,LIU R,MA Y. Research on dynamic measurement of high-quality development of construction industry in Yangtze River Economic Belt based on entropy weight TOPSIS method[J]. Science technology and industry,2022,22(7):228-233.

[13] HUANG D,LING D,ZUO M. Economic policy uncertainty and commercial bank performance-structural characteristics,influence mechanism and governance[J]. Shanghai journal of economics,2022(8):60-78.

[14] LIU X. The innovation of the inclusive financial business of state-owned commercial banks was based on the bank of communications qujing branch[D]. Kunming:yunnan university of finance and economics,2021.

[15] LI R. Research on policy support and management mechanism based on the survival environmen tof private enterprises[J]. Sci-tech & development of enterprise,2019(11):251-252,255.

[16] LUO S,SHI Y,SUN Y,et al. Can FDI and ODI two-way flows improve the quality of economic growth? empirical evidence from China[J]. Applied economics,2021,53(44):5028-5050.

[17] GIGAMON J P. Does research and development expenditure incite quality of economic growth? Evidence from China[J]. Journal of finance and economics,2021,9(4):155-160.

[18] LIU Z. Further opening the market to promote the formation of "two circles"[J]. Enterprise observer,2020(8):20-21.

基于阈值调优 LightGBM 模型的故障预测研究

向琳[1,a]，金春华[2,b,*]

[1]北京信息科技大学计算机学院，北京，中国
[2]北京信息科技大学经济管理学院，北京，中国
[a] 1565818339@qq.com，[b] chhking@bistu.edu.cn
*通讯作者

摘要：针对故障数据集中存在的类别不平衡特点，本文基于 LightGBM 算法，对预测模型的分类阈值进行调优。该方法以 0.5 为中心，0.1 为移动尺寸，依次向左向右扩散 4 次得到 9 个可选择阈值，将 F1 值作为选取阈值的指标，调整模型分类阈值为 9 个可选择阈值中使模型预测性能最好的数值。通过在变压器故障预测数据集和斯堪尼亚货车故障数据集上进行实证分析，结果表明优化阈值后的 LightGBM 模型在保证训练速度快的同时能够减少第一类错误的发生，降低整体预测代价。

关键词：LightGBM；阈值调优；故障预测；不平衡数据

Failure Prediction Based on Threshold Tuning LightGBM Model

Xiang Lin[1,a], Jin Chunhua[2,b,*]

[1] School of Computer Science, Beijing Information Science and Technology University, Beijing, China
[2] School of Economics and Management, Beijing Information Science and Technology University, Beijing, China
[a] 1565818339@qq.com, [b] chhking@bistu.edu.cn
* Corresponding author

Abstract: For the category imbalance characteristics in the fault data set, this paper tunes the classification threshold of the predictive model based on the LightGBM algorithm. The method takes 0.5 as the center, 0.1 is the moving size, spreads left to right four times in turn to obtain 9 selectable thresholds, takes F1 Score as the index of the selected threshold, and adjusts the model classification threshold to the value that makes the model prediction performance the best among the 9 selectable thresholds. Through empirical analysis on transformer fault prediction dataset and APS Failure at Scania Trucks, the results show that the LightGBM model after optimizing the threshold can reduce the occurrence of the first type of error and reduce the overall prediction cost while ensuring fast training speed.

Keywords: LightGBM; Threshold tuning; Failure prediction; Unbalanced data

1 引言

故障检测与诊断的研究已经有40多年的历史[1]。其中，故障诊断是对所发生的故障现象的理解[2]，而故障预测是根据运行状态预测在不久的将来可能发生的故障。故障预测对比故障诊断更易于表现，可以通过故障预测对可能要发生故障的设备尽快采取维护活动[3-4]。有效的故障预测是状态检修（CBM）的重要组成部分，在降低状态检修成本、降低机器损害风险、降低安全事故风险等方面均有着重要意义[5]。

机器学习（ML）是人工智能研究最多的领域之一，它被广泛用于故障预测。支持向量机（SVM）、梯度提升决策树（GBDT）、随机森林、逻辑回归、人工神经网络（ANN）、朴素贝叶斯、遗传算法、神经模糊系统、支持向量回归（SVR）和其他方法都已用于机器学习中进行故障预测。GBDT是一个迭代集成模型，通过组合多个基础学习器（即弱决策树）来实现最终的强分类效果[6]，LightGBM是一个最先进的GBDT算法，Ke等对多个数据集进行了实例验证，研究发现LightGBM算法的训练速度是传统算法的20倍以上，且在精度上几乎没有损失[7]。由于LightGBM算法具有训练速度快、内存消耗低、精度高、支持分布式处理、可以处理大量数据和特征等优点[8]，所以本文基于LightGBM算法进行故障预测分析。

然而，在进行故障预测时，所采集的故障数据集往往存在类别不平衡的问题：无故障样本数量多于有故障样本数量，前者所能提供的信息量更多，使模型偏向于将新样本预测为无故障样本，导致召回率较低，第一类错误

（将有故障样本误分为无故障样本）较多，第二类错误（将无故障样本误分为有故障样本）较少[9]。而在大多数情况下，第一类错误在故障预测问题中更受关注，出现第一类错误要付出的代价远高于出现第二类错误要付出的代价。因此，类别不平衡还会导致错误预测后所引起的总体损失大的问题。为减缓类别不平衡所带来的问题，Costa 等在模型损失函数中加入类别权重，降低了类别不平衡对故障召回率的影响，减少了错误预测后所引起的总体损失；Biteus 等将预测模型的分类阈值降低至 0.062，提高了召回率，减少了代价较大的第一类故障的出现[9]。由于 Costa 等将故障样本的类别权重设置为无故障样本数与有故障样本数的比值，且仅是人为指定类别权重，并未考虑其他可能，随后多名学者使用各类优化算法对类别权重进行优化，得到更合理的取值。但到目前为止，关于分类阈值的取值分析较少，而合理的分类阈值能够更加有效准确地预测出故障样本，减少错误预测后所引起的总体损失。

因此，本文在 LightGBM 算法的基础上调整分类阈值，从而提高模型正确预测故障样本的能力，减少第一类错误的出现，降低错误预测后所引起的总体损失。本文在变压器故障预测数据集（简称为变压器数据集）和斯堪尼亚货车故障数据集（简称为货车数据集）上将优化阈值后的 LightGBM 模型与常用的机器学习模型进行对比实验，验证了本文方法的有效性。

2 LightGBM 模型与阈值寻优

LightGBM 是由微软公司提出的一种基于 GBRT（Gradient Boosting Regression Tree）的改进算法[10]。它使用梯度单边采样法（Gradient-based One-Side Sampling，GOSS）和互斥特征捆绑法（Exclusive Feature Bundling，EFB）提升训练度，提高了模型泛化能力，解决了 GBDT 在遇到大量数据时效率低下的问题[11]。在 LightGBM 中，采用直方图算法和最大深度极限的树木叶片生长策略来提升训练速度并降低内存消耗。其中，直方图算法原理如图 1 所示，最大深度极限的树木叶片生长策略的原理如图 2 所示[9]。

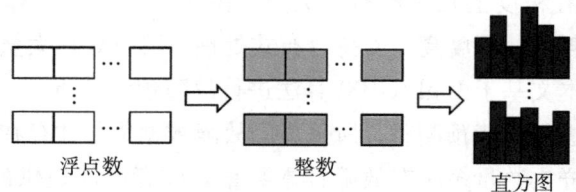

图 1 直方图算法原理

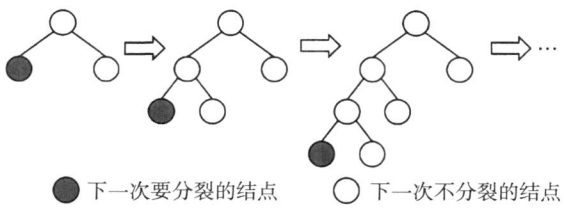

图 2　最大深度极限的树木叶片生长策略的原理

在使用 LightGBM 模型进行预测时,分类阈值默认为 0.5。即模型对每一个预测样本计算出样本的预测概率 $y_{probability}$(一个位于 [0,1] 的实数,表示该样本为故障样本的概率),通过将 $y_{probability}$ 与分类阈值 0.5 比较,若 $y_{probability}$ 小于 0.5,则将该样本预测为非故障样本,类别 y_{pred} 为 0,若 $y_{probability}$ 大于或等于 0.5,则将该样本预测为故障样本,类别 y_{pred} 为 1。LightGBM 的预测结果如下所示。

$$y_{pred}=\begin{cases}1, & y_{probability} \geqslant 0.5 \\ 0, & y_{probability} < 0.5\end{cases}。\qquad(1)$$

然而,大部分故障数据集属于类别不平衡数据集,将分类阈值固定为 0.5 会导致模型偏向于预测新的样本为无故障样本,导致召回率较低,第一类错误较多,第二类错误较少[9,12]。为减少类别不平衡数据集预测后出现的第一类错误多和错误预测所引起的总体损失大的问题,本文在 LightGBM 模型的基础上,以 0.5 为中心,0.1 为移动尺寸,依次向左向右扩散 4 次得到 9 个可选择阈值,这 9 个可选择阈值分别为:0.1、0.2、0.3、0.4、0.5、0.6、0.7、0.8、0.9。在这 9 个可选择阈值上进行比较,得出使 F1 值取最大值时的阈值,并将其作为最优阈值 T,再将 LightGBM 模型的分类阈值设置为 T,实现 LightGBM 模型阈值的优化。本文将可以对阈值进行调优的 LightGBM 模型称为 LGBM_T。其预测结果和 F1 值计算方式分别如式(2)和式(3)所示[13]。

$$y_{pred}=\begin{cases}1, & y_{probability} \geqslant T \\ 0, & y_{probability} < T\end{cases}。\qquad(2)$$

$$F1=\frac{2TP}{2TP+FP+FN}。\qquad(3)$$

3 数据集介绍及实验设计

为验证 LGBM_T 模型的有效性,本文选取变压器故障预测数据集和斯堪尼亚货车故障数据集作为实验数据,两个数据集均在 4 个不同不平衡率(1∶1、1∶10、1∶50、1∶100)下依次进行 30 次抽样,在两个数据集上均依次分析不同不平衡率下 LGBM_T 模型的最优阈值,比较 LGBM_T 模型和 4 个对比模型的预测性能,验证 LGBM_T 模型的有效性,说明选取合适阈值对模型取得更好预测效果的重要性[14-16]。3.1 详细介绍了本文用到的两个数据集,3.2 则详细阐述了本文的实验设计。

3.1 数据集介绍

变压器故障预测数据集基于 2019 年 6 月 25 日—2020 年 4 月 14 日通过物联网收集的每分钟更新一次的两个数据集,这两个数据集可以在 Kaggle 上获取。变压器数据集为一个二分类数据集,共 17 个特征,标签为 MOG_A(分为有故障和无故障两类),故障样本 2047 个,非故障样本 18 418 个,不平衡率约为 1∶9。

斯堪尼亚货车故障数据集是由斯堪尼亚货车公司发布的一个大样本、高维度的真实数据集,该数据集可以在 UCI 获取。该数据集为一个二分类数据集,共 170 个特征,标签为 class(分为有故障和无故障两类),训练集中包含 1000 个故障样本和 59 000 个非故障样本,测试集中包含 375 个故障样本本和 15 625 个非故障样本。训练集中不平衡率为 1∶59,测试集中不平衡率约为 1∶42。

实验中所用两个数据集概况如表 1 所示。

表 1 实验数据集概况

数据集名称		数据集关键特征				
		特征数	样本数	正类样本	负类样本	缺失值
变压器数据集		17	20 465	2047	18 418	不存在
货车数据集	训练集	170	60 000	1000	59 000	存在
	测试集	170	16 000	375	15 625	存在

3.2 实验设计

本文采用了 4 个经典的机器学习算法作为 LGBM_T 的对比模型,包括决策树（DT）、随机森林（RF）、梯度提升决策树（GBDT）和 eXtreme Gradient Boosting（XGB）。在变压器数据集上，DT 模型 max_depth 统一设置为 30，RF、GBDT、XGB 和 LGBM_T 模型 max_depth 统一设置为 30，n_estimators 统一设置为 500，各模型其他参数均使用默认值。在货车数据集上，DT 模型 max_depth 统一设置为 50，RF、GBDT、XGB 和 LGBM_T 模型 max_depth 统一设置为 50，n_estimators 统一设置为 1000，各模型其他参数均使用默认值。

本文实验具体流程如下。

步骤一：读入数据集。读取变压器故障预测数据集或斯堪尼亚货车故障数据集。

步骤二：数据预处理。对斯堪尼亚货车故障数据集进行类别编码，故障样本编码为 0，非故障样本编码为 1；删除数据缺失率大于 70% 的特征，属于其他特征的缺失值则用对应特征的中位数填补。

步骤三：多次抽样训练模型。根据抽样后样本量尽量大的原则，按照 random_state$=i$（$i=0、1、\cdots、29$）对数据集进行 30 次抽样，且抽样后样本子集需满足不平衡率为 1∶1。在 30 次抽样的基础上，分别训练 DT、RF、GBDT、XGB 和 LGBM_T 模型，并记录训练时长。按照上述方法，再依次处理不平衡率为 1∶10、1∶50、1∶100 的情况。

步骤四：预测测试子集样本类别。在各训练子集对应的测试子集上，使用已经训练好的 DT、RF、GBDT、XGB 和 LGBM_T 模型，预测样本类别。

完成上述 4 个步骤后，依次在 1∶1、1∶10、1∶50、1∶100 的不平衡率下对所有模型进行关于 recall 和 accuracy 的 t 检验，分析所有模型的效果，验证 LGBM_T 模型的有效性[9,17]。

本文选取召回率（recall）、准确率（accuracy）和运行时间（time）作为模型分类性能的评价指标。其中，召回率注重故障样本预测准确度，召回率越大，第一类错误越少；准确率是所有预测正确的样本在总样本中所占的比例，它注重样本的总体预测准确度[18-19]。召回率、精确率和准确率的计算方法如式（4）、式（5）和式（6）所示。

$$Recall = \frac{TP}{TP+FN} \quad (4)$$

$$Precision = \frac{TP}{TP+FP} \quad (5)$$

$$Accuracy = \frac{TP+TN}{TP+TN+FP+FN} \text{。} \tag{6}$$

4 结果分析

4.1 LGBM_T 模型的性质

召回率是实际为正类且预测为正类的样本总量在实际正类样本总量中所占的比例,反映了模型对故障样本的预测能力,召回率越高,则第一类错误越少,因此召回率是决定最优阈值 T 的重要指标。阈值与召回率在两个数据集中的相关性如图 3、图 4 所示。

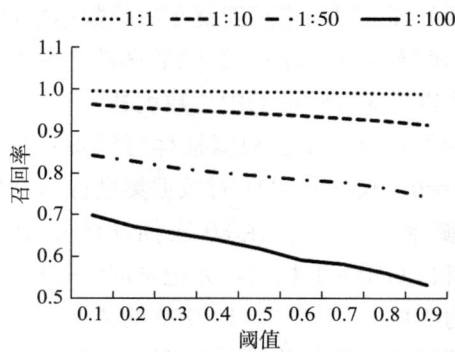

图 3 变压器数据集召回率随阈值变化

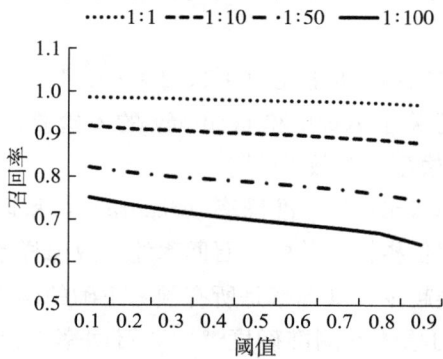

图 4 货车数据集召回率随阈值变化

根据召回率的定义及图 3 和图 4 中召回率随阈值的变化趋势可知,阈值与召回率呈负相关,若要选取召回率的最大值,阈值可无限减小至 0,而当阈值过于小时,模型虽然第一类错误减少,但第二类错误会大幅增多,错误预测后所引起的总体损失仍然会较大。因此，为平衡第一类错误和第二类错误，选取使 F1 值取最大值时的阈值 T 作为模型的分类阈值。

4.2 各模型预测性能比较

结合召回率和准确率[20-21]，既考虑到第一类错误，又考虑到模型故障样本和非故障样本的总体预测准确度。变压器数据集和货车数据集各不平衡率下各模型召回率和准确率如表 2、表 3 所示。

通过表 2 可知，在变压器数据集上，在各不平衡率下 LGBM_T 召回率均优于其他所有对比模型；在不平衡率为 1∶1、1∶10 和 1∶50 时，LGBM_T 准确率均优于其他所有对比模型，仅在不平衡率为 1∶100 时，LGBM_T 准确率略差于 XGB 模型，两者之间相差 0.0001。

表 2 变压器数据集各不平衡率下各模型召回率和准确率

不平衡率	评价指标	模型名称				
		DT	RF	GBDT	XGB	LGBM_T
1∶1	召回率	0.9700	0.9927	0.9734	0.9897	**0.9949**
	准确率	0.9697	0.9795	0.9712	0.9798	**0.9808**
1∶10	召回率	0.8932	0.9380	0.8960	0.9396	**0.9468**
	准确率	0.9794	0.9860	0.9804	0.9863	**0.9866**
1∶50	召回率	0.7440	0.7602	0.7426	0.7898	**0.8282**
	准确率	0.9888	0.9925	0.9894	0.9924	**0.9927**
1∶100	召回率	0.6157	0.4991	0.6176	0.6222	**0.6981**
	准确率	0.9917	0.9941	0.9924	**0.9945**	0.9944

通过表 3 可知，在货车数据集上，在不平衡率为 1∶50 和 1∶100 时，LGBM_T 模型召回率均优于其他所有对比模型，在不平衡率为 1∶1 时，LGBM_T 召回率略差于 RF 模型，相差值为 0.0003，在不平衡率为 1∶10 时，LGBM_T 召回率差于 RF 和 XGB 模型，相差值分别为 0.0148 和 0.0079；在不平衡率为 1∶1、1∶10 和 1∶100 时，LGBM_T 准确率均优于其他所有对比模型，仅在不平衡率为 1∶50 时，LGBM_T 准确率略差于 XGB 模型，相差值为 0.0004。

表 3 货车数据集各不平衡率下各模型召回率和准确率

不平衡率	评价指标	模型名称				
		DT	RF	GBDT	XGB	LGBM_T
1∶1	召回率	0.9350	**0.9837**	0.9478	0.9778	0.9834
	准确率	0.9288	0.9641	0.9396	0.9678	**0.9694**
1∶10	召回率	0.8356	**0.9094**	0.8486	0.9025	0.8946
	准确率	0.9680	0.9816	0.9715	0.9833	**0.9837**
1∶50	召回率	0.7245	0.7459	0.7280	0.8067	**0.8215**
	准确率	0.9898	0.9936	0.9908	**0.9951**	0.9947
1∶100	召回率	0.6333	0.6013	0.6365	0.7062	**0.7515**
	准确率	0.9931	0.9955	0.9938	0.9966	**0.9966**

为更直观地分析 LGBM_T 模型的有效性，本文根据召回率和准确率在两个数据集上对所有模型的分类效果进行 t 检验，比较了 LGBM_T 模型相对于其他对比模型的显著性。变压器数据集的 t 检验结果和货车数据集的 t 检验结果分别如表 4、表 5 所示。

通过表 4 可知，在变压器数据集上，在各个不平衡率下 LGBM_T 模型的召回率均显著优于其他对比模型，LGBM_T 模型的准确率显著优于 DT 和 GBDT 模型，不显著优于 RF 模型。在不平衡率为 1∶1、1∶10 和 1∶50 时，LGBM_T 模型的准确率不显著优于 XGB 模型，仅在不平衡率为 1∶100 时，LGBM_T 模型的准确率不显著劣于 XGB 模型。

表 4 变压器数据集 t 检验对于 LGBM_T 模型性能的结果

不平衡率	对比模型	召回率 t 检验		准确率 t 检验	
		t-value	p-value	t-value	p-value
1∶1	DT	17.86	0.00	9.27	0.00
	RF	3.30	0.00	1.30	0.20
	GBDT	14.75	0.00	9.01	0.00
	XGB	6.44	0.00	0.99	0.33
1∶10	DT	15.17	0.00	18.23	0.00
	RF	3.09	0.00	1.08	0.28

续表

不平衡率	对比模型	召回率 t 检验		准确率 t 检验	
		t-value	p-value	t-value	p-value
1∶10	GBDT	14.43	0.00	14.62	0.00
	XGB	2.53	0.01	0.61	0.55
1∶50	DT	6.17	0.00	11.01	0.00
	RF	5.53	0.00	0.16	0.87
	GBDT	6.19	0.00	8.31	0.00
	XGB	3.09	0.00	0.66	0.51
1∶100	DT	4.63	0.00	9.69	0.00
	RF	11.01	0.00	1.47	0.15
	GBDT	4.38	0.00	7.44	0.00
	XGB	3.83	0.00	−0.18	0.86

根据表 5 可知，在货车数据集上，在各个不平衡率下 LGBM_T 模型的召回率均显著优于 DT 模型和 GBDT 模型。在 1∶1 和 1∶10 时，LGBM_T 模型召回率分别不显著劣于和显著劣于 RF 模型，在 1∶50 和 1∶100 时，显著优于 RF 模型。在 1∶10 时，LGBM_T 模型的召回率显著劣于 XGB 模型；在 1∶50 时，LGBM_T 模型的召回率不显著优于 XGB 模型；在 1∶1 和 1∶100 时，LGBM_T 模型的召回率显著优于 XGB 模型。在各个不平衡率下，LGBM_T 模型的准确率均显著优于 DT、RF 和 GBDT 模型，在不平衡率为 1∶1、1∶10 和 1∶100 时，LGBM_T 模型不显著优于 XGB 模型，在 1∶50 时，LGBM_T 模型显著劣于 XGB 模型。

表 5 货车数据集 t 检验对于 LGBM_T 模型性能的结果

不平衡率	对比模型	召回率 t 检验		准确率 t 检验	
		t-value	p-value	t-value	p-value
1∶1	DT	20.33	0.00	19.86	0.00
	RF	−0.39	0.70	3.37	0.00
	GBDT	14.96	0.00	15.84	0.00
	XGB	4.36	0.00	1.16	0.25

续表

不平衡率	对比模型	召回率 t 检验		准确率 t 检验	
		t-value	p-value	t-value	p-value
1∶10	DT	15.75	0.00	27.26	0.00
	RF	−7.18	0.00	5.29	0.00
	GBDT	13.76	0.00	23.72	0.00
	XGB	−3.33	0.00	1.10	0.28
1∶50	DT	6.72	0.00	12.45	0.00
	RF	5.55	0.00	2.75	0.01
	GBDT	6.76	0.00	10.04	0.00
	XGB	1.09	0.28	−1.08	0.28
1∶100	DT	14.20	0.00	25.82	0.00
	RF	17.09	0.00	11.26	0.00
	GBDT	14.14	0.00	24.77	0.00
	XGB	5.02	0.00	0.12	0.91

变压器数据集各模型运行时间如表 6 所示，在各个不平衡率下，DT 模型所需时间均最短，LGBM_T 模型所需时间均居于第 2 位，XGB 模型所需时间均居于第 3 位，RF 模型所需时间均居于第 4 位，GBDT 模型所需时间均居于第 5 位。

表 6　变压器数据集各模型运行时间　　　　　　　　　　　单位：s

模型名称	不平衡率			
	1∶1	1∶10	1∶50	1∶100
DT	1	2	2	2
RF	61	172	138	128
GBDT	81	234	158	129
XGB	20	85	61	53
LGBM_T	11	24	20	17

货车数据集各模型运行时间如表 7 所示，由于所处理的货车数据集样本量大，特征多，LGBM_T 模型的时间优势明显，在不平衡率为 1∶1 时，LGBM_T 模型运行时间仅略差于单模型 DT，在不平衡率为 1∶10、1∶50、

1∶100 时，LGBM_T 模型运行时间最短，且随着样本量的增大，LGBM_T 模型的运行时间优势越明显。

表 7　货车数据集各模型运行时间　　　　　　　　单位：s

模型名称	不平衡率			
	1∶1	1∶10	1∶50	1∶100
DT	7	56	369	391
RF	204	1833	11 508	12 054
GBDT	795	8667	55 373	49 518
XGB	53	290	1605	1647
LGBM_T	21	55	157	190

根据上述分析可得，LGBM_T 模型在绝大多数情况下召回率显著优于所有对比模型，准确率显著优于或不显著优于其他对比模型，且 LGBM_T 模型只存在运行时间最少或次于单模型 DT 这两种情况。

LGBM_T 模型部分性能略差于各对比模型的情况如下所示：

情况一：LGBM_T 在变压器数据集及 1∶1 的货车数据集上运行时间略差于 DT 模型，但 LGBM_T 模型的召回率和准确率在所有情况下均显著优于 DT 模型。

情况二：LGBM_T 模型在 1∶1 和 1∶10 的货车数据集上召回率分别不显著劣于和显著劣于 RF 模型，但在其他情况下，LGBM_T 模型的召回率均显著优于 RF 模型，在变压器数据集上准确率不显著优于 RF 模型，在货车数据集上准确率显著优于 RF 模型，运行时间远少于 RF 模型，RF 模型运行时间最高可达 LGBM_T 模型的 70 多倍。

情况三：LGBM_T 模型在 1∶10 的货车数据集上召回率显著劣于 XGB 模型，但在其他情况下，LGBM_T 模型召回率均显著优于或不显著优于 XGB 模型，LGBM_T 模型在 1∶100 的变压器数据集上和 1∶50 的货车数据集上准确率不显著劣于 XGB 模型，但在其他情况下，LGBM_T 模型准确率均不显著优于 XGB 模型，且 LGBM_T 模型在运行时间上均小于 XGB 模型。

综上所述，LGBM_T 在预测性能上优于所有对比模型，能够在保证模型训练时间短的同时，具有高召回率和高准确率，减少第一类错误的出现，降低错误预测后所引起的总体损失。但由于本文阈值选取范围有限，只有 9

个可选择阈值，而 LGBM_T 模型实际上的最优分类阈值可能在 T 与邻近可选择阈值之间，所选取的分类阈值可能会与实际最优分类阈值有一定误差，导致训练所得模型的预测性能与模型实际最优性能有一定误差，在一小部分情况下，LGBM_T 模型的召回率或准确率差于其他对比模型。针对这种情况，可通过调节 T 至更优，使 LGBM_T 模型的性能进一步优化，对比其他模型体现出预测优势。

5 结束语

针对故障数据集类别不平衡问题，本文通过选取 F1 值作为评价指标，比较不同阈值下 LightGBM 模型的性能，形成了改进阈值后的 LGBM_T 模型。该模型能够较好地考虑到模型中的故障预测问题，减少第一类错误的发生，降低错误预测后所引起的总体损失。实验结果表明，LGBM_T 模型的预测效果要优于常见的单模型和集成分类模型，LGBM_T 模型的运行时间要优于常见的集成分类模型，且 LGBM_T 模型继承了 LightGBM 模型的优势，能够较快地处理样本量大、特征值多的样本集。

目前，本文提出的 LGBM_T 模型仍有改进之处。在模型的阈值选取过程中，本文只考虑了 0.1、0.2、0.3、0.4、0.5、0.6、0.7、0.8、0.9 的情况，阈值的选取范围有限。在之后的工作中，可以考虑通过自适应算法自动选取合适的阈值。

致谢

基金项目：2023 年度北京信息科技大学校科研基金项目"小样本和多类型特征驱动的设备故障预测研究"（2023XJJ21）。

参考文献

［1］ ZHU Q,JIA Y,PENG D,et al. Research and application of fault prediction method based on improved reserve pool network[J]. Chinese journal of chemical engineering，2014,22(7):812-819,843.

［2］ CHAI Z,ZHAO C. Enhanced random forest with concurrent analysis of static and dynamic nodes for industrial fault classification[J]. IEEE transactions on industrial informatics,2020,16(1):54-66.

［3］ TIAN W,HU M,LI C. Dynamic model and grey time series model for fault prediction method[J]. Chinese journal of chemical engineering,2014,22(6):643-650.

[4] DAI Y,CHENG S,GAN Q,et al. Life prediction of Ni-Cd battery based on linear wiener process[J]. Journal of central south university,2021,28(9):2919-2930.

[5] HU Y,ZHAO C,KE Z. Online fault prediction of non-stationary industrial processes based on degenerate feature extraction and time smoothing analysis under machine learning[J]. Journal of central south university,2021,28(12):3838-3855.

[6] NEMAT S,BELAHCEN A,SOBRA J,et al. LightGBM-based fault diagnosis of rotating machinery under changing working conditions using modified recursive feature elimination[J]. IEEE Access,2022,10:81910-81925.

[7] ZENG J,BA R,CHEN Q,et al. Prediction of hard drive failures for data center based on LightGBM[C]//2022 IEEE 9th International Conference on Cyber Security and Cloud Computing (CSCloud)/2022 IEEE 8th International Conference on Edge Computing and Scalable Cloud (EdgeCom). Xi'an,China:IEEE,2022:105-110.

[8] WANG H,YANG Y,YANG H. Hard disk failure prediction based on lightgbm with CID[C]//2021 IEEE Symposium on Computers and Communications (ISCC). Athens,Greece:IEEE,2021:1-7.

[9] YAN S,ZHU P,LIU Z. Research on automobile failure prediction method based on improved LightGBM model[J]. Automotive engineering,2020,42(6):815-819,825.

[10] SUN Q,GENG L,ZHAO Q,et al. Study on CWSI prediction model of greenhouse tomato canopy based on LightGBM[J]. Transactions of the Chinese society for agricultural machinery,2022,53(S1):270-276,308.

[11] MA X,SHA J,NIU X. Design and application of credit rating model for P2P projects based on LightGBM algorithm[J]. Journal of quantitative & technical economics, 2018,35(5):144-160.

[12] GU T,XU G,LI W,et al. Intelligent evaluation model of house price based on integrated LightGBM and Bayesian optimization strategy[J]. Journal of computer applications,2020,40(9):2762-2767.

[13] CHEN Z,WANG C,JIN H. et al. The CTCN-LightGBM joint model for industrial balanced loading prediction[J]. International journal of computational intelligence systems,2023,16(1).

[14] SHEN J,LV J,CHENG Q,et al. Is the bankability of PPP projects in China poor?: based on integrated LightGBM-blending algorithm[J]. China soft science,2022,373 (1):50-61.

[15] SUN X,HOU W,YING Y,et al. Prediction of remaining time of business process based on two-layer machine learning[J]. Chinese journal of computers,2021,44(11):

2283-2294.

[16] JU Y,SUN G,CHEN Q,et al. A model combining convolutional neural network and LightGBM algorithm for ultra-short-term wind power forecasting[J]. IEEE access,2019,7:28309-28318.

[17] CHEN C,LI Y,WANG M. Research on the construction of terrorist attack early warning model based on Lightgbm algorithm[J]. Journal of intelligence,2022,41(6):21-28,98.

[18] ZHONG J,ZHANG X,GUI K,et al. Robust prediction of hourly PM2.5 from meteorological data using LightGBM[J]. national science review,2021,8(10):115-126.

[19] Basheer S,Ádám K,István N. Data-driven failure prediction and RUL estimation of mechanical components using accumulative artificial neural networks[J]. Engineering applications of artificial intelligence,2023,119:105749.

[20] CHEN H,YANG C,DU M,et al. Improved credit risk prediction model of LightGBM based on boundary adaptive SMOTE and focal loss function[J]. Journal of computer applications,2022,42(7):2256-2264.

[21] YANG H,CHEN Z,YANG H,et al. Predicting coronary heart disease using an improved LightGBM model:performance analysis and comparison[J]. IEEE access,2023(11):23366-23380.

基于在线评论数据的手机产品服务质量评价研究

范保国[1,a]，樊宇[1,2,b,*]

[1]北京信息科技大学经济管理学院，北京，中国
[2]绿色发展大数据决策北京市重点实验室，北京，中国
[a] 18853822048@163.com，[b] fanyu772336233@163.com

*通讯作者

摘要：本文旨在从丰富的在线评论数据中提取分析用户对手机产品需求，帮助企业提升产品服务质量。本文通过网络爬虫获取评论数据，使用 TF-IDF 特征量化文本数据，利用 K-means 聚类方法构建手机产品服务质量评价体系，构建语义关联网络，训练 SVM 情感分类模型分析消费者评价。研究发现，消费者关注的 8 个手机产品服务质量评价指标，分别是物流服务、系统性能、处理器性能、屏幕显示、外观设计、游戏性能、电池续航及性价比。通过情感分析发现各指标均存在不足，为了提升消费者对于手机产品服务质量的评价，企业可以对以上 8 个方面予以重视。

关键词：在线评论；情感分析；文本聚类；服务质量

Research on the Service Quality Evaluation of Mobile Phone Products Based on Online Review Data

Fan Baoguo[1,a], Fan Yu[1,2,b,*]

[1] School of Economics and Management，Beijing Information Science & Technology University，Beijing，China
[2] Beijing Key Laboratory of Big Data Decision Making for Green Development，Beijing，China
[a] 18853822048@163.com，[b] fanyu772336233@163.com

*Corresponding author

Abstract：This paper aims to extract and analyze users' demand for mobile phone products from the rich online comment data, and help enterprises improve the quality of products and services. In this paper, we obtain comment data through network crawler, use Tf-idf feature to quantify text data, use K-means clustering method to build the service quality evaluation system of mobile phone products, build semantic association network, and train SVM emotion classification model to analyze consumer evaluation. The study found that there are 8 mobile phone service quality evaluation indicators that consumers care about, namely, logistics service, system performance, processor performance, screen display, appearance design, game performance and battery life. Through emotion analysis, it is found that all indicators are insufficient. In order to improve consumers' evaluation of the quality of mobile phone products and services, enterprises can pay attention to the above eight aspects.

Keywords：Online review；Sentiment analysis；Text clustering；Quality of service

1 引言

随着人们消费水平的提升，用户需求逐渐向个性化、多元化、动态化发展。以往的大规模生产和多品种小规模生产方式已经开始向以用户需求为导向的大规模定制生产转变。用户需求成为产品开发设计的重要动力，因为当产品无法满足用户需求时，面临退出市场的风险。大多数消费者在做出购买决策前，都会习惯性地浏览产品或服务的在线评论[1]。现有很多学者基于在线评论数据展开了研究，张振刚等提出一种基于在线评论数据挖掘来识别产品需求类型的方法[2]。张艳丰等提出一种在线评论有用性排序模型，辅助消费者做出购买决策[3]。杨程等为应对高频产品迭代，提出一种基于评论大数据的产品设计改进研究方法[4]。近年来，越来越多的研究检验了在线评论现象，主要方法包括：主题识别、情感分析、产品特征识别、语义网络等[5]。传统的手机产品评价通常基于专家评测或实验室测试，缺乏真实用户的反馈。基于用户需求实现手机产品的配置，有利于企业及时响应用户需求，对产品特征进行针对性改进。越来越多的消费者参与在线评论进行信息交互和需求表达。从丰富的在线产品评论中识别并分析用户需求有助于企业有针对性地提升产品及服务质量，从而推动企业可持续发展[6]。本文基于京东平台评论数据，运用自然语言处理技术实现文本数据量化，结合聚类算法构建手机产品服务质量评价指标体系，使用情感分析方法分析消费者对于不同指标满意程度。

2 研究设计

2.1 数据的采集

手机产品作为人们日常生活中不可或缺的工具，其质量对用户体验和品牌形象具有重要影响。本文使用八爪鱼软件爬取京东平台手机产品在线评论数据，选取销量排名前 20 的手机评论数据，爬取时发现选取范围内苹果品牌手机占比过重，为保证数据的多样性限制同一品牌产品采集不超过 3 款。共采集到 8896 条评论数据。

2.2 数据的处理

对文本爬取数据进行查看，发现存在长短评论数量差距较大的情况，且长文本中常常存在较多维度的内容，为了获得更好的聚类效果，我们采用正则匹配根据常用的句子结束符号（句点、问号和感叹号）将长文本划分为短句，最终得到 25 227 条评论数据。本文利用 python 语言环境下的 jieba 组件工具，对在线评论文本数据进行分词划分。官琴等通过对比实验得出，哈尔滨工业大学停用词表在 IT 类的文本聚类中表现突出[7]，因此本文选择采用哈尔滨工业大学整理的 767 个停用词作为基础词表，并根据评论文本特点整理出对质量评价意义不大的冗余词汇，构建手机评论文本的停用词表以提高分词的准确性和聚类效果。使用构建的停用词表对文本进行了处理，剔除了文本数据中数字和英文字符，使用 pesg 模块只保留了词性为名词的文本，最终获得 18 905 条有效评论数据。

2.3 分析方法

主要对其进行文本分析和情感分析，具体包括：①K-means 聚类分析，聚类出影响手机服务质量的主题数目，构建消费者关心的质量指标；②文本网络语义分析，通过文本数据构建出的网络语义图可以分析出文本的特征关联度；③情感分析，通过训练的 SVM 情感分类模型可以识别出影响消费者的主题情感倾向。

3 基于 K-means 聚类的手机产品服务质量评价指标体系

本文运用 TF-IDF 算法计算文本权值并构建向量矩阵，TF-IDF（Term Frequency-Inverse Document Frequency）是一种常用的结合词频（TF）和逆文档频率（IDF）计算特征权重的方法[8]。TF-IDF 值为词频与逆文档频率的乘积，以词频和逆文档频率度量词语重要度及区分度，兼顾文档高频和低频词汇。

在构建了向量矩阵后，本文采用迭代方法和主成分分析（PCA）法进行降维处理。通过多次迭代计算，将高维向量映射到低维空间中。迭代时通过将 TF-IDF 权值总和最高的维度和权值最低的维度进行依次相加，就获得了一个只有之前一半维度的矩阵。采取迭代方法，通过不断调整向量的权重，将高维向量映射到低维空间中，同时尽可能地保留原始数据的信息特征（图 1）。在每一次迭代中，我们通过更新向量的权重，以使得降维后的向量能够更好地表示原始数据。

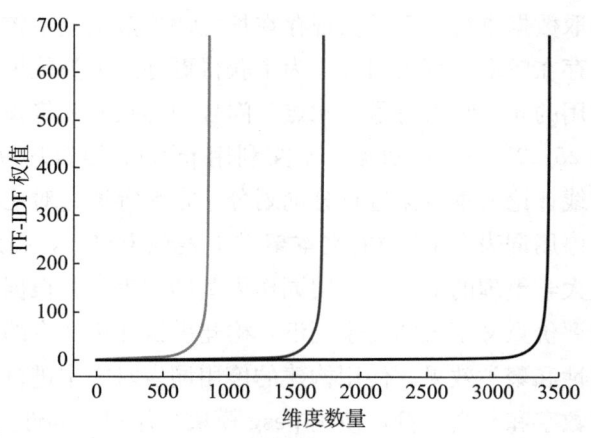

图 1　迭代降维维度变化

为了进一步减少特征的数量，我们使用了 PCA 方法。PCA 通过线性变换将原始的高维数据转换为一组新的低维特征，这些新特征是原始数据中方差最大的方向。通过保留主要的方差信息，PCA 可以将数据从原始的高维空间映射到一个更低维度的子空间中。降维的目的是通过某种映射方法将数据集中的样本点从原来的高维空间转化到相对低维的空间[9]。主成分分析法[10]是常用的降维算法之一。

在应用 PCA 之前，需要进行数据标准化，以确保各个特征具有相同的尺度。然后，计算协方差矩阵，并对其进行特征值分解，得到特征向量和对应的特征值。在本文中，我们使用 PCA 将维度降至三维。通过选择特征向量和特征值，可以构建一个新的低维特征空间。最后，将原始数据投影到选定的特征向量所构成的低维空间中，得到降维后的数据。

K-means 是一种基于划分的聚类算法，旨在最小化数据点和聚类中心之间的平均平方距离[11]，使用 K-means 聚类算法进行文本聚类，归纳提取各类别主题，构建基于在线评论数据的评价指标体系。使用轮廓系数算法计算得知文本聚类为 8 类时，轮廓系数为 0.55，聚类效果表现最佳。

对聚类结果进行簇内词频统计，筛选并提取特征关键词作为当前簇类标签，并依据主题词表达信息及簇内文本相似度对部分评论内容进行类别调整，最终基于在线评论数据的手机产品服务质量评价指标如表 1 所示。

表 1 基于在线评论数据的手机产品服务质量评价指标

评价指标	评价内容
物流服务	消费者对产品物流速度、准时性和包装质量等方面的评价和体验
处理器性能	涉及手机处理器的型号、核心数量和频率等因素
屏幕显示	涉及手机屏幕的尺寸、分辨率、色彩还原和亮度等方面
性价比	消费者对手机产品价格与性能之间的关系进行评价
电池续航	对产品电池性能、续航及充电速率表现的评价和关注
外观设计	涉及手机的外观材质、工艺质量和整体设计风格等方面
游戏性能	涉及图形处理能力和游戏优化技术，如手机能否提供流畅、稳定的游戏体验
系统性能	涉及手机操作系统的流畅度、稳定性和用户界面设计等方面，还包含了手机相机功能、像素等方面

通过图 2 可以看出，物流服务是用户在手机产品中最关注的指标之一。物流服务评价指标包括配送速度、准时性、可靠性和包装质量等方面。对于消费者来说，物流服务直接影响到他们购买手机的交付过程和整体购物体验。

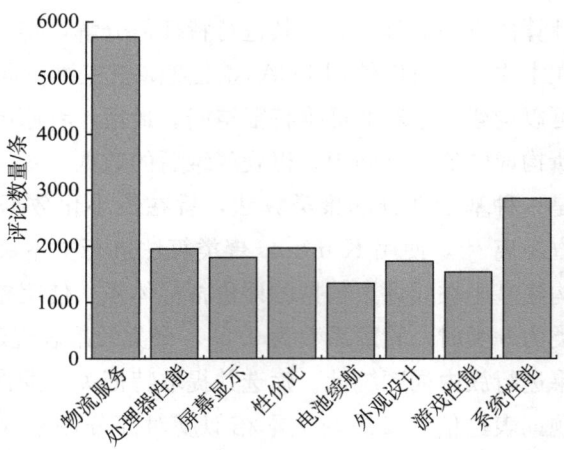

图 2 不同指标下在线评论数量

除了物流服务，系统性能是用户在手机产品中第二关注的重要指标。系统性能评价指标涉及手机操作系统的流畅度、稳定性和用户界面设计等方面。消费者希望手机操作系统能够提供快速响应、简单易用的界面和稳定的性能，以提供良好的用户体验。此外，系统性能还涉及手机相机功能和像素等方面。消费者对手机相机的性能、拍摄质量、特殊拍摄模式等有较高的期望，希望手机能够提供出色的拍照体验。

处理器性能也是用户在手机产品中关注的重要指标之一。处理器性能评价指标涉及手机的 CPU（中央处理器）性能和运算能力。处理器性能直接影响到手机的运行速度、多任务处理能力和应用程序的响应速度。

游戏性能也是用户在手机产品中关注的重要指标之一。游戏性能评价指标涉及手机在游戏运行方面的表现和性能。手机的游戏性能涉及多个方面，包括图形处理能力、帧率稳定性、加载速度、游戏兼容性等。

电池续航是消费者关注相对较少的指标，但现在手机厂商也关注到了这类问题，不断更新充电功率，扩大电池容量，优化系统耗电量。

外观设计则直接关系到用户对手机外观美感、工艺质量和个性化需求的追求。消费者希望手机能够提供良好的音效和吸引人的外观设计，以满足他们的娱乐和审美需求。

手机屏幕能够提供高质量的显示效果，以获得更好的视觉体验。高分辨率的屏幕能够提供更好的细节展示和更真实的图像表现。

性价比也是用户在手机产品中关注的重要指标之一。性价比评价指标涉及手机产品的价格和性能之间的平衡关系。性价比考量了用户在购买手机时所支付的价格与所获得的产品性能、质量和功能之间的关系。

4 基于文本语义网络关联分析的手机产品服务质量评价

我们通过 ROST 软件使用网络语义分析方法，构建共词矩阵和社会网络图来探索特征词之间的联系。共词矩阵反映了特征词之间的共现关系（表2），而社会网络图则展示了特征词之间的联系和重要性。通过分析这些网络，我们可以看出主要特征词之间的关联性，并识别出中心节点，即在手机产品服务质量评价中具有重要影响力的特征词。语义网络侧重于"连接"而非"图像"，它抽取用户感知元素间的关系，建立感知特征与产品特征之间的关系网络[5]（图3）。

表 2 共词矩阵

特征词	屏幕	手感	速度	外观	感觉	性价比	效果	…
屏幕		375	260	255	310	233	331	…
手感	375		265	359	239	224	127	…
速度	260	265		184	214	204		…
外观	255	359	184		176	152		…
感觉	310	239	214	176		149		…
性价比	233	224	204	152	149			…
效果	331	127						…
…	…	…	…	…	…	…	…	…

整体来看，用户对屏幕、手感、速度、外观、感觉、性价比和效果等都有一定关注。手机厂商可以根据用户的需求和评价重点来优化产品设计、提升性能和改善用户体验，以满足用户的期望和需求。

从图3语义网络中可以看出，屏幕、外观、速度、物流、质量、性价比、续航和系统等是非常重要的节点。直接与质量存在关联的有发货、性价比、速度、外观等，手机的屏幕与色彩、分辨率、效果、屏幕显示等关联密切。消费者对手机产品的感觉与屏幕、性价比、外观、续航、速度直接关联。手机的外观方面则与质感、特色、颜色、颜值关联。从速度来看，消费者对于系统、物流、发货、屏幕、购物这些方面的速度都有关注。从性价比方面，其与手机的屏幕、手感、速度、外观、感觉、系统、价格和物流均存在关联关系。整体上来看，与本文划分的 8 个维度的评价指标相似，存在少量差距是由于聚类和共现矩阵是两种不同的分析方法，它们在展示和提取信息时有不同的重点和目的。两种方法的重点不同导致它们所展示的内容存在差距。聚类分析更关注样本或指标之间的相似性和分类结果，而共现矩阵更关注指标之间的关联和共同出现模式。

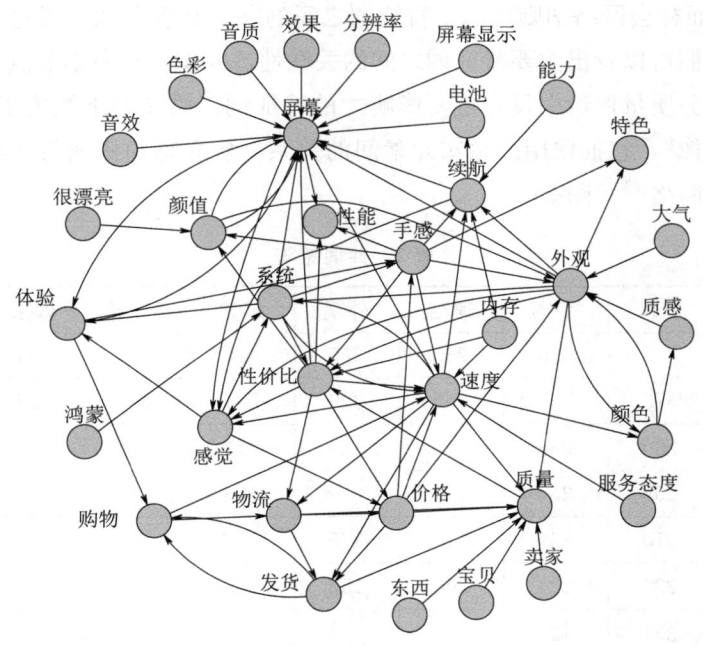

图 3　语义网络

5　基于文本情感分析的手机产品服务质量评价

使用 SVM 支持向量机进行情感分类模型的训练，使用公开数据集将数据集分割为训练集和测试集，其中 80％的数据用于训练，20％的数据用于评估模型的性能。使用 SGDClassifier 作为线性支持向量机的实现，训练一个情感分类模型。SGDClassifier 使用 hinge 损失函数和 L2 正则化，并通过迭代优化模型参数，以便将评论与情感极性进行分类。综合来看，模型的整体准确度（accuracy）为 0.92，说明模型在对情感进行分类时整体性能较好。通过宏平均（macro avg）和加权平均（weighted avg）的指标来综合考虑两个类别的性能[12]，可以看出模型的性能在两个类别之间保持较好的平衡，如表 3 所示。

表 3　情感分类模型性能

指标	精确度	召回率	F1 值	样本数量
消极评论	0.89	0.96	0.92	220
积极评论	9.96	0.89	0.93	245
准确度			0.92	465
宏平均	0.93	0.93	0.92	465
加权平均	0.93	0.92	0.92	465

使用训练好的情感模型对不同指标的评论数据进行情感分类，分类占比如图 4 所示。物流服务、电池续航两个指标受到的负面评价占比较高。手机厂商要建立高效的物流配送网络，与可靠的物流伙伴合作，此外手机发出前要增强包装材料的保护性能，完善包装结构设计，确保产品快速、准时、安全配送。电池续航方面，消费者主要的诟病为电池掉电快，充电速度慢，手机厂商要不断更新充电功率，扩大电池容量，优化系统耗电量。消费者对现有的物流服务和电池续航能力有更大的期待。

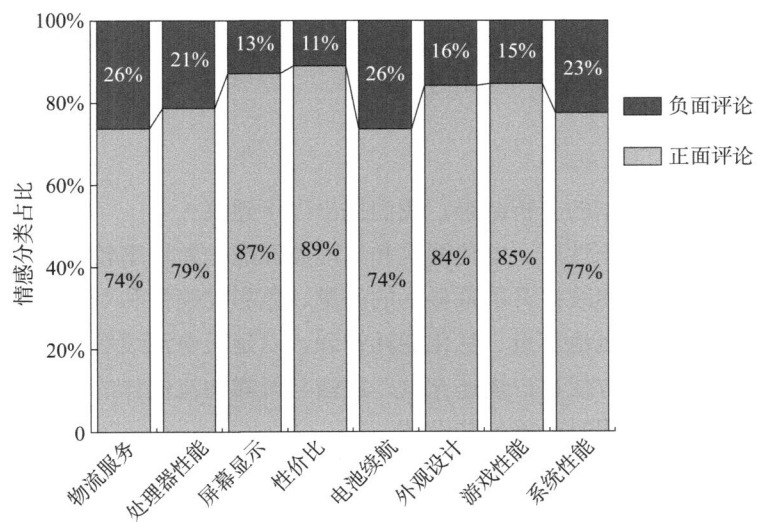

图 4　不同指标下情感分类占比

性价比、屏幕显示、游戏性能、外观设计这 4 个指标负面评价占比较低，在性价比方面，手机厂商要坚持提供性价比高的产品，将性能和质量与合理的价格相匹配。屏幕显示方面，消费者提出的负面评价主要有亮度调节不稳定、显示颜色暗沉等，厂商要引入先进的屏幕技术，提供更高的分辨率、更广的色域和更高的刷新率，优化亮度调节系统。游戏性能方面，消费者反映存在发烫、断流、卡顿问题，厂商要提供专门优化的游戏模式和功能，以提供更流畅、稳定和舒适的游戏性能。外观设计方面，消费者对产品的材质、大小等提出了问题，厂商要注重手机外观的设计和材质选择，提供精致、高品质的外观感受。考虑用户的审美需求和个性化喜好，为用户提供多样化的外观选择。

还有处理器性能和系统性能指标负面评价占比偏高。处理器性能方面存在的主要问题是卡顿和发热严重；系统性能方面存在的问题有卡顿，以及拍照效果存在锐化、噪点等。系统性能的流畅一来受到处理器性能影响，二来受到系统界面设计和内存容量等影响。厂商要选择合适性能的处理器，优化手机操作系统，提升系统的流畅度、稳定性和用户界面设计，确保操作系统能够提供良好的用户体验、简单易用的界面和稳定的性能。拍照方面手机厂商可以不断改进图像处理算法，以提高照片的色彩还原、动态范围和对比度等方面的表现。通过智能算法的运用，可以使照片更加自然、真实，并减少噪点和失真等问题[13]。

6 建议与总结

6.1 建议

基于对评论数据的分析结果，我们提出以下建议：

物流服务、系统性能、电池续航和处理器性能是差评率较高的指标。因此，手机厂商可以继续提升屏幕显示的质量、色彩准确性和对比度；加强处理器的性能；增加电池容量、优化能耗管理，以延长电池续航时间，同时提供快速充电技术，方便用户快速充电；加强与可靠物流伙伴的合作，提高配送速度和准确性，同时改善包装设计。

为了进一步提高产品的市场竞争力并增强用户满意度，针对性价比、屏幕显示、游戏性能和外观设计方面的潜在改进，建议手机制造商采取以下策略：在性价比方面，维持对高性价比产品的承诺，确保每单位货币投入都能为用户提供最佳的性能和品质，以满足用户对价值最大化的期望。在屏幕显示方面，采纳最新的屏幕技术，提升屏幕的分辨率、色域和刷新率，同时对亮度调节系统进行微调,以消除亮度波动等问题,从而显著提高用户的视觉享受。在游戏性能方面,开发专属的游戏优化方案,确保游戏运行时的流畅性、稳定性和舒适性,有效解决设备过热、网络断连和游戏卡顿等问题,以满足硬核玩家对极致游戏体验的追求。在外观设计方面,投入更多关注,选择高质量的材料,并提供精致的设计方案,同时考虑用户的审美偏好和个性化需求,推出多样化的设计选项,以吸引更广泛的消费群体。通过实施这些精准的改进措施,手机制造商不仅能够提升其产品的市场竞争力,还能够增强用户的整体满意度,从而在激烈的市场竞争中脱颖而出,扩大其市场份额。

此外,售后服务和用户教育也是重要的改进方向。建立健全售后服务体系,提供快速响应和解决用户问题的渠道。

6.2 总结

本文选取京东平台评论文本作为研究数据,对文本信息进行量化,使用 K-means 聚类方法得到消费者关注的 8 个手机产品服务质量评价指标,根据评论数量由高到低依次为物流服务、系统性能、处理器性能、性价比、屏幕显示、外观设计、游戏性能、电池续航。使用训练 SVM 情感分类模型,对比 8 个指标的消费者评价情况,发现物流服务、系统性能、电池续航和处理器性能是差评率较高的指标。根据分析结果,为提升相关手机产品服务质量提出了相关建议。本文的研究仍存在一定的局限性,同一条评论中可能存在多个评价指标,对整体评论进行情感分类时无法准确地进行区分,后续研究中可以加入细粒度的情感分析。

参考文献

[1] ZHANG Y, LI Z. Analysis of the factors that influence online reviews helpfulness: based on the regulating effect of product type[J]. Management review, 2016, 28(10): 124-133.

[2] ZHANG Z, LUO T. Product demand analysis based on online review data mining and kano model[J]. Management review, 2022, 34(11): 109-117.

[3] ZHANG Y, LI H, ZHAI Q, et al. Research on the usefulness of online review based on fuzzy TOPSIS analysis: a case study of amazon's mobile phone review[J]. Library and information service, 2016, 60(13): 109-117, 125.

[4] YANG C, TAN K, YU C. Mobil phone product improvement based on big data of

commen[J]. Computer integrated manufacturing systems,2020,26(11):3074-3083.

[5] CHU D,WANG W,MU Q. Research on product perceived value dimension based on LDA and semantic network[J]. Packaging engineering,2023,44(S1):47-55.

[6] LI H,CAO Y,SHEN W,et al. User demand based on LDA subject identification and kano model analysis[J]. Information science,2021,39(8):3-11,36.

[7] GUAN Q,DENG S,WANG H. Chinese stopwords for text clustering:a comparative study[J]. Data analysis and knowledge discovery,2017,1(3):72-80.

[8] WANG C,CHEN J,FU Z,et al. Evaluation model of urban rail transit service quality based on social network data[J]. Journal of railway science and engineering,2023, 20(5):1871-1879.

[9] LI Y,CAO H. Collaborative filtering recommendation algorithm based on PCA dimension reduction[J]. Computer technology and development,2016,26(2):26-30.

[10] BRO R,SMILDE A K. Principal component analysis[J]. Analytical methods,2014, 6(9):2812-2831.

[11] LI N,LU H. Regionalization method for water resources utilization based on cluster analysis[J]. Journal of shenyang university of technology,2021,43(4):425-431.

[12] LIU J,FENG Y,LIU L,et al. Structural recognition of abstracts of academic text enhanced by domain bilingual[J]. Data analysis and knowledge discovery,2023,7(8): 1-15.

[13] MA L,MA T,LIU R. The review of low-light image enhancement[J]. Journal of image and graphics,2022,27(5):1392-1409.

基于扎根理论的制药企业质量管理关键要素研究
——以扬子江药业为例

冯磊[a]，倪渊[b,*]

北京信息科技大学经济管理学院，北京，中国

[a] 2022020783@bistu.edu.cn，[b] niyuan230@163.com

*通讯作者

摘要：为了建设质量更有保障的制药企业，更高效地利用我国中医药资源力量，要凝结具有先进性的企业经验。因此，本文以扬子江药业集团有限公司为例，基于知网文献进行总结后，依据扎根理论进行三级编码，探究制药企业质量管理关键要素。研究发现，"质量""管理"和"企业"为制药企业质量管理的关键要素，制药企业在质量管理过程中应着重考虑。

关键词：制药企业；质量管理；扬子江药业

Research on Key Elements of Quality Management in Pharmaceutical Enterprises Based on Grounded Theory
——Taking Yangzijiang Pharmaceutical as an Example

Feng Lei[a]，Ni Yuan[b,*]

School of Economics and Management，Beijing Information Science and Technology University，Beijing，China

[a] 2022020783@bistu.edu.cn，[b] niyuan230@163.com

*Corresponding author

Abstract：In order to build pharmaceutical enterprises with more guaranteed quality and make more efficient use of Chinese medicine resources，it is necessary to condense the experience of advanced enterprises. Therefore，this paper takes Yangzijiang Pharmaceutical Group Co.，Ltd. as an example，based on the summary of HowNet literature，and explores the key elements of quality management of pharmaceutical enterprises by three-level coding according to grounded theory.

It is found that "quality", "management" and "enterprise" are the key elements of quality management in pharmaceutical enterprises, which should be considered emphatically in the process of quality management.

Keywords：Pharmaceutical enterprises；Quality management；Yangzijiang pharmacy

1 引言

在当前全球制药市场竞争激烈的背景下，制药企业质量管理成为保证产品质量和市场竞争力的关键因素。制药企业质量管理对于确保药品的有效性、稳定性和安全性至关重要。它有助于预防和减少药品质量问题的发生，确保患者的用药安全，维护制药企业的声誉，并满足监管机构的要求。由此可见，在现代制药业中，保证产品质量和合规性不仅是制药企业的责任，也是关系到患者生命安全的重要因素。基于扎根理论的制药企业质量管理关键要素研究可以为企业提供指导，使其在质量管理方面更加有效和可持续。

扬子江药业作为我国名列前茅的中药制造商，为我国的中成药做出了巨大贡献，作为一家在制药行业具有良好声誉和广泛影响力的企业，扬子江药业通过不断改进质量管理实践，实现了持续的质量提升和市场竞争力的增强，扬子江药业的质量把控也吸引了大量的研究力量。因此，本文拟以扬子江药业为例，通过深入研究扬子江药业的质量管理实践，基于扎根理论结合 citespace 对药业质量影响因素进行探索。

2 文献回顾——基于 citespace 的文献回顾

2.1 文献总体描述

本文基于知网对"扬子江""制药企业"和"质量管理"等关键词进行全文检索，共检索到 1992 篇相关结果，对相关结果进行手动识别，共确定相关文献 18 篇作为扎根的材料。根据发文量年度趋势（图 1）和文献主要主题分布（图 2）可以看出，首先，发文量年度趋势处于相对稳定的水平。其次，制药企业的研究热点主要围绕着"GMP""制药企业""质量管理"等关键词。依据世界卫生组织的定义，"GMP"指的是指导食物、药品、医疗产品生产和质量管理的法规。

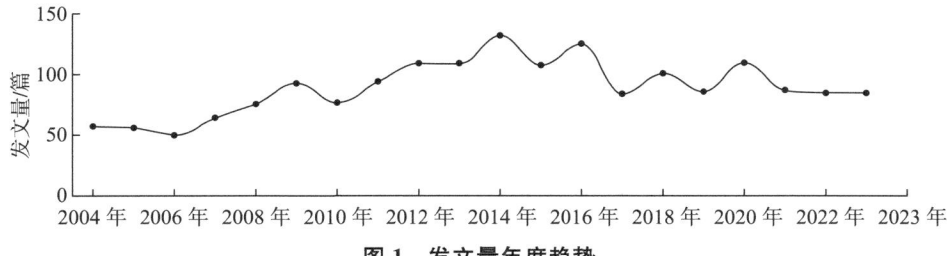

图 1　发文量年度趋势

数据来源:文献总数:1992 篇;检索条件:[全文＝"制药企业"or V_TEXT＝xls("制药企业")]AND[主题％＝"质量管理"or 题名％＝"质量管理"or title＝xls("质量管理")or v_subject＝xls("质量管理")];检索范围:期刊。

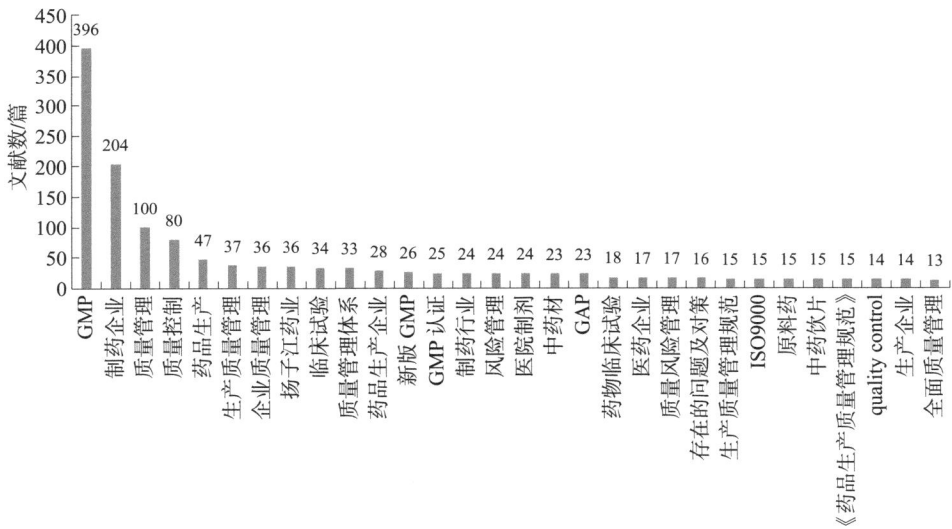

图 2　文献主要主题分布

梁毅等对于制药企业的质量管理具有较大贡献,他曾启发性提出控制图在药品生产质量趋势分析及异常定位管理中的应用[1],并对全面质量管理与 GMP 进行了比较分析;邵蓉等曾指出我国药品集团采购模式发展现状及市场化 GPO 路径探索[2];王华等介绍了全球医药市场及药品研发现状,对医药产业的机遇和挑战提出了建议,指出要加大药品研发投入、提高企业药品研发能力、加强药品知识产权保护等。

制药企业质量管理是确保药品质量和安全性的重要环节。根据图 3、图 4 中 citespace 输出的可视化结果可以发现,许多学者对于制药企业质量管理的研究主要集中在"药品""质量控制""原料药"等关键领域。当前的研究涵盖了药品生产、质量控制、合规性、供应链管理和质量体系建设等方面，旨在确保药品符合相关法规和标准要求的同时，确保用户的使用安全。

Visible	Count	Central...	Year	Keywords
☑	48	0.07	2015	质量控制
☑	38	0.07	2016	质量管理
☑	26	0.05	2016	制药企业
☑	16	0.05	2020	药品
☑	15	0.00	2015	医药企业
☑	10	0.05	2020	药品生产
☑	9	0.06	2015	原料药
☑	8	0.00	2015	小组活动
☑	7	0.00	2021	风险评估
☑	7	0.00	2020	药品研发
☑	6	0.00	2020	quality control
☑	5	0.03	2020	风险管理
☑	5	0.03	2020	药品质量
☑	5	0.00	2020	对策
☑	5	0.00	2021	药物警戒
☑	5	0.00	2020	建议
☑	5	0.00	2015	医药行业
☑	4	0.00	2020	pharmaceutical industry
☑	4	0.00	2020	现状
☑	4	0.00	2017	医药产业
☑	4	0.01	2020	缺陷
☑	4	0.00	2020	临床试验
☑	4	0.00	2017	残氧量

图 3　citespace 关键词热点分布

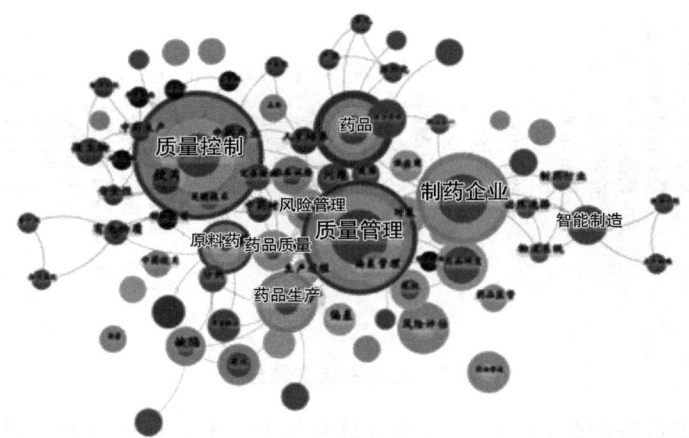

图 4　citespace 制药企业研究热点

2.2　研究案例确定

关于扬子江药业的有关文献多来自于扬子江药业集团有限公司、天津大学等，分别对发展战略研究、营销策略研究、质量管理研究等领域进行了探讨。其中，张泽帅等基于 QBD 理念探索了中药生产全过程的质量控制策略[3]。吴佳男对运营＋绩效的质量管理范式进行了分析与整理[4]。李江等对扬子江药业的高质量发展之路进行了总结和概括[5]。尽管在制药企业的质量管理等各方面都有一定的研究基础，但是本文想要在原有基础上进行进一步的总结和概括，得出具有企业特色的理论。

进一步研究可以直观地发现，扬子江药业在国药中处于领先水平，对于国药的发展有很大的参考价值。许多学者对扬子江的发展战略、营销策略进行了研究。与此同时，扬子江股份有限公司作为药业的制造公司，也走出了质量领先、产学研相结合的特色发展之路。所以，可以发现对于扬子江的质量管理重点要素的研究具有重要意义。

3 基于扎根理论的研究方法与研究过程

3.1 研究方法与研究设计

首先，从研究方法上来讲。想要探究制药企业质量管理的关键要素可以从优秀企业着手，对其质量管理战略和日常管理进行凝练、总结。因此，本文采用扎根理论对相关研究进行质性分析，从文献资料中自下而上地总结结论。本文按照扎根理论研究程序（图5）对制药企业的质量管理关键要素进行分析和总结、凝练。研究采用开放编码、主轴编码、选择编码的步骤来进行定义和凝练制药企业质量管理的关键要素。通过基于扎根理论的制药企业质量管理关键要素的研究，找出真正的质量管理关键要素。

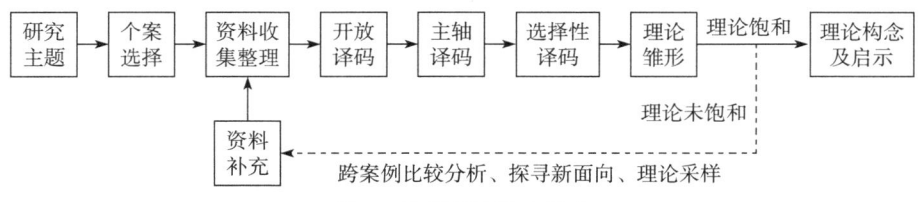

图5 扎根理论研究程序

其次，对于本文的研究设计来说，本文基于知网查询文献，并对文献进行初步筛选。第一步，根据扎根理论，应用Nvivo12程序，对选定的文章进行三级编码；第二步，检查理论是否饱和，如果饱和则得出结论，如果未饱和，则重复收集资料、进一步编码。

第一步，对于所选文章做词云分析，可以得到词云分析图，根据图6可以知道，扬子江药业的质量把控大体可能分布在医院、检测、管理、配方等方面。在此基础上，对相关文章做出进一步分析和编码。

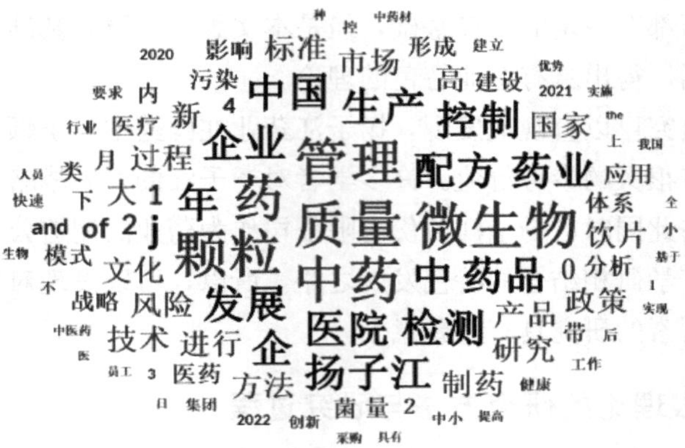

图 6　扬子江药业质量管理词云

第二步，选定研究主题为制药企业质量管理关键要素研究，确定扬子江药业作为本文的研究案例。

第三步，通过多渠道整理和收集相关数据和文献，本文主要采用文献分析的方法。通过 citespace 等对收集的文献和资料进行初步的整理和分析，主要是识别主题相关性和案例相关性。

第四步，对文献进行编码，采用 Nvivo12 软件对选定的文献进行编码。编码过程中遵循事实原则，遵循科学的研究步骤，即按照开放编码、主轴编码、选择性编码的步骤。

第五步，检验理论饱和程度，如果理论饱和，得出研究结论，如果理论不饱和，继续收集资料，重复以上第三步和第四步，对理论进行完善和饱和。材料充足的前提下，还可以进行跨案例比较，以充实理论。

3.2　开放编码

对所选文章进行开放编码，这一步骤通过对文章进行粗略编码，对资料进行抽象化[6]。根据文章所描述的事实，对其进行打破、揉碎并重新组合。从本文选定的 18 篇文献中抽取了"质量""企业""管理""中药""发展"等概念。

通过对开放编码的概念进行初步的处理，可以得出有关"质量"和"管理"的范畴，本文得到关于质量的范畴包含"高质量""质量管理体系""产品质量""质量风险管理""质量发展""药品质量风向""质量理念""质量标杆"等相关范畴。经整理得出的管理范畴包含"企业质量管理""质量管理体系""质量管理人员""质量管理理念""质量管理模式""管理制度"

"动态管理""驱动质量管理"等相关范畴。

我们可以初步看到,以扬子江药业为例的制药企业质量管理关键要素包含质量控制、质量理念、高质量等。本部分的开放编码为进一步提炼质量管理关键因素打下了基础,开放编码结果如图7所示。

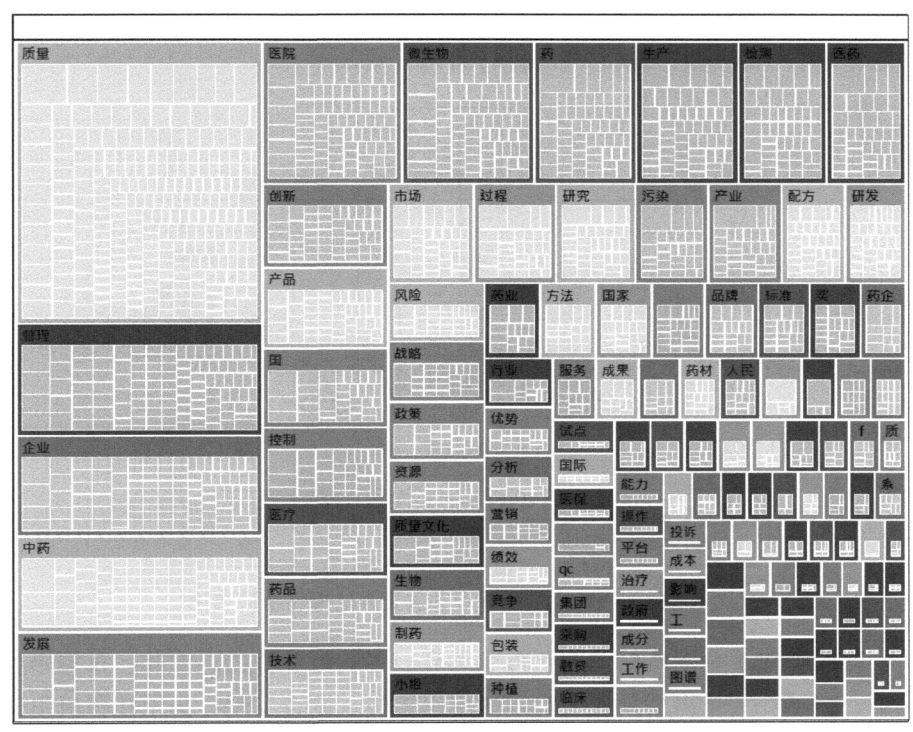

图7　开放编码结果

3.3　主轴编码

在上一步开放编码中,本文将扬子江药业质量管理相关文献进行了初步的概念化,将大量的文献资料用简单的文字进行了概括性的描述。在主轴编码的过程中,本文的目的是,在上一步的基础上对"质量管理""制药企业""扬子江"等关键词进行进一步的提炼。在此目标的指导下,本文通过对所选取文献的逐行逐句编码、比较和整理,最终在本步骤中,将上述编码过程中的主题范畴进行了简化,经过迭代和反思选定了"质量""管理""企业""质量文化""中药""发展"6个主题范畴。

3.4 选择性编码

选择性编码的目的是在主轴编码识别了关键范畴后，进一步确定核心范畴，并建立或找到范畴之间的相互联系。围绕"制药企业质量管理关键要素"的主题，进行进一步的探讨和挖掘，确定"质量""管理""企业"3个核心范畴，围绕这三大核心范畴进行编码（图8）。

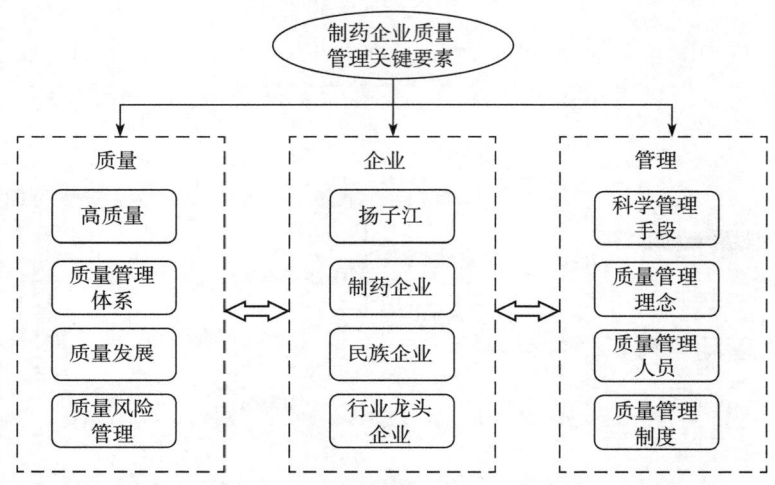

图 8　扬子江药业质量管理关键要素选择性编码结论

首先，对于企业所处的制药行业具有一定的行业特色。因此，在编码过程中，扬子江大量出现并成为客观的编码事实。调查发现，扬子江积极引进先进的设备和技术、积极采用先进的生产设备和质量检测技术，不断提高生产线的效率和产品质量。这些设备和技术的引入使得扬子江能够更好地控制产品的质量，提供更可靠和一致的产品。同时，为了确保产品质量，扬子江采用了严格的质量监控和检测方法。他们投入了大量资源用于质量检验设备和实验室，并且实施了全面的检测程序，以确保产品在生产过程中的每个环节都符合质量标准。扬子江重视顾客需求，建立了强大的顾客反馈机制。他们通过收集顾客的意见和建议，并及时做出改进。通过不断改进产品质量和提供优质的售后服务，扬子江成功提高了顾客满意度。

其次，质量管理的关键要素包含高质量、质量管理体系、质量发展、质量风险管理等。根据文献分析可以知道，扬子江自上而下都严格把控质量，将质量视为首要的企业战略因素。扬子江秉持着"高质惠民树品牌"的品牌发展之路[7]。由于行业的特殊性,生产的产品直接关系到人民群众的身体健康,坚持把质量做好才能被认可的企业理念[8]。

再次,在质量把控的过程中,涉及相关的质量管理观念,包含科学管理手段、先进的质量管理理念、杰出的质量管理人员,以及完善的质量管理制度。其中,包含扬子江提出的"质量为先、坚守匠心"等先进理念。

最后,"企业""质量""管理"3个因素之间互相联系、互相补充。每个企业具有每个企业的鲜明特色,作为行业内的领先企业,扬子江具有自己的质量管理风格,如特色的质量管理体系、质量发展理念。值得一提的是高质量引领企业发展的特色和基础路径。

3.5 理论饱和度检验

重新补充资料后遵循上述步骤,继续编码得到共性因素,并对差异因素进行审慎辨析,根据阶段性结论的不足继续采样,补充文献后再次进行编码,直至理论饱和。最终得出3.4选择性编码所示结果,形成基于扎根理论的、以扬子江药业为例的、制药企业质量管理关键要素的模型总结。

4 研究结论与不足

4.1 研究结论

通过文献分析和扎根理论的高度概括与分析总结,本文提炼出制药企业的质量管理关键要素,包含企业、质量、管理等3个关键要素。首先,企业要树立正确的使命、愿景、价值观,在上层建设时就要打好基础。其次,对于质量方面,有条件的要紧扣法规和生命安全的需求,建设质量体系,做好质量基础工作。在质量管理过程中,要做好企业的质量文化建设,做好质量风险管理,优化质量体系,紧抓时代特色,建设具有数据驱动的质量管理体系,同时要将质量管理与供应链管理相结合,做好全链条的质量管理,提高供应链的质量和安全性。

(1)企业是质量管理的核心因素

由于企业所处的行业和制造的产品具有一定的差异性,因此造成了质量管理的差异性,但是在质量管理方面都是相通的。企业都可以通过提供高质量的产品或服务,增加客户满意度,提高效率和降低成本,建立企业声誉,并符合法规和标准,实现可持续发展和成功。

（2）质量管理，在质量重管理

质量管理是企业管理重要的管理领域，在质量管理的过程中，质量是要达到的目标，但是也要重视过程的管理和可控。可以以顾客为导向，持续不断地改进，以便达成目标[9]。可以通过追踪和分析数据、借鉴最佳实践，不断改进企业的质量。重视企业的质量结果，但是也要重视过程管理，只有过程管理达到相应的指标和标准才能够降低企业成本，提高企业绩效。在管理的过程中应多注重采用科学的方法和工具。

根据研究结论针对制药企业提出以下几点建议：首先，要提高基础设施质量，为质量管理做好保障工作，如数字化基础设施的建立和完善，充分利用先进的科学技术对药品研究等进行科学管理，有条件的企业可以建设数字化工厂[10]。其次，要提升企业品牌实力，注重以顾客为导向，作为治病救人的制药企业，要建立品牌背书，成为顾客信任的品牌。最后，注意从原材料到出厂包装等整个供应链质量安全保障管理。同时，要做好企业质量风险管理，让用户没有后顾之忧。

4.2 不足

首先，由于文献资料资源的有限性，本文可能存在调查不充分的问题，有望在进一步的研究中进行补充和完善。其次，基础知识储备缺乏造成了一定的局限性。希望在未来研究中可以进行查漏补缺。同时，由于理论方法和实际操作等因素的限制，最终导致了结论的不足。最后，可能在研究中存在着一些潜在的误导与错误，造成了依赖有限的数据和信息进行了评估。因此，在后续的研究中有望开展更高质量的研究来弥补本次研究的空白。

参考文献

[1] LIANG Y, SUN H, SHEN Q. Application of control chart in quality trend analysis and abnormal location management of pharmaceutical production[J]China pharmacy, 2016, 27(10):1297-1301.

[2] SHAO R, XIE J, WANG W, et al. The development status of Chinese drug group purchasing model and the exploration of market-based GPO path[J]. China health insurance, 2023(3):19-25.

[3] ZHANG Z, XIE M, LI Z, et al. Discussion on microbial quality control strategy in whole process of Chinese materia medica production guided by concept of QbD[J]. Chinese journal of experimental traditional medical formulae, 2023, 29(4):176-184.

[4] WU J. Deepening "operation+performance" to create a new paradigm of quality management[J]. Dean of China hospital,2019(23):44-47.

[5] LI J,RUI B. Yangzijiang pharmaceutical:seeking progress,exploring high-quality development[J]. Shanghai enterprises,2020(2):22-25.

[6] LIU T. A research on the influencing factors and governance strategies of social responsibility of pharmaceutical enterprises based on grounded theory[D]. Shijiazhuang:Hebei GEO University,2019.

[7] LIN B,XU K,LIU X,et al. Experience of quality culture construction of Yangzijiang Pharmaceutical Group[J]. China quality,2020(12):50-54.

[8] LIU L,LUO J. Quality "cheats" of Yangzijiang Pharmaceutical Industry[J]. China brand,2016(1):84-86.

[9] HE Z. Six sigma management[M]. 3rd ed. Beijing:Renmin University of China Press,2014.

[10] XU X. Research on digital transformation strategy and implementation of pharmaceutical enterprises[D]. Chengdu:University of Electronic Science and Technology of China,2023.

基于主题图谱方法构建电影价值评估指标体系

李晓娜[a],倪渊[b,*]

北京信息科技大学经济管理学院,北京,中国

[a] lixiaona99913@163.com,[b] niyuan230@163.com

*通讯作者

摘要:[目的/意义]基于主题图谱的方法构建电影评论共现网络,提取指标要素,构建电影作品价值评估指标体系,有助于电影产业界、学术界和决策者更好地了解电影的价值,促进电影产业的可持续发展。[方法/过程]首先,基于价值链理论构建电影作品价值链;其次,通过构建电影评论共现网络挖掘核心价值要素,分析核心价值要素间的关联关系,结合电影作品价值链归纳形成电影价值评估指标体系;最后,通过因子分析验证指标体系结构的合理性,并筛选63部电影应用本指标体系来进行价值得分计算。[结果/结论]基于主题图谱方法构建电影价值评估指标体系能够在数据驱动下有效挖掘指标要素,使指标体系更具有可解释性和客观性,为电影价值评估提供了新思路。

关键词:主题图谱;共现网络;电影价值评估;指标体系

The Evaluation Index System of Film Value is Constructed Based on Subject Graph Method

Li Xiaona[a],Ni Yuan[b,*]

School of Economics and Management, Beijing Information Science and Technology University, Beijing, China

[a] lixiaona99913@163.com,[b] niyuan230@163.com

*Corresponding author

Abstract:[Objective/Significance] To construct the film review co-occurrence network based on the subject map method, extract the index elements, and construct the evaluation index system of film works, which is helpful for the film industry, academia and decision makers to better understand the value of the film, and promote the sustainable development of the film industry. [Method/Process] Firstly, the value chain of film works is constructed based on the value chain theory. Then, through the construction of film review cooccurrence network, the core value elements are mined, the correlation between the core value elements is analyzed, and the film value evaluation index system is concluded by combining the film value chain. Finally, factor analysis is used to verify the rationality of the index system structure, and 63 films are selected to calculate the value of the index system. [Result/Conclusion] The thesis proposed to construct the film value evaluation index system based on the subject graph method, which can effectively mine the index elements under the data drive, make the index system more interpretable and objective, and provide a new idea for the film value evaluation.

Keywords: Theme map; Co-occurrence network; Film value evaluation; Index system

1 引言

电影产业作为文化产业的一个重要组成部分，其发展与经济和文化的发展密切相关。随着市场经济的发展和社会文化的多样化，电影市场也呈现出多元化和复杂化的趋势。电影的价值评估涉及多个方面，包括票房收入、口碑评价、奖项评选等多个指标。不同的指标反映了电影在市场、艺术等多个维度上的表现。因此，建立一个科学、全面的电影价值评估指标体系，对于推动电影产业的发展，提高电影质量，促进文化艺术繁荣具有重要意义。在这个背景下，如何对电影进行价值评估成为一个非常重要的研究方向。而随着人工智能和自然语言处理技术的发展，通过分析文本中的实体和关系来提取主题信息是十分有价值的，因此基于主题图谱方法的电影价值评估指标体系逐渐成为一种新的评估方法。

本文旨在探讨如何构建基于主题图谱方法的电影价值评估指标体系。首先，本文将介绍现有电影价值评估研究。其次，本文将探讨如何利用主题图谱提取电影中的主题信息，并将这些信息转化为电影的价值评估指标。最后，对指标体系进行结构性验证并对构建的指标体系进行应用。本文的研究目的是提供一种科学、全面的电影价值评估方法，帮助电影产业界、学术界和决策者更好地了解电影的价值，促进电影产业的可持续发展。

2 相关研究

电影是一门由照片拍摄技术和放映技术相结合的，使之可以播放连续的影像的现代艺术。同时它也是一门可以容纳戏剧、摄影、绘画、音乐、舞蹈、文字、雕塑、建筑等多种艺术的现代科技与艺术的综合体。已有学者主要从票房收入及后续衍生价值角度建立电影价值评估指标体系，分成4种不同观点，具体如表1所示。徐墨清[1]从电影作品本身出发，考虑电影制作过程中的各项影响因素导致票房收入的变化；Feng等[2]从电影指标、在线指标、IP特点3个方面选择13个票房影响因素构建中国电影影响因素指标体系。姜晓双[3]将影响电影票房因素分为上映前因素和上映后因素，依此对票房收入进行预测。马琳[4]在电影票房影响因素中加入了期权价值因素，对电影上映后是否能够拍摄投资系列续集电影且产生的价值进行定量分析。随着数字技术的爆炸式增长和发展，电影消费者可以跨越时空表达对产品的看法或态度。因此，近年来，在线评论形式的电子口碑呈指数级增长。许多研究人员研究网络口碑指标对票房表现的影响。随着大数据技术的发展，越来越多的学者将社交媒体和数字营销活动作为预测票房的影响因素[5]。Qi等[6]研究了在数字经济时代背景下影响电影票房的因素。总体而言，传统的票房预测研究将预算、演员、导演、制片人、故事地点、编剧、放映时间、音乐、放映地点、目标观众和续集等因素作为变量。基于数字化转型背景的研究将影响因素延伸至社交媒体话题、搜索引擎、营销活动等具有数字消费内涵特征的变量。

表1 电影价值评估相关研究

作者（年份）	划分维度	具体维度
徐墨清（2019）	作品因素	导演、编剧、演员、剧本、场次、电影类型、系列续集和电影档期
Feng等（2018）	电影指标、在线指标、IP特点	电影类型、生产地区、演员、档期 媒体关注度、网络关注度、互联网口碑 IP类型、IP得分、IP影响

续表

作者（年份）	划分维度	具体维度
姜晓双（2019）	上映前因素、上映后因素	熟悉程度、投资规模、主创阵容、技术效果、电影类型、档期、电影评分 放映影院数、放映场次、排座情况、票价
马琳（2022）	票房因素、期权价值因素	导演评分、演员评分、剧本质量、电影档期、电影制作、电影类型 拍摄投资系列续集电影形成的价值
Ma（2019）	电影动态评论因素	网友评论、观众评论
Qi 等（2021）	消费者、电影作品、数字环境	消费者个人类型偏好 电影主创团队特点 数字经济时代环境特征

3. 电影价值评估指标体系构建

3.1 基于价值链理论的电影价值解构

3.1.1 价值链理论的适用性分析

价值链的含义可以概括为：第一，企业各项活动之间都有密切联系；第二，每项活动都能给企业带来有形或无形的价值；第三，价值链不仅包括企业内各链式活动，还包括企业外部活动。对于电影作品，首先，其涉及的各项活动都紧密联系；其次，从创作到发行、后续衍化都会产生价值，且可以进行传递或增值；最后，电影作品的受众是广大消费者，其消费行为、评价反馈作为外部活动都对电影的价值有所影响。因此，基于价值链理论，将电影作品涉及的相关活动流程视为一条完整的价值链，总体上把握其价值流动链条及内在机制是合理且契合的。

3.1.2 电影价值特征

基于价值链理论和电影作品的整体流程，构建电影作品价值链，其划分为价值链上游、价值链中游和价值链下游。

第一阶段为价值链上游，此阶段进行电影作品创作，参与主体为创作者。创作者通过剧本创作、拍摄制作、角色演绎等环节将其创意进行表达，形成作品。

第二阶段为价值链中游，即电影作品制作发行阶段，参与主体为平台，包含制片公司、出品公司和发行公司。通过筹资、影片制作、发行放映、推广营销等环节对影视作品进行商业化投资开发，形成某种意义上的"商品"。

第三阶段为价值链下游，此阶段的参与主体为消费者，可通过线上线下观看电影并在社交媒体或售票平台评价电影。电影作品价值链如图1所示。

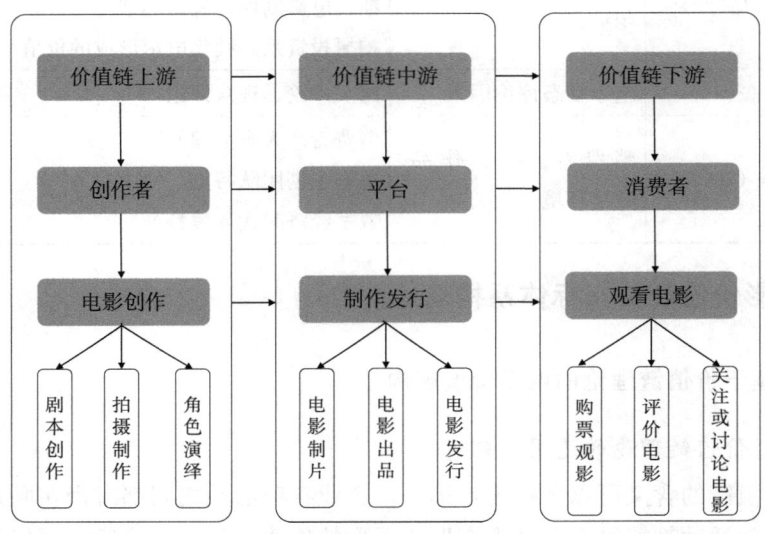

图 1 电影作品价值链

基于电影作品价值链的构建，可以归纳得出创作者、平台、消费者各自的价值表现，如表2所示。

表 2 电影作品价值表现

一级指标	二级指标
创作者	编剧价值
	导演价值
	演员价值
平台	开发价值
消费者	票房收入
	关注度

3.2 基于数据驱动的电影价值评估统一表示模型

3.2.1 电影指标主题图谱构建

电影价值图谱的构建主要可分为数据获取和预处理、文本聚类、可视化分析及指标体系构建 4 个步骤，具体如下：

①数据获取和预处理。搜集网络上对各种电影的评价，建立电影评价数据集，并进行停用词剔除，使用 Jieba 分词对文字资料进行分词，使用 TF-IDF 算法确定主题词，并提取出词之间的共同出现的次数。

②文本聚类。首先，利用 K-means 算法基于文本主题词余弦相似度进行本文聚类。然后对文本中重复主题词进行去重，并将结果进行摘要，进一步提取核心信息。

③可视化分析。通过 Vosviewer 软件，构建主题图谱，将主题词之间的共现关系进行可视化展示。

④指标体系构建。将文本聚类后得到的聚类簇进行筛选与归纳，将其与已有指标进行对应，并进行调整完善，构建电影价值评估指标体系。

3.2.2 数据来源

随着互联网的发展，网民在电子商务和社交媒体网站上产生、传播和分享了大量的评论。这些评论通常直接表明用户对产品或服务的看法，因此网络用户在线评论的挖掘对提高营销策略具有重要价值[7]。本文选取豆瓣电影这一国内电影评价的主流平台的在线评论作为数据来源。本数据集的数据是从豆瓣抓取的 1685 条用户电影评价数据，通过剔除缺失值和电影评价相关度低的数据，最终筛选出 900 条数据。

3.2.3 核心价值要素挖掘

对电影相关数据按照构建流程处理后，生成了主题词共现网络，如图 2 所示。

3.2.4 电影价值评估要素关联关系分析

按照电影作品价值图谱构建的步骤，最终可以得到绘画作品的主题词共现网络。通过设定阈值进行筛选，最终总共将 234 个实体聚成了 14 类。通过对主题图谱的聚类簇进行分析，抽取出对应聚类簇中的代表性特征词（表 3）。

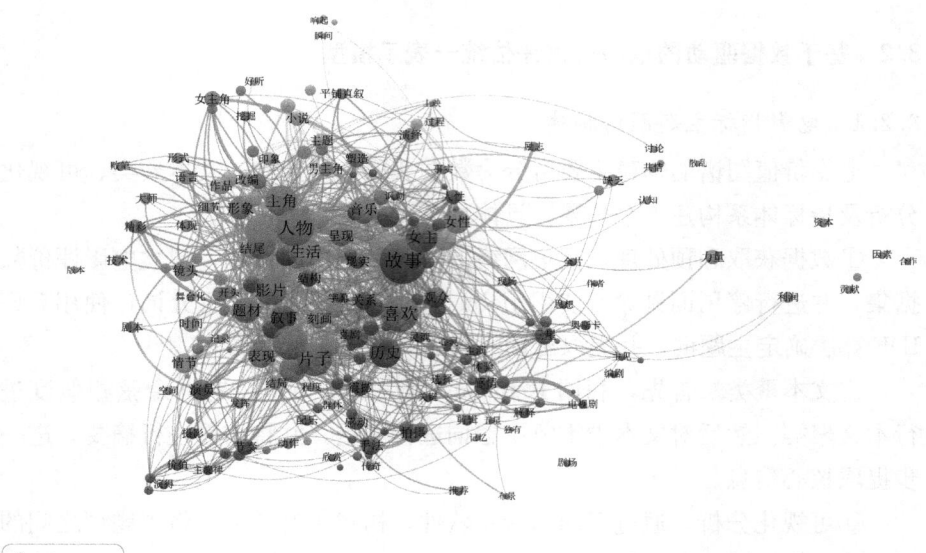

图 2　电影指标主题词共现网络

表 3　电影评论主题聚类与识别指标匹配

聚类编号	聚类实体	聚类簇重命名	二级指标
1	剧情、描写、解读、台词	剧本质量	编剧价值
2	表演、男主、男主角、戏份、造型、镜头	演员影响力	演员价值
3	拍摄、手法、画面、视角、色调、布景、影像	拍摄水平	导演价值
4	成本、资本、资源、贡献	出品价值	开发价值
5	编剧、好剧本、价值观	编剧口碑	编剧价值
6	主角、女主角、演绎、塑造、人物	演员口碑	演员价值
7	剪辑、海报、感观	制片价值	开发价值
8	利润、票价、买票	总票房	票房收入
9	影院、上映、排片	发行价值	开发价值
10	共鸣、观众、解读、影响、欣赏	上映后关注度	关注度
11	节奏、结构、流水账、叙事	导演口碑	导演价值
12	预售、刚上映、公映	首周票房	票房收入
13	期待、宣传、预告片、想看	上映前关注度	关注度
14	首映、路演、精彩、预想	上映当天关注度	关注度

3.3 电影价值评估指标体系构建

3.3.1 电影价值评估指标体系

通过电影作品评估要素关联分析,基于电影作品价值链,将价值链对应的参与主体作为一级指标,逐步解构,构建电影价值评估指标体系,其中包括一级指标 3 个、二级指标 6 个、三级指标 14 个,具体如表 4 所示。

表 4 电影价值评估指标体系

一级指标	二级指标	三级指标	变量	指标含义及计算方法
创作者	编剧价值	剧本质量	x_1	编剧们历史平均总票房
		编剧口碑	x_2	编剧们历史平均豆瓣评分
	导演价值	拍摄水平	x_3	导演们历史平均总票房
		导演口碑	x_4	导演们历史平均豆瓣评分
	演员价值	演员影响力	x_5	主演们历史平均总票房
		演员口碑	x_6	主演们历史平均豆瓣评分
平台	开发价值	制片价值	x_7	制片公司历史平均总票房
		出品价值	x_8	出品公司历史平均总票房
		发行价值	x_9	发行公司历史平均总票房
消费者	票房收入	总票房	x_{10}	上映后总票房
		首周票房	x_{11}	上映后首周票房
	关注度	上映前关注度	x_{12}	上映前 7 天全端百度搜索指数
		上映当天关注度	x_{13}	上映当天全端百度搜索指数
		上映后关注度	x_{14}	上映后 7 天全端百度搜索指数

3.3.2 指标解释

从创作者、平台、消费者这 3 个指标维度来构建电影价值评估指标体系。

(1)创作者维度

在创作阶段,选取编剧价值、导演价值与演员价值 3 项指标作为电影作品创作者维度的价值评估指标。

编剧价值。一部好的电影从内容、故事情节到人物刻画都离不开编剧的创作,只有好的编剧才能创作出有艺术感染力的电影作品,这样导演加上自己的艺术视觉,才能完整地将电影作品展现在观众面前。剧本是电影的基础,编剧是为电影作品打基础、定基调的角色,可以通过编剧的影响力、口碑评价来衡量编剧价值。

导演价值。在电影作品的创作过程中，导演是创作影视作品的组织者和领导者；是借助演员表达自己思想的艺术家；是把影视文学剧本搬上荧屏的总负责人。作为影视创作中各种艺术元素的综合者，导演有着整合资源、统筹规划的职责。因此，导演的能力、影响力和经验是十分重要的。可以通过导演的影响力、口碑评价这两个方面来衡量导演价值。

演员价值。对观众来说，演员是观众接触故事、人物最直接的方式，演员的表演直接影响着观众对影片故事、主题、人物的观感，同时演员的个人影响力与个人经验也会对电影作品产生重要影响。演员的价值可以通过影响力、口碑评价来进行衡量。

（2）平台维度

支持电影从创作到发行的平台包含出品方、制片方、发行方，因此平台价值由出品方、制片方、发行方的水平来进行衡量。

出品方水平。出品方是以版权为核心的电影直属负责方，对电影整体进行把控，包括制片、营销（宣传）、筹资等。可以从出品公司历史平均总票房来评估出品方水平。

制片方水平。负责影片的制片工作，承担影片的超期、超支责任，直接对出品方负责。可以从制片公司历史平均总票房来评估制片方水平。

发行方水平。电影拍摄完成后，做拷贝、申请密钥、与院线对接、谈档期、排片、做宣传、购买广告、谈分账比例、跟院线签订合同等都由发行方完成。可以从发行公司历史平均总票房来评估发行方水平。

（3）消费者维度

电影上映或上线后，消费者通过消费、关注与反馈评价对电影作品的票房收入和市场关注度产生影响。

票房收入。票房收入作为电影制作行业的核心指标之一，在评估电影成功程度上扮演了非常重要的角色。票房收入不仅通过投资回报率和经济效益反映了电影的商业价值，还是衡量电影制作水平、受众群体大小的重要因素。可以通过总票房、首周票房来反映票房收入水平。

关注度。电影上映前后的大众关注度与讨论度，体现了观众电影上映前的期待和上映后的反馈，是评估电影成功程度的重要依据。可以通过上映前7天关注度、上映当天关注度和上映后7天关注度来反映电影的受关注情况。

综合上述分析，本文立足于价值链理论，从创作者、平台、消费者3个一级指标出发，来构建电影价值评估指标体系，涉及6个二级指标、14个三级指标。其有效性有待经过实证进行检验。

4 电影价值评估指标体系验证

4.1 数据收集与处理

本文选取的电影创作因素来自艺恩网,艺恩是我国最早成立的影视行业数据服务企业之一,艺恩数据在我国电影行业具有广泛认可性。关于电影版权票房价值影响因素的选取,本文参考已有研究并结合数据可获取的实际情况,采取下载以及爬虫的方式收集电影相关数据,通过对数据字段筛选、清洗后最终获得148条数据。

电影创作者因素具体包括:导演、演员、编剧的历史票房数据和历史评分数据;电影平台因素具体包括:出品公司、制作公司、发行公司的历史票房数据;电影消费者因素具体包括:电影票房、百度搜索指数。

4.2 指标体系结构验证

为确保本文所搜集的数据适合借助因子分析法验证指标体系的结构,需要对变量间的线性相关关系进行检验。本文主要借助相关系数矩阵、巴特利特球度检验和KMO检验方法进行分析。通过检验可知,巴特利特球度检验的 P 值接近于 0,且 KMO 值为 0.763,适合进行因子分析(表5)。

表 5 KMO 和巴特利特检验结果

KMO 取样适切性量数	巴特利特球形度检验		
	近似卡方	自由度	显著性
0.763	1028.345	91	0.000

同时由表6可知,有3个公因子对电影作品价值的解释累计超过一半,达到58.678%。因此本文选择3个公因子来代替原有14个变量。

表 6 总方差解释

| 成分 | 初始特征 | | | 提取载荷 | | | 旋转载荷 | | |
	总计	值方差百分比	累计	总计	平方和方差百分比	累计	总计	平方和方差百分比	累计
1	4.923	35.161	35.161%	4.923	35.161	35.161%	3.914	27.954	27.954%
2	1.906	13.614	48.775%	1.906	13.614	48.775%	2.311	16.504	44.458%
3	1.386	9.903	58.678%	1.386	9.903	58.678%	1.991	14.22	58.678%

表 7 显示因子 1 在 x_{10}（上映后总票房）、x_{11}（上映后首周票房）、x_{12}（上映前 7 天全端百度搜索指数）、x_{13}（上映当天全端百度搜索指数）、x_{14}（上映后 7 天全端百度搜索指数）这 5 个变量上具有较大载荷，这 5 个变量对应的三级指标是消费者对于电影作品价值的体现；因子 2 在 x_7（制片公司历史平均总票房）、x_8（出品公司历史平均总票房）、x_9（发行公司历史平均总票房）3 个变量上具有较大载荷，这 3 个变量对应的三级指标是平台对于电影作品价值的体现；因子 3 在 x_1（编剧们历史平均总票房）、x_2（编剧们历史平均豆瓣评分）、x_3（导演们历史平均总票房）、x_4（导演们历史平均豆瓣评分）、x_5（主演们历史平均总票房）、x_6（主演们历史平均豆瓣评分）上具有较大载荷，这 6 个变量对应的三级指标是创作者对于电影作品价值的体现。结合上述分析可知，实例数据中不同变量在 3 个因子上的载荷表现与本文所构建的电影作品识别的指标体系一致。由此可验证本文所构建体系的结构合理性与科学性。

表 7 正交旋转后的因子载荷矩阵

变量	成分		
	1	2	3
x_1	0.286	0.416	0.517
x_2	−0.058	0.011	0.651
x_3	0.282	0.535	0.385
x_4	−0.014	0.023	0.630
x_5	0.173	0.436	0.429
x_6	0.195	0.063	0.581
x_7	0.054	0.699	0.097
x_8	0.126	0.782	0.102
x_9	0.143	0.605	−0.373
x_{10}	0.820	0.277	0.169
x_{11}	0.819	0.290	0.202
x_{12}	0.824	−0.003	−0.017
x_{13}	0.891	0.106	0.059
x_{14}	0.909	0.137	0.008

4.3 指标体系的应用

4.3.1 应用方法

通过因子分析得到成分得分系数矩阵，如表 8 所示。

表 8 成分得分系数矩阵

变量	成分		
	消费者对于电影作品价值得分 V_1	平台对于电影作品价值得分 V_2	创作者对于电影作品价值得分 V_3
x_1	−0.004	0.115	0.220
x_2	−0.058	−0.077	0.375
x_3	−0.016	0.201	0.128
x_4	−0.045	−0.074	0.359
x_5	−0.038	0.156	0.174
x_6	0.018	−0.077	0.313
x_7	−0.087	0.404	−0.060
x_8	−0.097	0.369	−0.047
x_9	−0.026	0.370	−0.308
x_{10}	0.206	0.005	0.009
x_{11}	0.202	0.007	0.027
x_{12}	0.262	−0.127	−0.058
x_{13}	0.262	−0.087	−0.033
x_{14}	0.265	−0.065	−0.068

由于数据的各指标数值差距很大，因此采用 min_max 方法，先对数据进行标准化处理。根据因子分析得到的成分得分系数矩阵，可以得到消费者对于电影作品价值得分（V_1）、平台对于电影作品价值得分（V_2）、创作者对于电影作品价值得分（V_3）的因子得分函数：

$$V_1 = -0.004x_1 - 0.058x_2 - 0.016x_3 - 0.045x_4 - 0.038x_5 + 0.018x_6 - 0.087x_7 - 0.097x_8 - 0.026x_9 + 0.206x_{10} + 0.202x_{11} + 0.262x_{12} + 0.262x_{13} + 0.265x_{14}; \quad (1)$$

$$V_2 = 0.115x_1 - 0.077x_2 + 0.201x_3 - 0.074x_4 + 0.156x_5 - 0.077x_6 + 0.404x_7 + 0.369x_8 + 0.370x_9 + 0.005x_{10} + 0.007x_{11} - 0.127x_{12} -$$

$$0.087x_{13} - 0.065x_{14}; \quad (2)$$

$$V_3 = 0.220x_1 + 0.375x_2 + 0.128x_3 + 0.359x_4 + 0.174x_5 + 0.313x_6 -$$
$$0.060x_7 - 0.047x_8 - 0.308x_9 + 0.009x_{10} + 0.027x_{11} - 0.058x_{12} -$$
$$0.033x_{13} - 0.068x_{14}。 \quad (3)$$

为了将构建的指标体系应用在电影价值评估上，引入了"非线性加权综合法"，对电影进行综合评价。非线性加权综合法，也被称为乘法合成法或加权几何平均算子，采用非线性模型对相关因素进行综合评价分析，该方法适用于各指标间有较强关联的情况。下面是该方法的原始计算公式：

$$z = \prod_{j=1}^{m} x_j^{w_j}。 \quad (4)$$

在已有3类价值得分的基础上，我们使用该方法计算电影的总价值得分，作为电影价值评估的重要参考。z 为评价对象综合得分，x_j 为评价对象的第 j 个评价因子标准化后的因子得分，w_j 为该因子所对应的权重（$0 \ll w_j \ll 1$，且 $\sum_{j=1}^{m} w_j = 1$）。

根据式（1）～式（3）计算消费者对于电影作品价值得分（V_1）、平台对于电影作品价值得分（V_2）、创作者对于电影作品价值得分（V_3），对每类价值得分数据标准化后得 $V_{1标}$、$V_{2标}$ 和 $V_{3标}$。对于3类价值表现主体的权重计算参照如下公式：

$$每类价值表现主体的权重 = \frac{各自价值主体方差贡献}{方差累计贡献}。 \quad (5)$$

通过式（5），计算 V_1、V_2、V_3 的权重，计算结果分别为 0.21、0.13、0.11。因此根据非线性加权综合法得到总价值得分计算公式：

$$V_{总} = V_{1标}^{\wedge 0.21} * V_{2标}^{\wedge 0.13}。 \quad (6)$$

4.3.2 应用结果

根据上述构建的价值得分公式，对63部电影作品的消费者对于电影作品价值得分、平台对于电影作品价值得分、创作者对于电影作品价值得分及总价值得分进行计算，结果如图3所示。

63部电影作品的总价值得分越高，相应的电影价值就越高。本文将总价值得分在0.5以上的电影认定为高价值电影，有20部；得分在0.3～0.5的电影认定为中等价值电影，有32部；将得分在0.3以下的电影认定为低价值电影，有11部。

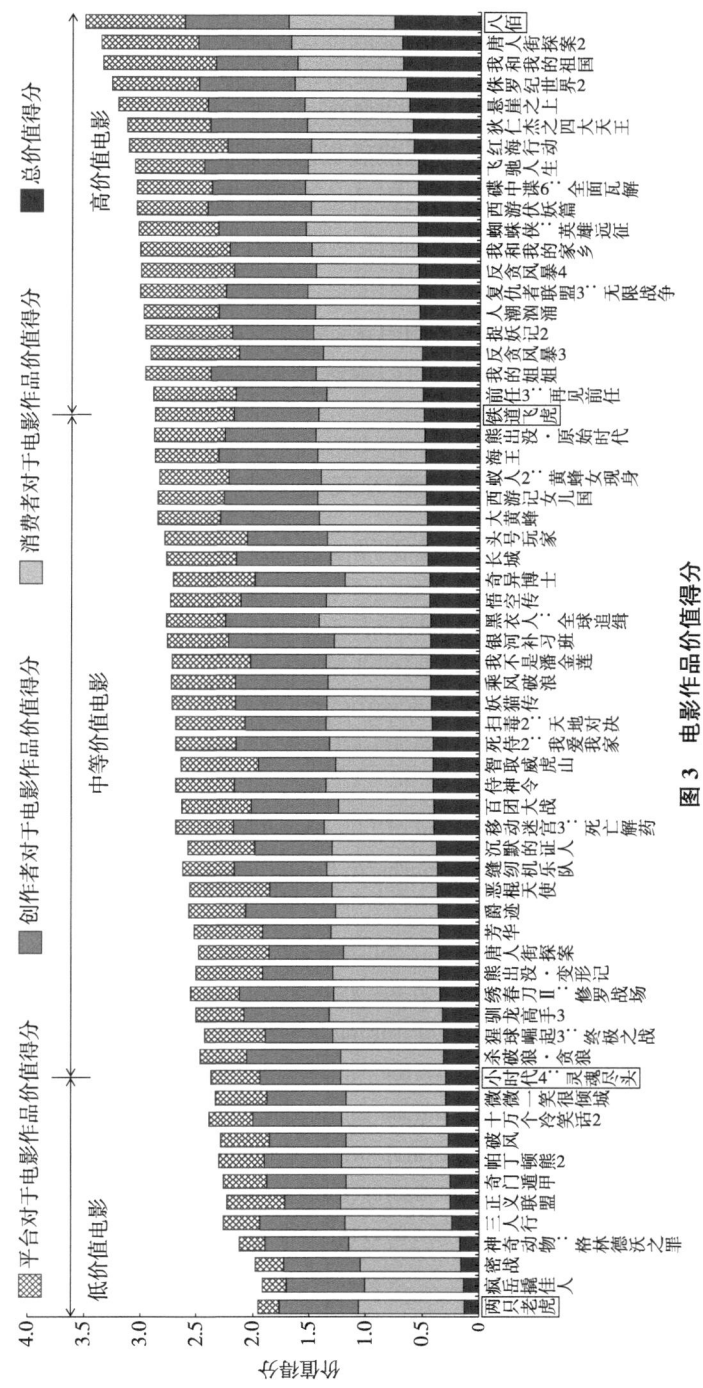

图 3 电影作品价值得分

5　结语

本文构建了基于词共现关系的主题图谱，对豆瓣电影的在线评论数据进行处理，得到电影指标主题图谱，然后根据主题图谱对聚类簇中的聚类实体进行分析与识别，最后归纳得到电影价值评估指标体系。通过因子分析验证指标体系结构的合理性，并筛选63部电影应用本指标体系来进行价值得分计算。

本文提供了一种科学、客观的电影价值评估方法，但是目前得到的指标体系只进行了结构性验证，未来可以继续优化指标体系，对指标体系的评估效果进行验证。

参考文献

［1］XU M. Research on film copyright value evaluation based on real option model[D]. Xuzhou:China University of Mining and Technology,2019.

［2］FENG X,WANG X. Analysis and comparison of influence factors of movie box office in China[C]//2018 IEEE 3rd Advanced Information Technology,Electronic and Automation Control Conference. IEEE,2018.

［3］JIANG X. Research on film copyright value evaluation[D]. Tianjin:Tianjin University of Commerce,2019.

［4］MA L. Research on the evaluation of film copyright value based on income approach and real option approach[D]. Nanchang:Jiangxi University of Finance and Economics,2022.

［5］WANG Z,ZHANG J,JI S,et al. Predicting and ranking box office revenue of movies based on big data[J]. Information fusion,2020(60):25-40.

［6］QI H,BIN H. Research on the influencing factors of film consumption and box office forecast in the digitalera:based on the perspective of machine learning and model integration[J]. Wireless communications and mobile computing,2021(2021):10.

［7］XING Y,CAO G,TAO R. Research on the construction and visualization of theme graph for online user comments:taking hotel user comments as an example[J]. Intelligence science,2021,39 (9):101-109,116.

考虑车主电池损耗成本敏感度的 V2G 决策研究

赵晨芳[a]，马艳红[b,*]

北京信息科技大学经济管理学院，北京，中国
[a] 1249201361@qq.com，[b] Mayanhong@bistu.edu.cn
[*] 通讯作者

摘要：电动汽车的动力电池可以作为储能终端将电能储存起来，并向电网反向输电，即 V2G 技术。电池损耗成本是影响车主参与 V2G 服务积极性的重要因素之一。本文对车主电池损耗成本敏感度进行分析，考虑了在"激励折扣"和用户响应度下的电动汽车与电网公司的博弈行为。本文用电池损耗成本敏感度对模型进行了优化，接着比较集中和分散决策下的结果，得到集中比分散决策的放电电量和双方利润都更高。最后通过数值仿真，分析相关参数，得出降低电池更换成本和提高电池容量及密度可有效提高车主参与 V2G 服务的积极性。

关键词：电动汽车；电网公司；V2G 服务；电池损耗成本

V2G Decision Research Considering the Cost Sensitivity of Battery Loss

Zhao Chenfang[a]，Ma Yanhong[b,*]

School of Economics and Management，Beijing Information Science and Technology University，Beijing，China
[a] 1249201361@qq.com，[b] Mayanhong@bistu.edu.cn
[*] Corresponding author

Abstract：The power battery of an electric vehicle can be used as an energy storage terminal to store electrical energy and reverse transmission to the grid, that is V2G technology. The cost of battery loss is one of the important factors affecting the enthusiasm of car owners to participate in V2G service. This paper analyzes the battery loss sensitivity of electric vehicle owners, and considers the game behavior between electric vehicles and power grid companies under "incentive discount" and user responsiveness. In this paper, the battery loss sensitivity is used to optimize the model, and then the results of centralized and decentralized decision-making are compared, and the discharge capacity and profit of both parties are higher than that of decentralized decision-making. Finally, through numerical simulation, relevant parameters are analyzed, it is concluded that reducing battery replacement cost and improving battery capacity and density can effectively improve the participation of car owners in V2G services.

Keywords: Power grid company; Electric vehicle users; V2G services; Battery loss cost

1 引言

随着常规能源石油、煤炭、天然气等不可再生资源消耗量急剧增加，常规能源匮乏，促使人们对可再生的新型能源进行探索，寻找一种清洁、环保的能源及其合理的运行方法，成为当下的研究趋势。2022年夏季的持续炎热，导致全国多处停电限电，依靠应急车发电送电，这给人们寻找新的能量终端提供了思路。统计显示，中国私人电动汽车平均每日行驶2.6 h，即有90%的时间处于闲置状态，因此，如果有计划地调动私家电动汽车参与电网的充放电，可以有效地实现"削峰填谷"，我们将EV接入电网的技术称为"vehicle-to-grid"，简称V2G。综合此项技术的作用，我们可以概括为，V2G为电网提供了电能量，或者改变了电能质量。

电动汽车在参与V2G服务时，影响因素是多方面的。侯慧等研究了长时间尺度下的调度，从里程焦虑心理效应的角度得到提升用户积极度的策略[1]。接着其考虑了价格和激励联合需求响应下电动汽车长时间尺度充放电调度问题[2]。同样量化车主心理效应的还有李军等，文献中心理效应是基于SOC状态和充放电价格，最后用PSO算法求解目标函数最优[3]。参考文献[4]具体解释了如何量化心理效应，即利用韦伯-费希纳定律计算车主响应度。史乐峰等考虑了车主动态损失厌恶特点下的放电电量和双方利润问题，并引入了"激励保证金+违约金"的激励机制[5]。然而，电池损耗成本也是影响参与 V2G 积极性的重要因素。Hossein 等计算了一定放电量情况下，对电池容量的损耗，进而得出一次放电的电池损耗成本[6]。Han 等将电池损耗成本算入参与 V2G 的成本，并对车主的成本进行细分[7]。事实上，由于车主个体间的差异，其对电池损耗成本的敏感度有所不同，对车主参与 V2G 决策的影响也很大。

为了弥补上述不足，本文提出了量化车主电池损耗成本敏感度的概念。本文结构如下："1"对 V2G 市场的研究内容、背景、意义进行描述；"2"阐述了基本假设和服务交易中涉及的参数；"3"在集中和分散决策情景下，考虑关于电价的车主响应度和受电池损耗敏感度影响的放电电量表达式，接着对放电电量和利润进行建模，比较两种情况下的最优选择；"4"通过灵敏度算例分析，得出电池更换成本和车主电池损耗成本敏感度两者对两种决策下双方行为的影响；"5"为结论。

2 基本假设与符号说明相关符号说明

2.1 基本假设

本文做出以下假设：

假设 1：本文考虑的是风险中性条件下的电网公司和电动汽车用户两方构成的 V2G 交易市场，二者均为分散决策且理性决策的个体；

假设 2：电车车主在参与 V2G 服务时，均为完成调度后才离开；

假设 3：文中 V2G 的放电和充电过程相关特征类似。

2.2 符号说明

本文建立的参与 V2G 服务模型中，参数变量及其释意如下：

Q—充放电电量；

θ—电池损耗成本敏感度（$\theta \geqslant 1$）；

γ—需换电池时的容量损耗占比（$0 < \gamma < 1$）；

E_0—电动汽车初始电池容量；

ΔE—单次放电造成的电池容量损耗（$0 < \Delta E < 1$）；

k_w—退化系数；

S_{ini}—放电开始前 SOC 状态（$0 < S_{ini} < 1$）；

S_{dep} —放电结束后 SOC 状态（$0 < S_{dep} < 1$）；

η —放电系数；

D —用户响应度（$0 < D < 1$）；

r —响应度系数；

c —响应度常数；

β —充放电价格；

φ —激励折扣（$0 < \varphi < 1$）；

α —车主由于参与 V2G 而损失的出行便利成本和丧失出行使用权、缩短行驶里程的便利成本（$\alpha > 0$）；

P_m —电网公司准备购买 V2G 服务的最高电价；

μ —电网购买其他辅助服务的成本系数；

ε —电网公司参与 V2G 服务的所有固定成本投入的分摊；

R_m —集中决策下，系统整体的利润；

R_v —分散决策下，车主的利润；

R_g —分散决策下，电网公司的利润；

R_s —分散决策下，双方整体利润。

除此之外，在后文中，出现以上变量有"m"或"s"角标的，分别代表集中和分散决策情景下的模型，加"*"角标代表最优解。

3 模型

3.1 考虑车主敏感度的电池损耗模型

据统计，EV 电池的成本占买车总成本的 1/3，大多数车主认为"换电池不如换车"。正常情况下，寿命为 5~10 年的 EV 可供充放电循环 1500~2000 次，参与 V2G 服务会导致 EV 放电次数增多，加速电池衰退，增加了车主的成本。如果车主购买 EV 是打算长久使用，不愿因为参与 V2G 而加速损伤电池，此时心理效应就会偏高；如果车主有意愿以后更换新车，或者有多辆车，更偏向于选择降低成本，参与 V2G 的积极度就会更高。

据此，本文提出一个衡量电池损耗成本敏感度的参数 θ，电网通过专业测试对用户意愿进行分类，分类出的 θ 在（1，$+\infty$）区间内，随着 θ 的增长，车主的敏感度增高，参与的积极性相应降低。

一般认为，电动汽车充放电所致的损耗达到电池总容量的 20%~30%

时,需更换动力电池,电动汽车常见参数如表 1 所示。

表 1 市场上常见电动汽车参数

品牌	更换电池标准	电池更换成本/元	电池容量/kWh
比亚迪 e5	8 年/15 万公里	免费更换	43
北汽新能源 EU	容量衰退 10%/20%	折扣/免费更换	41.1
江淮 iEv6E	容量衰退 30%	800	20
特斯拉 Model3	容量衰退 30%	免费更换	60
吉利帝豪 EV	容量衰退 30%	1800	45.3

E_0 为电动汽车动力电池的初始容量,令可供退化的电池容量占比为 γ(γ 为百分数),则可供退化的电池容量是 γE_0。ΔE 是单次放电造成的电池容量损耗,单位是 kWh。放电开始前和结束后 SOC 分别为 S_{ini} 和 S_{dep},二者均为百分数表示,k_w 是退化系数。单次放电,电池容量的退化表达式为[6]:

$$\Delta E = k_w E_0 (S_{ini} - S_{dep})。 \quad (1)$$

电能与 SOC 状态之间的关系如下,其中,η 是放电系数,放电电量视为 Q。

$$\Delta S = S_{ini} - S_{dep} = \eta Q / E_0。 \quad (2)$$

为了使模型更简洁,本文不考虑利率的影响,而是将容量退化和电池更换成本视为线性关系。C_{exc} 是更换电池的成本,与电池容量损耗和单次放电损耗成本 C_e 间的关系为:

$$\frac{\Delta E}{\gamma E_0} = \frac{C_e}{C_{exc}}。 \quad (3)$$

可推算出,放电电量为 Q 时,单次放电电池损耗成本为 $\dfrac{Q \eta k_w C_{exc}}{\gamma E_0}$,考虑车主敏感度后,单次放电电池损耗成本为 $\dfrac{Q \eta k_w C_{exc} \theta}{\gamma E_0}$。

3.2 分散决策

分散交易决策中,电网和车主双方均以自身利益最大化为目标,双方服从 Stackelberg 模型中的主从博弈。电网公司对用户的激励政策体现在激励折扣 φ,电网担任先行者角色,公布放电价格 β 和激励折扣 φ,以寻求自身利益最大化，接着车主作为跟随者，决定放电电量 Q。由于电网公司给车主放电价格的报销是 βQ，但在"给予车主充电价格的激励折扣"下，车主实际充电成本是 $\beta(1-\varphi)Q$，则车主的收益为 $\beta Q-\beta(1-\varphi)Q$，即 $\varphi\beta Q$。

激励折扣为 φ 时，车主参与 V2G 放电而产生的充电成本会有所下降，变为其原成本的 $(1-\varphi)$ 倍。再加入对电池损耗成本的敏感度 θ，此时车主成本的表达式为[7]：

$$C(Q_m)=\frac{1}{2}\alpha Q_m^2+\beta(1-\varphi)Q_m+\frac{Q_m\eta k_w C_{exc}\theta}{\gamma E_0}。 \quad (4)$$

接着，考虑用户的响应度。用户响应度常常被视为定值，但实际调度过程中，用户响应度受充电价格的影响较大，放电价格越高/低，用户响应度越高/低[3]。为了量化这一表征心理量，本文用到韦伯-费希纳定律，该定律是表明心理量和物理量之间关系的定律。根据此定律可知，人类对外界刺激的感官强度可以描述为感官强度与外界刺激的对数成正比[4]，使用此定律做出的响应度表达式为[3]：

$$D=r\ln(\beta\times 10^3)-c。 \quad (5)$$

此时车主利润表达式为：

$$\begin{aligned}R_v&=[\varphi\beta Q_s-C(Q_s)]\cdot D\\&=\left(\varphi\beta Q_s-\frac{1}{2}\alpha Q_s^2-\frac{Q_s\eta k_w C_{exc}\theta}{\gamma E_0}\right)\cdot[r\ln(\beta\times 10^3)-c]。\end{aligned} \quad (6)$$

命题1：分散决策下，存在最优放电电量 Q_s^* 使得车主利润最大化。

证明：由于 $\frac{\partial^2 R_v}{\partial Q_s^2}=-\alpha<0$，所以矩阵负定，$R_v$ 是关于 Q_s 的凸函数，存在最优解。当 $\frac{\partial R_v}{\partial Q_s}=0$ 时，得出分散决策下最优放电电量 Q_s^* 为：

$$Q_s^*=\frac{\beta\varphi-\frac{\eta k_w C_{exc}\theta}{\gamma E_0}}{\alpha}。 \quad (7)$$

对于电网公司来说，其利润为准备购买 V2G 服务的预算减去购买其他辅助服务的成本[5]：

$$R_g=\left[Q_s^*(P_m-\beta)-\left(1-\frac{Q_s^*-Q_m^*}{Q_m^*}\right)\mu-\varepsilon\right]\cdot[r\ln(\beta\times 10^3)-c]。 \quad (8)$$

式中，$(1-\frac{Q_s^* - Q_m^*}{Q_m^*})\mu$ 是当车主提供的电量不够时，电网公司购买其他辅助服务花费的成本[8]，参与服务的优期望放电电量视为 Q_m^*；μ 为成本系数，元/次；ε 为电网公司参与 V2G 服务的所有固定成本投入的分摊，元/次。

将用户响应度考虑到分散决策后，车主、电网、总体利润如下：

$$R_v = [\varphi\beta Q_s - C(Q_s)] \cdot D$$
$$= \left(\varphi\beta Q_s - \frac{1}{2}\alpha Q_s^2 - \frac{Q_s \eta k_w C_{exc}\theta}{\gamma E_0}\right) \cdot [r\ln(\beta \times 10^3) - c]; \quad (6)$$

$$R_g = \left[Q_s^*(P_m - \beta) - \left(1 - \frac{Q_s^* - Q_m^*}{Q_m^*}\right)\mu - \varepsilon\right] \cdot [r\ln(\beta \times 10^3) - c]; \quad (8)$$

$$R_s = R_v + R_g。 \quad (9)$$

3.3 集中决策

集中决策是理想的 V2G 服务场景。集中决策考虑整体的利益最优，此时将电网公司和车主视为整体，EV 被认为是电网公司下的一种辅助服务发电方式。

集中决策下，考虑响应度的系统整体利润，为准备购买 V2G 服务的预算减去车主的成本，此时系统整体的利润 R_m 为：

$$R_m = \left[P_m Q_m - \frac{1}{2}\alpha Q_m^2 - \beta(1-\varphi)Q_m - \frac{Q_m \eta k_w C_{exc}\theta}{\gamma E_0}\right] \cdot [r\ln(\beta \times 10^3) - c]。 \quad (10)$$

式中，P_m 是电网公司准备购买 V2G 服务的最高预算，元/kWh。

命题 2：集中决策下，存在最优放电电量 Q_m^* 使得系统利润最大化。

证明：由于 $\frac{\partial^2 R_m}{\partial Q_m^2} = -\alpha < 0$，所以矩阵负定，$R_m$ 是关于 Q_m 的凸函数，存在最优解。当 $\frac{\partial R_m}{\partial Q_m} = 0$ 时，整体的利润最大，求得集中决策下最优放电电量 Q_m^* 为：

$$Q_m^* = \frac{P_m - \beta(1-\varphi) - \frac{\eta k_w C_{exc}\theta}{\gamma E_0}}{\alpha}。 \quad (11)$$

3.4 两种决策模式比较

将两种决策下的最优放电电量 Q 和利润 R 进行比较,可得如下命题 3:
① $Q_m^* > Q_s^*$;② $R_m^* > R_s^*$;

证明:$Q_m^* - Q_s^* = \dfrac{P_m - \beta(1-\varphi) - \dfrac{\eta \cdot k_w \cdot C_{exc} \cdot \theta}{\gamma E_0}}{\alpha} - \dfrac{\beta\varphi - \dfrac{\eta \cdot k_w \cdot C_{exc} \cdot \theta}{\gamma E_0}}{\alpha} =$
$\dfrac{P_m - \beta}{\alpha}$,由于 $P_m > \beta$,且 α 为正数,所以 $Q_m^* - Q_s^* > 0$。

$R_m^* - R_s^* = \left[P_m Q_m - \dfrac{1}{2}\alpha Q_m^2 - \beta(1-\varphi)Q_m - \dfrac{Q_m \cdot \eta \cdot k_w \cdot C_{exc} \cdot \theta}{\gamma E_0} \right] \cdot$
$[r\ln(\beta \times 10^3) - c] - \left(\varphi\beta Q_s - \dfrac{1}{2}\alpha Q_s^2 - \dfrac{Q_s \cdot \eta \cdot k_w \cdot C_{exc} \cdot \theta}{\gamma E_0} \right) \cdot [r\ln(\beta \times 10^3) -$
$c] - \left[Q_s^*(P_m - \beta) - \left(1 - \dfrac{Q_s^* - Q_m^*}{Q_m^*}\right)\mu - \varepsilon \right] \cdot [r\ln(\beta \times 10^3) - c] =$
$\left\{ \left[\dfrac{1}{2}(P_m - \beta) - \dfrac{\eta \cdot k_w \cdot C_{exc} \cdot \theta}{\gamma E_0} \right] * \dfrac{P_m - \beta}{\alpha} + \left(1 - \dfrac{Q_s^* - Q_m^*}{Q_m^*}\right)\mu + \varepsilon \right\} \cdot [r \times$
$\ln(\beta \times 10^3) - c]$,由于 k_w 是一个极小的数,且更换电池的成本一般为 1800 元左右,综合各项参数的取值范围,可知 $R_m^* - R_s^* > 0$。

其中,①表示集中决策下放电电量比分散决策下的更高;②表示集中决策的整体利润也高于分散决策。从经济角度解释该现象,集中决策(联合定价)使得信息差减少,电车成为电网公司辅助发电工具,交易电量增加,因而整体的利润都有所增加,整体系统的服务力进一步提升。

4 算例分析

4.1 算例参数设置及求解

假设一个调度时长为 1 h,参考相关文献,设置参数取值如表 2 所示。

表 2 相关参数取值

参数	取值	备注
α	0.001	元/kWh
β	0.9	元/kWh

续表

参数	取值	备注
φ	0.1	
θ	1	
k_w	0.000 15	
P_m	1.8	元/kWh
η	1.05	
μ	2	元/次
ε	1.5	元/次
r	0.974	
c	6	
C_{exc}	1800	元
E_0	45	kW
γ	0.3	

将上述参数值带入表达式，解得，$Q_m^* = 1059$，$Q_s^* = 59$，$R_m^* = 286.538$，$R_v = 0.889$，$R_g = 27.396$，$R_s^* = 28.285$。由计算结果可以看出，集中决策比分散决策的放电电量更大，由此双方利润也就更高。

4.2 灵敏度分析

为分析电池损耗相关特点对集中、分散决策下双方行为的影响，令电池损耗敏感度在 1～5 变动，同时电池更换成本分别取 1800、1300、800、300、0，观察不同情景下，该变化对放电电量和双方利润的影响（表3）。

表 3　电池更换成本和车主敏感度的灵敏性分析

C_{exc}	θ	集中决策		分散决策			
		Q_m	R_m	Q_s	R_v	R_g	R_s
1800	1	1059.00	286.54	59.00	0.89	27.40	28.29
	2	1038.00	275.29	38.00	0.37	16.64	17.01
	3	1017.00	264.26	17.00	0.07	5.89	5.96
	4	996.00	253.46	0	0	0	0
	5	975.00	242.88	0	0	0	0

续表

C_{exc}	θ	集中决策		分散决策			
		Q_m	R_m	Q_s	R_v	R_g	R_s
1300	1	1064.83	289.70	64.83	1.07	30.38	31.45
	2	1049.67	281.51	49.67	0.63	22.62	23.25
	3	1034.50	273.43	34.50	0.30	14.85	15.15
	4	1019.33	265.47	19.33	0.10	7.09	7.19
	5	1004.17	257.63	4.17	0	0	0
800	1	1070.67	292.89	70.67	1.28	33.37	34.65
	2	1061.33	287.80	61.33	0.96	28.59	29.55
	3	1052.00	282.76	52.00	0.69	24.50	25.19
	4	1042.67	277.77	42.67	0.47	19.50	19.97
	5	1033.33	272.82	33.33	0.28	14.54	14.82
300	1	1076.50	296.09	76.50	1.50	36.35	37.85
	2	1073.00	294.16	73.00	1.36	34.56	35.92
	3	1069.00	292.25	69.50	1.23	32.77	34.00
	4	1066.00	290.34	66.00	1.11	30.98	32.09
	5	1062.50	288.44	62.50	1.00	29.19	30.19
0	1	1080.00	298.02	80.00	1.63	38.15	39.78

  由上表可知，在电池更换成本固定时，随着车主电池损耗敏感度的增加，其参与的积极性减小，放电电量和双方利润也减小；在车主敏感度一定时，随着电池更换成本的降低，放电电量和双方利润均增长；此外，集中决策下的双方利润与放电电量都高于分散决策；最后，在电池更换成本与车主敏感度较高时，车主是不参与放电的。而电池更换成本为 0 时，放电电量和双方利润不再受车主敏感度影响，此时的放电电量和双方利润都达到各自情景下的最大值。

  下面选择表中的一些数据进行可视化。首先是在确定 θ 为 1 时不同电池更换成本对结果的影响。由图 1 可知，分散决策中其他条件相同的情况下，电池更换成本越低，放电电量和双方利润就越高，双方关系为线性增长，这是由于更换成本降低，车主的积极性更高，决策行为更趋近于集中决策。此外,电网公司的利润始终大于车主利润。

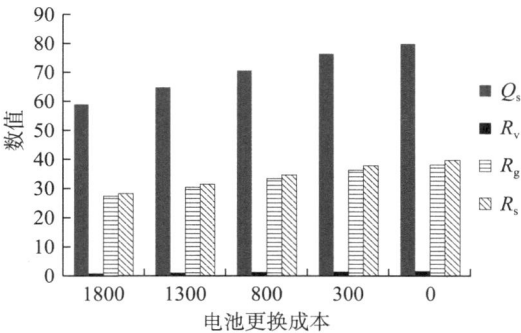

图 1 分散决策下电池更换成本不同对结果影响

接下来是集中决策下电池更换成本对结果的影响。由图 2 可知,集中决策下的放电电量和双方利润与电池更换成本也是线性关系,随着更换成本的减小而增大。

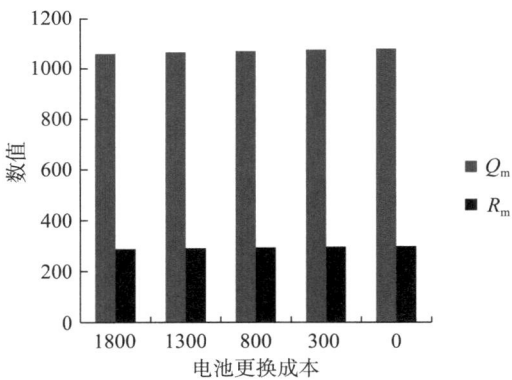

图 2 集中决策下电池更换成本不同对结果影响

有调查显示,很多电车行业对首任车主的优惠力度很大,达到里程或者年限要求后会免费更换电池,只需支付 200~500 元的人工费,所以下文分析车主敏感度时,选择更换电池成本为 300 元的情况进行可视化。图 3、图 4 为敏感度不同对分散和集中决策下结果的影响。由图 3 可知,分散决策下,其他条件一定时,随着车主的电池损耗敏感度增加,参与 V2G 服务的积极性也会降低,放电电量和双方利润也会因此减少,且呈线性关系。此外,车主的利润始终小于电网的利润。

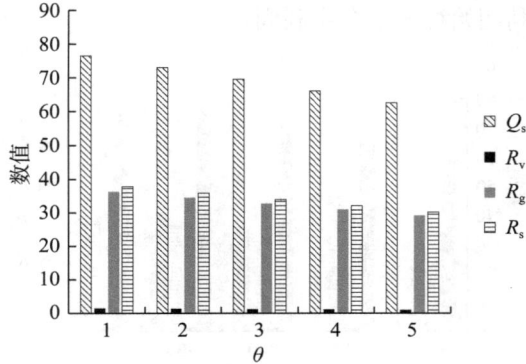

图 3　分散决策下不同 θ 对结果的影响

由图 4 可知,集中决策下放电电量和双方利润也受到车主电池损耗敏感度的影响,随着敏感度增加而线性减少。

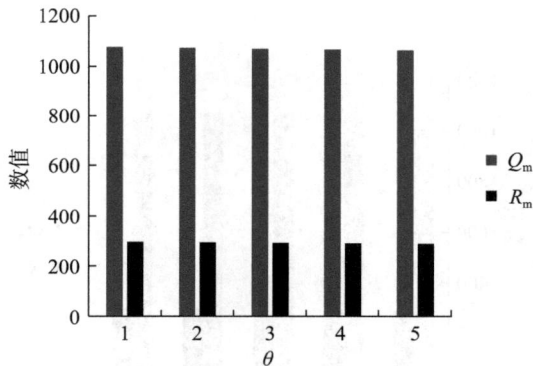

图 4　集中决策下不同 θ 对结果的影响

5　结论

本文研究了"充电成本给予激励折扣补偿"的激励机制下,考虑电池损耗成本敏感度和用户响应度的 V2G 服务交易博弈行为。首先对本文所涉及的参数进行概念界定和假设说明;其次对电网、车主成本和利润进行建模;再次是集中和分散决策下双方各自的行为选择;最后得出集中决策下的整体利润和放电电量都是高于分散情境的。

对于上述研究,可以得出几点提高车主参与 V2G 服务积极度的措施:

①汽车更换电池的标准衰退率和电池更换成本是影响车主参与 V2G 的因素之一。更换的标准衰退率越高、电池更换成本越低时,参与的积极性越

大。针对电池损耗这一现状,市场上"比亚迪车主电池终身免费更换""特斯拉电池衰退超过30%时可免费更换"等措施,大幅度地降低了车主电池损耗成本敏感度,提高了电车购买量的同时,也增加了V2G服务的参与量。

②电池初始容量越高,放电电量、利润也会相应增高,市面上常见的电车动力电池有磷酸铁锂电池与三元锂电池,近年来随着新材料和科技手段的应用,电池能量密度从2017年初的110~120W·h/kg逐步提升到2020年中的140~160W·h/kg。参与V2G的前提是尽量减少对自身行驶需求的影响,从而提高动力电池参与V2G的可用容量和经济性。

除了上文提到两个方面,V2G模式的运行和全面推广还可以从以下几点改善[9]:首先,在新能源车主的反馈中,续航里程严重缩水是投诉的"重灾区"。缩水程度受温度影响较为明显,实际续航里程在夏天大概为配置表里工况续航里程的70%,冬天则为55%左右。其次,"车桩比"矛盾进一步突出。按照国家发展改革委和国家能源局的要求,截至2030年我国的"车桩比"要达到2:1,这意味着我国电车充电桩市场仍存在较大缺口。除了新提出的激励机制之外,电动汽车充换电便捷、续航里程与传统燃油车相似,也可以很大程度上调动车主参与V2G市场服务。最后,放宽V2G市场准入门槛,从市场主体方面提高利用V2G的积极性,也可帮助V2G市场运作更加成熟。

参考文献

[1] HOU H,WANG Y,WU X,et al. Charging and discharging scheduling strategy for electric vehicles considering psychological effect of mileage anxiety in long-time scale [J]. High voltage engineering,2023,49(1):85-93.

[2] HOU H,TANG J,WANG Y,et al. Long-time-scale charging and discharging scheduling of electric vehicles under joint price and incentive demand response[J]. Automation of electric power systems,2022,46(15):46-55.

[3] LI J,LIANG J,LIU K,et al. Optimal scheduling strategy for electric vehicles charging and discharging considering user responsiveness[J]. Southern power system technology,2023,17(8):1-9.

[4] TURAN A. A psychometric approach to the VIKOR method for eliciting subjective public assessments[J]. IEEE access,2020,8:54100-54109.

[5] SHI L,LV S,LV T. Transaction incentive mechanism design in V2G market considering dynamic loss aversion[J]. Journal of industrial engineering and engineer-

ing management,2021,35(2):233-242.

[6] HOSSEIN F,MAHMUD F F,MOEIN M A. A practical scheme to involve degradation cost of lithium-ion batteries in vehicle-to-grid applications[J]. IEEE transactions on sustainable energy,2016,7(4):1730-1738.

[7] HAN S,SEZAKI K. Estimation of achievable power capacity from plug-in electric vehicles for V2G frequency regulation:case studies for market participation[J]. IEEE transactions on smart grid,2011,2(4):632-641.

[8] ZHONG J,HE L,LI C,et al. Coordinated control for large-scale EV charging facilities and energy storage devices participating infrequency regulation[J]. Applied energy,2014,123:253-262.

[9] WANG Z. Electric vehicles must cross the threshold of "range anxiety"[J]. New energy technology,2022(5):35-37.

考虑用户不同充电成本的削峰补偿 V2G 定价策略

张炜函[a]，马艳红[b*]

北京信息科技大学，北京，中国
[a] zhangweihan@bistu.edu.cn，[b] mayanhong@bistu.edu.cn
* 通讯作者

摘要：为推进电动汽车与电网的协同互动及能源的高效利用，本文提出了 EV 对电网进行辅助削峰的 V2G 定价机制。考虑到 EV 用户群体分散而复杂，不同时空充电价格不同，引入用户充电便捷度表示 EV 不同的充电成本。通过构建电网负荷模型和用户行为模型提出了 V2G 定价机制，并分析了不同情况下用户的决策行为，给出了电网辅助削峰的必要条件及 V2G 最佳用户群体的范围。最后通过仿真分析验证了本文模型与理论分析的可行性。

关键词：V2G；不同充电成本；削峰；EV

The Peak Clipping Compensation V2G Pricing Strategy Considering Different Charging Costs of Users

Zhang Weihan[a]，Ma Yanhong[b*]

Beijing Information Science and Technology University，Beijing，China
[a] zhangweihan@bistu.edu.cn，[b] mayanhong@bistu.edu.cn
* Corresponding author

Abstract：In order to promote the synergistic interaction between electric vehicles and the power grid and the efficient use of energy, this paper proposes a V2G pricing mechanism in which EV assists the power grid in peaking. Considering that EV user groups are scattered and complex, and charging prices are different in different time and space, the introduction of user charging convenience indicates different charging costs for EV. The V2G pricing mechanism is proposed by constructing the grid load model and the user behavior model, and the decision-making behavior of the users in different cases is analyzed. The necessary conditions of assisted peak clipping and the range of the optimal V2G user group are given. Finally, the feasibility of the model and theoretical analysis is verified by simulation analysis.

Keywords：V2G；Different charging costs；Peak cutting；EV

1 引言

为深入贯彻落实《中华人民共和国国民经济和社会发展第十四个五年规划和2035年远景目标纲要》和《扩大内需战略规划纲要（2022—2035年）》，国家发展和改革委员会提出了《"十四五"扩大内需战略实施方案》，方案中明确指出"十四五"时期为扩大内需，应大力倡导绿色低碳消费，积极发展绿色低碳消费市场，大力推广新能源汽车[1]。《国家发展改革委等部门关于进一步提升电动汽车充电基础设施服务保障能力的实施意见》中提出，要继续推进新技术研发，持续完善标准体系，充分发挥动力电池的储能特性，探索推广有序充电、V2G（vehicle to grid）等形式，实现电动汽车与电网的协同互动[2]。

新能源汽车更环保、更低碳，运行成本更低，也可以实现与电网能量的高效互动，如优化电网供电负荷、改善电能质量、降低电动汽车用电成本、提供应急辅助服务等。V2G技术就是将电动汽车（EV）作为储能单元，在电网需要的时候把电动汽车的电输送给电网。每天不同时段的用电需求不同，导致电网负荷波动，电网电压不稳定。可再生能源接入电力系统后，可以缓解一部分波动，但因为可再生能源自然的不连续性也会引发电的波动，迫切需要其他能源进行补偿，应用V2G技术可以做电网和可再生能源的缓冲。当电网负荷高时，电动汽车向电网输电，降低电网负荷；当电网负荷低时，电动汽车进行充电，避免电能浪费。通过这种削峰填谷的形式，电网与电动汽车用户两者都会获益：电网趋于平稳，EV用户低价充电，高价售电，赚取差价[3]。

电动汽车将发展为未来分布式的储备能源，成为新型电力系统的一部分，实现电力能源高效利用，助力"双碳"目标达成。V2G技术使电动汽车作为能源储备参与电网调频和旋转备用,提高电网可靠性和稳定性;同时更好地利用可再生能源,可以减少对其他能源的依赖,相比燃油汽车减少一定程度的环境污染。

据 V2G Hub 网站不完全统计,目前全球有 122 个 V2G 试点项目,分布在 27 个国家和地区,主要集中在欧洲和北美[4]。我国北京、深圳、上海等地都在积极探索 V2G 试点项目,但技术成熟度、用户侧激励措施、电动汽车时空调度策略、定价机制等体系还不够完善,有待进一步探索[3]。我国城市电动汽车公共充电设施和私人充电设施均执行峰谷分时电价,但前者价格更高[5]。由于电动汽车充电基础设施空间分布不均衡和电动汽车的移动性等特点,电动汽车充电价格不一致且无法统一,因此考虑用户不同充电价格的削峰填谷 V2G 定价策略。

2 相关文献综述

目前 V2G 领域的主要研究集中在技术创新和时空调度方面,对用户侧激励策略和定价机制研究较少。黄守军等在 CVaR 风险度量准则下,从用户风险规避的角度考虑电动汽车用户电量预留决策模型,分别从集中决策和分散决策下比较了电动汽车用户与电网公司的最优决策行为[6]。史乐峰等考虑电动汽车用户的动态损失厌恶特性,分析电动汽车用户与电网之间的博弈行为并提出相应的激励政策[7]。Luo 等提出了一个基于贝叶斯博弈的二次拍卖机制,并通过仿真模拟后可以显著提高社会福利[8]。罗清松基于时空信息对多充电站协同负荷进行预测并基于市场交易模型提出了 V2G 两级拍卖定价策略,实现电网、代理商、EV 三方的均衡利益分配[9]。王敏等提出了价格激励的电动汽车削峰协同调度策略并提出了 V2G 激励定价机制,考虑了电网用电高峰时段的负荷待削减量和用户的参与度,但未考虑电动汽车不同用户充电价格不同这一因素[10]。

上述研究大多考虑 EV 用户基于分时电价参与辅助服务市场经济调度,并假设每个 EV 用户充电成本相同,没有考虑用户所处时空差异及公共充电桩时空分布不均衡问题。本文在基于分时电价辅助服务的基础上考虑不同用户充电成本的削峰补偿 V2G 定价机制。

3 考虑用户不同充电成本的削峰补偿 V2G 定价模型

以北京市为例,电动汽车用户可选择的充电设施有 3 种:公共充电桩、私人充电桩、单位充电桩。自 2016 年 6 月 14 日起，国家电网北京市电力公司所属电动汽车公共充电设施执行峰谷电价。充电价格为峰时（1.8044 元/度）、平时（1.4950 元/度）、谷时（1.1946 元/度）3 类，包含服务费（0.80 元/度）。私人自用充电桩充电价格执行居民用电价格中的合表用户电价，为 0.4733 元/度。单位充电桩的价格由单位设定[5]。由于 EV 用户群体自身经济实力和所处时空不同，会产生不同的充电价格且无法一致。本文在削峰补偿的基础上以 EV 用户参与 V2G 利润最大为目标函数，构建用户不同充电成本的削峰补偿 V2G 定价机制。

3.1 电网负荷模型

V2G 技术本质上是一种辅助服务，只有电网遇到频率、电压等偏差时才会被调用。如果电网负荷过高，超出了日均负荷 $\bar{p}$，超出的那部分就需要电动汽车进行辅助削峰。EV 用户参与削峰的收益是由电网负荷的削峰需求量决定的，电网波动越大，削峰需求量越高，则用户获利较多。电网削峰需求量系数 K_w 可表示为：

$$K_w = \frac{P_w}{\bar{p}} \xi 。 \tag{1}$$

式中，P_w 是电网的负荷待削减量，$\bar{p}$ 是电网日均负荷量，ξ 是削峰需求量价格补偿系数，本文取值为 1.1[11]。电网负荷待削减量 P_w 可表示为：

$$P_w = P_n - \bar{p} > 0 。 \tag{2}$$

式中，P_n 是电网当前负荷量。只有电网当前负荷量超过日均负荷量时，电网才会选择 V2G 辅助削峰。为保证电网稳定运行，在超出电网日均负荷量的情况下，电网当前负荷量越大，负荷待削减负荷量越大，V2G 辅助削峰的需求量就会越大。

3.2 用户行为模型

EV 用户参与 V2G 辅助削峰的成本包括出行便利成本、充放电成本和电池损耗成本。EV 用户参与 V2G 项目的成本 C_{EV} 可表达为：

$$C_{EV} = \frac{\alpha}{2} Q^2 + \beta Q + \gamma 。 \tag{3}$$

$$(Q_{min} \leqslant Q \leqslant Q_{max}, \alpha > 0, \beta > 0, \gamma > 0)$$

式中，γ 是固定成本，表示 EV 参与 V2G 项目的电池损耗成本，与其充放电量正相关且呈现加速增长的趋势，α 和 β 是 EV 的出行便利成本和充放电成本的影响参数，值都为正。Q 是 EV 的电量，$Q_{\min}$ 是 EV 的最低电量，$Q_{\max}$ 是 EV 的最高电量。在 EV 用户电量为 Q 的情况下，成本为 C_{EV}。

EV 所得放电收益与放电功率、放电价格、放电时长有关，可表达为：

$$R_{EV}^{dc} = P_{EV}^{dc} P_{dc} \Delta t_{dc} = Q^{dc} P_{dc} \tag{4}$$

式中，P_{EV}^{dc} 是 EV 的放电功率，P_{dc} 是 EV 的放电价格，Δt_{dc} 是 EV 的放电时长，Q^{dc} 是 EV 参与 V2G 的服务电量。EV 用户放电收益和放电价格与服务电量成正比，放电价格增加，服务电量增加，都会导致 EV 用户放电收益增加。

EV 用户愿意参与 V2G 辅助削峰的影响因素主要是利润。如果放电收益不足以支付用户成本，或刚好等于用户成本，用户不太会有意愿去参与 V2G。只有在满足用户自身出行的前提下，放电收益多于用户成本，参与 V2G 项目有利润的情况下用户才会考虑是否参与。设定用户参与 V2G 的当下没有其他出行需求，EV 电量等于可提供的 V2G 服务电量。用户参与 V2G 的利润与可提供的服务电量直接相关，可以表达为：

$$\begin{aligned} F &= R_{EV}^{dc} - C_{EV} \\ &= R_{EV}^{dc} - \frac{\alpha}{2} Q^2 - \beta Q - \gamma \\ &= Q P_{dc} - \frac{\alpha}{2} Q^2 - \beta Q - \gamma \end{aligned} \tag{5}$$

式中，Q 是 EV 的电量，也是可提供的服务电量。可以看出，用户参与 V2G 的利润是可提供服务电量的二次函数，通过逆向推导可得最优服务电量。

由 $\dfrac{\partial^2 F}{\partial Q^2} = -\alpha < 0$ 可知，当 $\dfrac{\delta F}{\delta Q} = 0$ 时，用户利润取得最大值。因此，易得用户利润最大时，电动汽车的最优交易电量 $Q_g = \dfrac{P_{dc} - \beta}{\alpha}$。用户在无其他出行需求的情况下，参与 V2G 的服务电量为最优服务电量时，所获利润最大。

3.3 V2G 价格机制

EV 用户所处时空不同、所选择的充电站运营商不同，充电价格就会不同。由于 EV 群体众多、情况复杂且分布无规律，因此难以统一充电价格。

本文首次引入充电便捷度，用充电便捷度来表达 EV 用户的不同充电成本。设定 EV 用户的充电价格与充电便利度、分时电价有关，可表示为：

$$P_c = \varepsilon P_t。 \tag{6}$$

式中，ε 是 EV 用户的充电便捷度，取值为（0，1]。ε 越趋近于 0，EV 用户充电越便利，用户充电价格越低。P_t 是分时电价，不同时段分时电价不同。

EV 的放电价格由电网削峰需求量、用户参与度、用户充电便捷度和分时电价决定，可表示为：

$$P_{dc} = K_w U_j \varepsilon P_t = K_w U_j P_c。 \tag{7}$$

式中，K_w 是削峰需求量系数；U_j 是用户参与度系数。由于 $P_c = \varepsilon P_t$，所以 EV 的放电价格由充电价格间接决定。用户参与度系数与用户参与度和用户参与度调整系数有关，可表示为：

$$U_j = u_j u_{jb} \ (0 \leqslant u_j \leqslant 1)。 \tag{8}$$

式中，u_j 是用户参与度，可表示为 $u_j = \dfrac{N_j}{N} \times 100\%$。$N_j$ 是此时参与 V2G 的用户数，N 是 V2G 项目总用户数。u_{jb} 是用户参与度调整系数，取值为[10]：

$$U_{jb} = \begin{cases} 1.100 & 0 \leqslant uj \leqslant 85\% \\ 1.205 & 85\% < uj \leqslant 100\% \end{cases}。 \tag{9}$$

要使 EV 用户有意愿参与 V2G 辅助削峰并获得收益，则放电价格应高于充电价格，即 $P_{dc} > P_c$。当 $K_w U_j > 1$，即 $K_w > 1$ 时用户有意愿参与 V2G 活动，电网应在 $P_w > 1.1\bar{p}$ 时考虑 V2G 辅助服务。

3.4 用户行为决策分析

由于 V2G 放电价格由电网削峰需求量、用户参与度、用户充电便捷度和分时电价决定，将 V2G 放电价格代入式（5），可得：

$$F = Q K_w U_j P_t \varepsilon - \frac{1}{2} \alpha Q^2 - \beta Q - \gamma。 \tag{10}$$

式中，$Q K_w U_j P_t > 0$，可以得到 F 是关于 ε 单调递增的一元线性函数，用户利润随着充电便捷度的增加而不断增加。虽然用户充电便捷度增加会导致充电价格增加，但也会导致放电价格的增加，最终将导致用户利润增加。

用户参与 V2G 的意愿取决于所得利润。通过分析，当 $0 < \varepsilon \leqslant \dfrac{\frac{1}{2}\alpha Q^2 + \beta Q + \gamma}{Q K_w U_j P_t}$ 时，$F < 0$，EV 用户不会选择参与 V2G 项目；当

$\dfrac{\frac{1}{2}\alpha Q^2+\beta Q+\gamma}{QK_wU_jP_t}<\varepsilon<1$ 时，$F>0$，用户会有意愿参与 V2G 项目。

当电网待削减负荷量 $P_w>1.1\bar{p}$，用户充电便捷度 $\dfrac{\frac{1}{2}\alpha Q^2+\beta Q+\gamma}{QK_wU_jP_t}<\varepsilon<1$ 时，V2G 放电价格 $P_{dc}=K_wU_j\varepsilon P_t$ 时，EV 用户参与 V2G 活动会获得一定利润，会有很强的意愿参与。

4 仿真分析

以我国北京市工作日典型负荷曲线为例进行仿真分析[12-13]，如图 1 所示。采用峰谷时段电价数据[5]。设某区域内电力由国家电网统一管理，200 辆 EV 有参与 V2G 的意愿，EV 类型统一。设定 EV 性能较好，均可以进行多次放电，且一天内只充电一次，每次的充放电行为由用户自己决定，且所有用户均在夜间低谷时段进行充电。

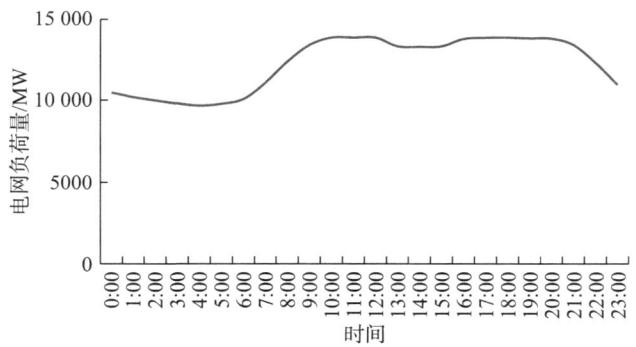

图 1 北京市工作日典型负荷曲线

根据电网日均负荷量和分时负荷量得出电网不同时段削峰需求量曲线，如图 2 所示。由图得出，电网的削峰需求量是根据负荷量实时改变的。谷时段电网负荷量低，电网削峰需求量<0，不需要进行削峰辅助行为；峰时段电网负荷量高，电网削峰需求量>1，需要 EV 进行辅助削峰；而平时段电网虽然有一定负荷量，但削峰需求量 $0<K_w<1$，会使得放电价格不低于充电价格，参与 V2G 的用户不能获得收益，所以不会有 EV 用户愿意参与辅助削峰。EV 对电网的辅助削峰行为主要集中在峰时段，谷时充电，峰时放电，赚取一定差价。

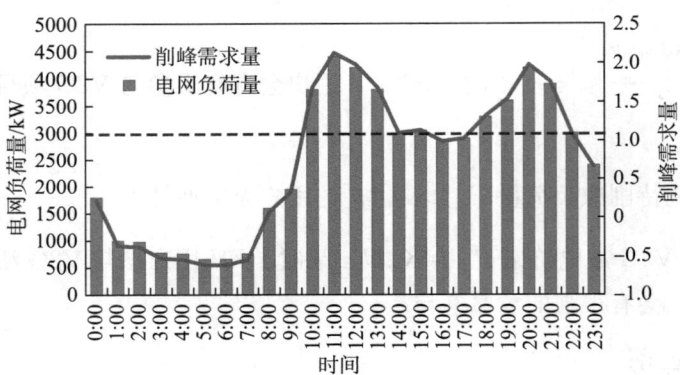

图 2　电网不同时段削峰需求量曲线

电网制定的 EV 参与 V2G 的激励价格曲线如图 3 所示。由图可以看出，负荷量曲线呈现出典型的双"高峰"曲线，这种负荷曲线通常在工业化程度较高的城市中较为常见，符合北京市的工业发展情况。观察图中放电价格与负荷量的关系，可以得出 V2G 放电价格根据电网的削峰需求实时变化。当电网削峰需求量大时，放电价格较高；当电网削峰需求量小时，放电价格较低。观察图中放电价格与充电价格的关系，发现并无明显关联，说明放电价格与充电价格无关或弱相关，而与电网削峰需求量强相关。

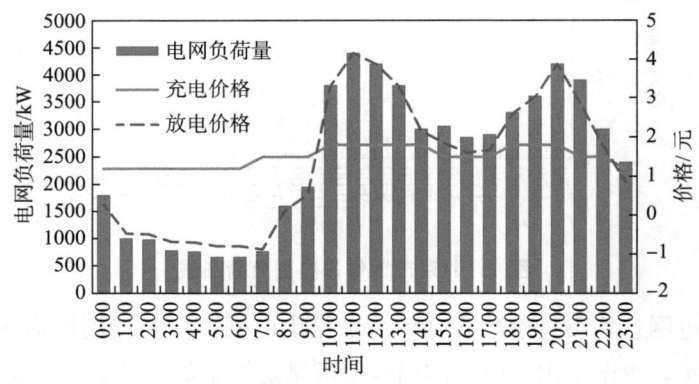

图 3　EV 参与 V2G 的激励价格曲线

改变用户参与度，可得不同用户参与度下 EV 参与 V2G 的激励价格曲线（图 4）。由图可知：EV 参与 V2G 的放电价格随着用户参与度进行实时变化。当用户参与度为 80％时，电网制定的 V2G 放电价格较低；当用户参与度为 90％时，EV 放电价格较高；V2G 放电价格随着用户参与度增加而增加。

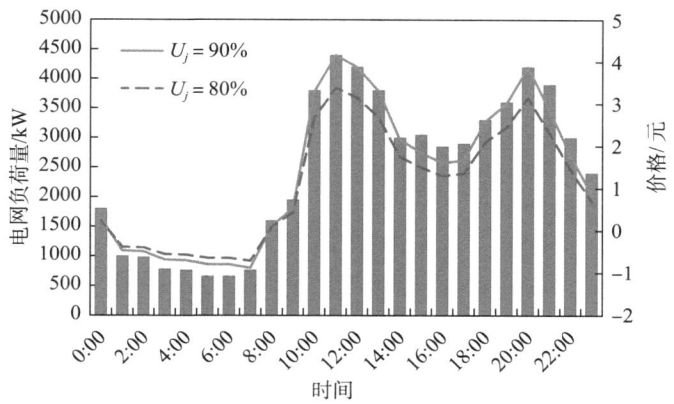

图 4 不同用户参与度下 EV 参与 V2G 的激励价格曲线

由于用户所处时空不同及充电设施运营商不同，EV 充电价格也会不同。以充电便捷度这一参数来表示不同充电价格。EV 的充电价格会随着用户充电便捷度的变化而变化，用户充电便捷度越小，EV 的充电价格就越低；用户充电便捷度越大，EV 的充电价格就越高（图5）。由于用户充电价格受充电便捷度和分时电价的影响，分时电价由峰谷时段电价决定，峰谷时段电价的制定是由电网分时段整体负荷量决定，所以用户充电价格也由电网负荷量间接决定。峰时段，电网负荷量越大，EV 充电价格越高；谷时段，电网负荷量小，EV 充电价格低。

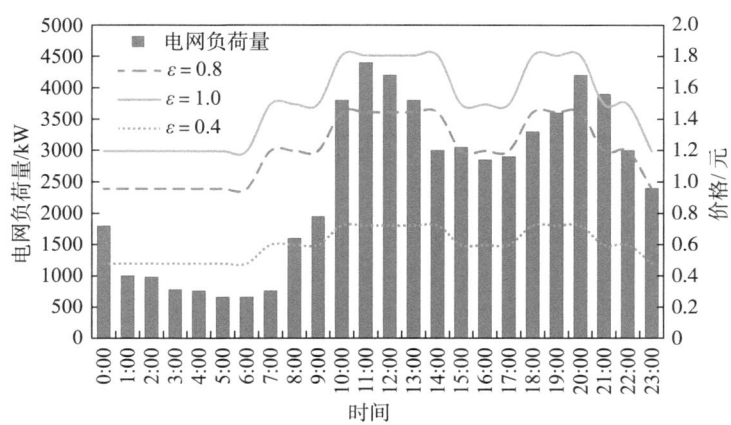

图 5 不同用户充电便捷度下 EV 用户充电价格曲线

改变用户充电便捷度，可得不同用户充电便捷度下 V2G 的激励价格曲线（图6）。由图可得：V2G 放电价格根据用户充电便捷度不断变化，充电便捷度越趋近 1，V2G 放电价格越高。在图 5 中，用户充电便捷度的改变会导致 EV 充电价格的改变。

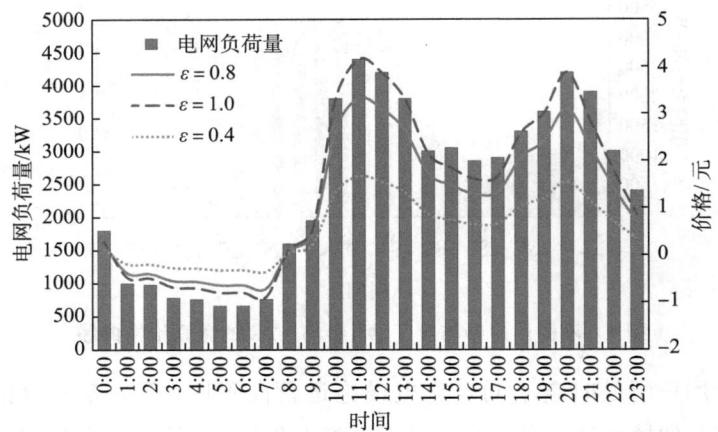

图 6 不同用户充电便捷度下 V2G 的激励价格曲线

假设一个 V2G 服务市场交易时段长度为 1 小时。设电动汽车用户 V2G 服务供给成本系数为 $\alpha=0.001$（元/kWh），$\gamma=50/h$[7]，β 由用户的充电价格决定，即 $\beta=P_c$。用户参与 V2G 的意愿由可获得的利益决定，只有参与后有所得，用户才会选择参与 V2G。不同充电便捷度下 EV 用户参与 V2G 的收益曲线如图 7 所示。由图可得：用户的收益随着电网削峰需求量的增加而增加，也随着用户充电便捷度的增加而增加。只有当用户的充电便捷度达到一定程度时，用户放电价格大于充电价格，用户收益>0，用户才会有意愿参与 V2G。

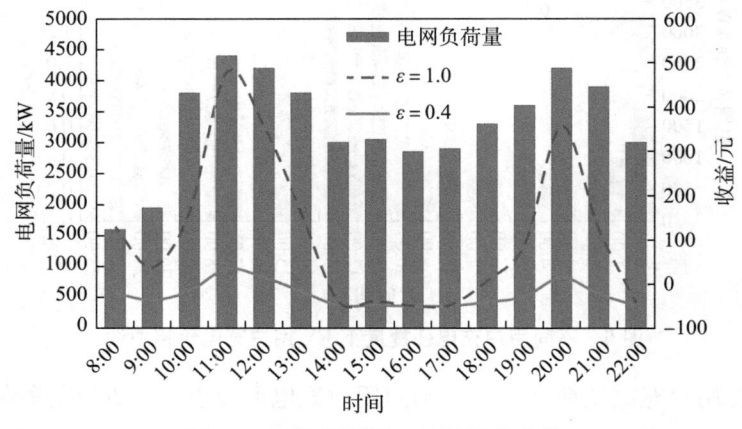

图 7 EV 用户参与 V2G 的收益曲线

5 结论

本文研究了不同用户充电成本的 V2G 削峰补偿定价机制，以充电便捷度作为变量探究其与放电激励价格、削峰需求量之间的关系。首先构建了电网负荷模型和用户行为模型，制定了 V2G 价格机制，并分析了不同情况下的用户决策行为。所得结论如下：

①所构建的电网负荷模型给出了电网选择 EV 进行辅助削峰的必要条件，即削峰需求量在满足 $K_w > 1$ 时，电网应考虑 V2G 进行辅助削峰。

②以用户充电便捷度可以有效地表示用户充电成本，用户充电成本与充电便捷度成正比。

③通过构建用户利益模型给出了适合参与 V2G 辅助削峰的 EV 范围，即充电便捷度在满足一定条件下，用户会选择参与 V2G 帮助电网辅助削峰，也会获得一定收益。用户收益与用户参与度、用户充电便捷度、削峰需求量成正比。

④所制定的 V2G 定价机制可以改善电网负荷，也能够有效提升用户参与意愿。

仿真分析的结果验证了本文提出的模型与理论分析的可行性。

参考文献

[1] National Development and Reform Commission. The 14th five-year plan for the implementation of the strategy of expanding domestic demand[EB/OL].（2022-12-15）[2023-07-05]. https://www.ndrc.gov.cn/xxgk/zcfb/tz/202212/t20221215_1343551.html.

[2] National Development and Reform Commission. The implementation opinions of the National Development and Reform Commission and other departments on further improving the service support capability of electric vehicle charging infrastructure[EB/OL].（2022-01-21）[2023-07-05]. https://www.ndrc.gov.cn/xxgk/zcfb/ghxwj/202201/t20220121_1312634.html.

[3] SHI R, LI S. Review on studies of V2G problem in electric vehicles[J]. Proceedings of the CSU-EPSA, 2019, 31(6): 28-37.

[4] V2G Hub. Insights[EB/OL]. [2023-07-05]. https://www.v2g-hub.com.

[5] Beijing Municipal Commission of Development and Reform. The 4440 public charging piles will implement peak and valley electricity prices from tomorrow[EB/OL].

(2016-06-14)[2023-07-05]. https://fgw.beijing.gov.cn/gzdt/fgzs/mtbdx/bzwlxw/201912/t20191221_1393044.htm.

[6] HUANG S,CHEN L,ZHANG F. CVaR models for consumer price subsidy of V2G reserve considering user's risk aversion[J]. Systems engineering-theory & practice,2019,39(8):1976-1990.

[7] SHI L,LV S,LV T. Transaction incentive mechanism design in V2G market considering dynamic loss aversion[J]. Journal of industrial engineering and engineering management,2021,35(2):233-242.

[8] LUO L,FENG J C,YU H F,et al. Blockchain-enabled two-way auction mechanism for electricity trading in internet of electric vehicles[J]. IEEE internet of things journal,2022,9:8105-8118.

[9] LUO Q. Spatial-temporal information based charging station load forecasting and V2G pricing strategy[D]. Shenzhen: University of Chinese Academy of Sciences (Shenzhen Institute of Advanced Technology),2022.

[10] WANG M,LV L,XIANG Y. Coordinated scheduling strategy of electric vehicles for peak shaving considering V2G price incentive[J]. Electric power automation equipment,2022,42(4):27-33,85.

[11] Institute Energy Research, National Development and Reform Commission. The commercial prospect of electric vehicle interaction with the grid: a demand response pilot case in Shanghai[EB/OL]. [2023-07-05]. http://www.nrdc.cn/Public/uploads/2020-06-02/5ed5f5072dc18.pdf.

[12] HUANG S,YANG J,CHEN Q. Coordination mechanism of V2G reserve contract based on B-S option pricing model[J]. Chinese journal of management science,2016,24(10):10-21.

[13] National Development and Reform Commission. Notice on the signing of long-term power contracts in 2021[EB/OL]. [2023-07-05]. https://www.ndrc.gov.cn/xwdt/tzgg/202012/t20201202_1252095_ext.html?ivk_sa=1024320u.

口岸监管中的企业信用智能评分模型研究

万振龙[a,*]，王涛[b]，李晓文[c]

全国海关信息中心，北京，中国

[a] wanzhenlong@mail.customs.gov.cn，[b] taowang@customs.gov.cn，[c] 13910200939@139.com

*通讯作者

摘要：进出口企业信用评分体系建设对于加强企业监管、推进外贸发展意义重大。但原来主要依赖专家评分的机制存在效率低下等问题。在大数据技术快速发展的背景下，应用数据挖掘算法构建进出口企业信用智能评分模型有助于提高企业评分的效率和准确度，优化口岸监管效能。本文通过采用评分卡、决策树和神经网络3种算法，分别构建智能评分模型，并对其进行全面对比；并在此基础上提出"线性权重综合法"和"逻辑回归综合法"两种模型集成方法，使评分更加稳定、准确；同时，还提出了将信用评分结果直接应用于事中口岸监管的信息化架构。本文研究成果对进一步提高进出口企业信用评分的科学性，并在事中口岸监管中进行差别化应用，具有一定的参考价值和实践意义。

关键词：企业信用评分；数据挖掘；评分卡；决策树；神经网络

Research on the Application of Intelligent Enterprise Credit Rating Model in Port Supervision

Wan Zhenlong[a,*], Wang Tao[b], Li Xiaowen[c]

National Information Center of GACC，Beijing，China

[a] wanzhenlong@mail.customs.gov.cn，[b] taowang@customs.gov.cn，[c] 13910200939@139.com

*Corresponding author

Abstract：The construction of a credit scoring system for import and export enterprises is of great significance for strengthening enterprise supervision and promoting the development of foreign trade. However, the mechanism that originally relied mainly on expert scoring had issues such as low efficiency. In the context of the rapid development of Big data technology, the application of data mining algorithms to build an intelligent credit scoring model for import and export enterprises will help improve the efficiency and accuracy of enterprise scoring and optimize the efficiency of port supervision. This article constructs intelligent scoring models using three algorithms: scorecard, decision tree, and neural network, and compares them comprehensively; On this basis, two model integration methods, "linear weight synthesis method" and "Logistic regression synthesis method", are proposed to make the scoring more stable and accurate; At the same time, it is also proposed to directly apply the credit scoring results to the information architecture of port supervision in customs affairs. The research results of this article have certain reference value and practical significance for further improving the scientific nature of credit ratings for import and export enterprises, and for differential application in the supervision of intermediate ports.

Keywords: Enterprise credit scoring; Data mining; Scoring cards; Decision trees; Neural networks

1 引言

对外贸易是我国经济发展的"三驾马车"之一，在国民经济建设中占有举足轻重的地位。然而，在对外贸易过程中，仍然存在一些进出口企业（简称"企业"）故意瞒报、伪报商品或者偷逃税款的行为，甚至有企业走私违禁物品，破坏国门安全，进而影响了进出口环境。因此，有必要对企业建立信用评分体系，依据信用情况对其申报进行风险评估，并将评估结果应用于口岸监管[1-2]。

本文的总体思路是按照"由企及物"的理念，以企业为单元，全面汇总企业基本信息及行为信息，并构建评分指标体系。采用数据挖掘算法对数据进行挖掘分析并构建智能评分模型，找出其中隐含的企业信用信息相关因素，对企业进行量化信用评分，从而形成对原有评级体系的有益补充，并设计一套基于企业信用评分结果的事中口岸监管的信息化架构,为优化信用管理体系,实现对进出口企业的精细化管理,促进贸易安全与便利提供借鉴和支持。同时,本文中企业信用智能评分模型[3]的建立,也能对其他行业提供一定的参考价值。

2 基于数据挖掘的信用评分建模思路

目前,我国已经建立了相对完善的企业信用评级体系,同时也与很多国家建立了 AEO(Authorized Economic Operator)[4-5]互认机制。但企业评级颗粒度较大,如果能采用智能的机器学习评分方法,对企业信用进行量化评分,则不但使企业信用评价更加精准,而且有利于提高精细化管理水平。数据挖掘中的决策树、逻辑回归、神经网络等算法在银行、金融等行业的信用评分、风险管理等领域中得到了应用[6-7],可以提高信用评分的效率和准确度。因此,本文主要分为三部分研究内容:一是比较基于各种算法构建的评分模型效果,确定不同算法在进出口企业信用评分领域应用的优劣;二是研究模型集成方法,得出更加稳定、高效的评分模式;三是提出将企业信用评分结果实时、直接应用于事中口岸监管的信息系统架构。

数据挖掘是本文用到的最重要的研究方法,其一般流程如图1所示。

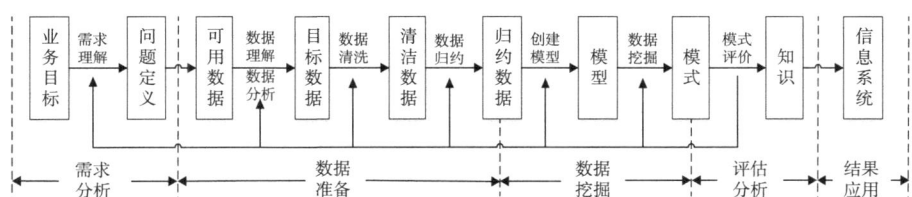

图1 数据挖掘流程

本文参考数据挖掘典型流程,重点研究采用评分卡(逻辑回归)、决策树和 RBF 神经网络 3 种算法构建企业信用评分模型,并对各自效果进行比较分析,同时为进一步提高评分的稳定性和准确度,将采用模型集成的思想将 3 种模型进行有机集成,建立综合评分模型,研究思路如图 2 所示。

本文研究工作从需求理解开始,在完成指标体系构建和数据准备工作后,分两阶段开展工作,第一是单模型分析阶段,主要是分别采用评分卡(逻辑回归)、决策树、RBF 神经网络三种算法进行建模,并对结果进行对比分析;第二是综合模型分析阶段,主要是基于第一阶段产生模型结果,分别采用两种模型集成方法对三种模型进行综合,一是线性权重综合法

（图中①所示），将三种模型结果按照效果优劣进行加权平均，得到综合得分。二是逻辑回归综合法（图中②所示），将 RBF 神经网络和决策树的结果加入到评分卡模型的输入中，得到综合评估模型，以期提高模型的预测精度和稳定性。

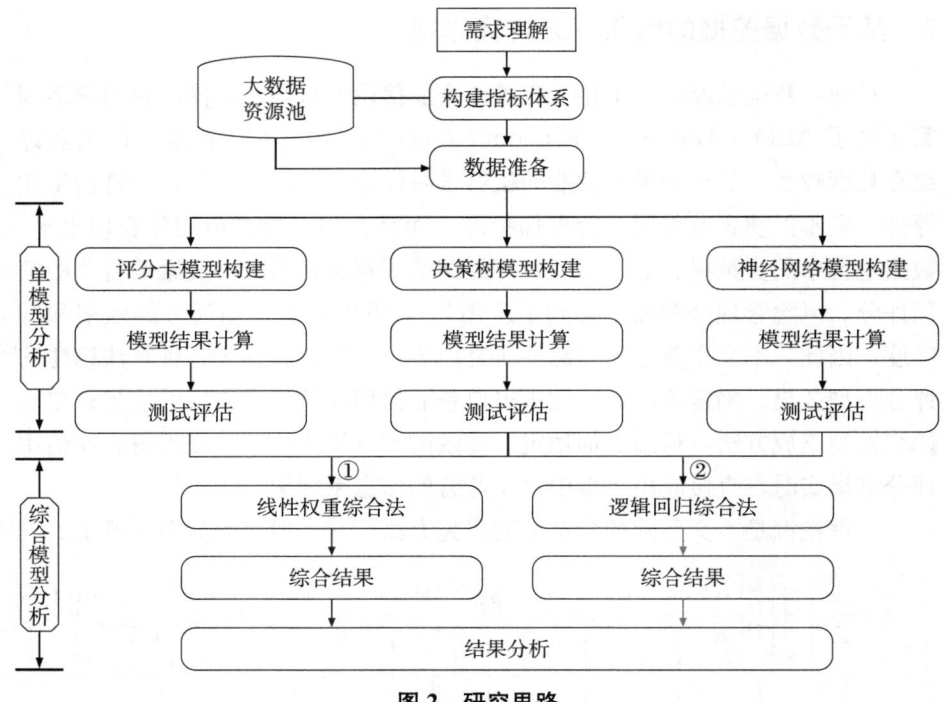

图 2　研究思路

3. 评分模型分析及信息化应用架构

使用数据挖掘算法进行企业信用评分是本文研究的核心内容，也是将评分结果在口岸监管中进行应用的前提。为了保证研究的全面性，经过调研，本文最终选择评分卡（逻辑回归）、决策树和 RBF 神经网络 3 种算法进行建模，并对各自效果进行比较分析，然后将 3 种模型按照两种方法进行模型综合，并对比分析，最后提出评分结果应用于事中口岸监管的信息系统架构[8-9]。

3.1　算法比较

参照数据挖掘经典流程，在进行 3 种算法比较时，主要分为"指标体系设计→数据准备→模型构建→结果分析" 4 个主要步骤。

(1) 指标体系设计

针对研究目标，按照"5C"企业信用标准，结合进出口实际业务经验和指标可量化等原则，以企业申报中的"经营单位"（TRADE_CO）为评分主体，初步构建企业信用评分指标体系（表1）。

表1 评分指标体系

5C 类别	一级指标	二级指标	指标标识	取值说明
品质	注册管理	变更手续记录	NO_CHG_ROUTINE	0，1
	企业管理	当前信用等级	CURR_CRDT	1—4
		适用管理类别时间	CURR_CRDT_YEARS	
		降级升级标志	CURR_CRDT_UP_DOWN_FLAG	0，1
		10年内升级次数	YEAR_10_UP_TIMES	
		10年内降级次数	YEAR_10_DOWN_TIMES	
	守法情况	两年内走私罪	CRIMINAL_CASE_FLAG	0，1
		两年内走私行为	ADMIN_CASE_FLAG	0，1
		两年内违规行为	INFRACT_RULE_FLAG	
		两年内侵权行为	ZSCQ_CASE_FLAG	0，1
经营能力	营运能力（业务量指标）	近一年进出口金额	YEAR_1_USD_PRICE	
		近两年进出口金额	YEAR_2_USD_PRICE	
		近三年进出口金额	YEAR_3_USD_PRICE	
		近一年纳税额	YEAR_1_REAL_TAX	
		近二年纳税额	YEAR_2_REAL_TAX	
		近三年纳税额	YEAR_3_REAL_TAX	
资本	发展力	暂不考虑		
抵押担保	业务规范性指标	欠税记录	DFTTX_FLAG	0—4
		关税滞纳记录	TAX_ZHINA_FLAG	同上
		手册超期未核记录	CLEAR_FLAG	同上
		补税记录	TAX_ADD_FLAG	同上
环境	环境	暂不考虑		

(2) 数据准备

数据准备工作较为复杂，主要分为"指标计算→目标变量确定→异常数据处理→指标筛选"4个步骤：

在指标计算方面，在确定指标计算逻辑的基础上，采用近 10 年历史数据对 20 个指标进行计算。

在目标变量确定方面，将历史数据中"高级认证企业"定义为"好企业"，"失信企业"定义为"坏企业"，剩余企业进一步细分：无任何违法行为的（包括侵权、违规、走私等）定义为"好企业"；发生过违法行为的定义为"坏企业"。最终经过处理，样本企业共计 702 689 家，其中好企业数为 691 260，坏企业数为 11 429。

在异常数据处理方面，对于建模中发现的缺失值变量，采用固定值填充。

在指标筛选方面，通过利用二值逻辑回归算法，构建一般变量（指标）对目标变量的逻辑回归方程，得出"近一年进出口金额"等 6 个业务量指标在统计上不显著，所以原始 20 个指标经过筛选后剩余 14 个。

最后，采用随机抽样方法从样本数据中抽取 60% 用于模型训练，40% 用于模型测试。

（3）模型构建

评分卡模型：首先利用评分卡分组对变量进行离散化，转换为中间变量（新建分组的 WOE 值变量），通过 WOE 值曲线的趋势判断分组的显著性，对不显著的分组进行合并，然后进行评分卡分析算法。

评分卡训练模型输出结果中，拟合值为企业得分，回判值为好坏企业；由于评分卡模型的评分是将结果概率进行线性变换得到，所以需要用数据处理算法将分数进行标准化处理，将分数区间定义为 0~100 分，分数越高表示企业诚信水平越好。

经过计算，评分卡模型的混淆矩阵如表 2 所示（1 代表坏企业，0 代表好企业）。

表 2 评分卡模型的混淆矩阵

预测值	实际值					
	训练样本			测试样本		
	1	0	正确率	1	0	正确率
1	4845	714	87.16%	5118	752	87.19%
0	166	415 888	99.96%	982	274 224	99.64%
总计	5011	416 602	99.79%	6100	274 976	99.38%

决策树模型：利用60%的训练样本建立模型，设置模型参数，得到训练模型的决策树和规则集；将决策树的规则概率转化为企业的信用得分[10-11]。

企业信用得分采用的标准化公式如下：

标准化得分＝（规则_预测值－最小值）/（最大值－最小值）*100%。

经过计算，决策树模型的混淆矩阵如表3所示。

表3 决策树模型的混淆矩阵

预测值	实际值					
	训练样本			测试样本		
	1	0	正确率	1	0	正确率
1	4714	845	84.80%	4884	986	83.2%
0	5784	410 270	98.61%	4983	270 223	98.19%
总计	10 498	411 115	98.43%	9867	271 209	97.88%

RBF神经网络模型：利用60%的训练样本建立RBF神经网络模型，设置隐含层中心个数，得到训练模型。输出类型选择"计算"输出目标变量取值为0或1的概率，选择"分类"输出目标变量拟合值为0或1。

神经网络模型企业得分计算规则为：

标准化得分＝（预测值－最小值）/（最大值－最小值）*100%。

利用分类准确率对训练样本集的效果进行评估，混淆矩阵如表4所示。

表4 RBF神经网络模型混淆矩阵

预测值	实际值					
	训练样本			测试样本		
	1	0	正确率	1	0	正确率
1	4860	699	87.43%	5098	772	86.85%
0	162	415 892	99.96%	140	275 066	99.95%
总计	5022	416 591	99.8%	5238	275 838	99.68%

（4）结果分析

评价模型的标准主要包括预测准确度、稳定性：准确度主要通过训练样本和测试样本的总体正确率和第一类错误率来比较，而稳定性主要从训练样本和测试样本之间的结果一致性来考虑，上述 3 个模型汇总的运算结果如表 5 所示。

表 5　模型结果对比分析

模型	样本类型	总正确率	第一类错误率	第二类错误率
评分卡	训练样本	99.79%	12.84%	0.04%
	测试样本	99.38%	12.81%	0.36%
决策树	训练样本	98.43%	15.20%	1.39%
	测试样本	97.88%	16.80%	1.81%
RBF 神经网络	训练样本	99.80%	12.57%	0.04%
	测试样本	99.68%	13.15%	0.05%

从上面的汇总结果中可以看出，不管是对于训练样本还是测试样本，神经网络的总准确度最高，评分卡（逻辑回归）稍差，决策树最差；从测试样本的第一类错误率上看，评分卡（逻辑回归）最低，神经网络次之，决策树最差，所以从准确性考虑，神经网络和评分卡（逻辑回归）相对较好，决策树最差。

稳定性方面，从总正确率上来讲，神经网络最小，测试样本比训练样本低了 0.12%，而评分卡（逻辑回归）和决策树分别低了 0.41% 和 0.55%；但从我们关注的第一类错误率上来讲，评分卡（逻辑回归）最小，测试样本比训练样本低了 0.03%，而神经网络和决策树反倒是都高了，高出百分比分别为 0.58% 和 1.6%，可见，稳定性方面，仍然是决策树最差，评分卡（逻辑回归）好于神经网络。

综上，对于进出口企业信用评分来讲，如果单独使用一种数据挖掘算法建立模型，以逻辑回归为核心的评分卡在模型准确性、稳定性等方面综合表现较好。

3.2　模型集成

为进一步提升模型准确性和稳定性，使各模型能够扬长避短，本课题提出模型综合方法。

第一种综合评估模型就是对评分卡（逻辑回归）、决策树和 RBF 神经网络 3 种方法的结果进行加权汇总，将其命名为"线性权重综合法"。

企业诚信评估模型重点关注的是信用差的企业,通常放过一个坏企业比误抓一个好企业的代价要高,因此,考虑按照第一类错误率来构建权重,准确率高误差小则权数大。

权重计算公式如下:

权重比 $= \frac{1}{12.85} : \frac{1}{15.2} : \frac{1}{12.57} = 0.0778 : 0.0658 : 0.079$。

评分卡(逻辑回归)权重 $= \frac{0.07782101}{(0.07782101+0.06578947+0.07955449)} = 0.3487$。

决策树权重 $= \frac{0.06578947}{(0.07782101+0.06578947+0.07955449)} = 0.2948$。

神经网络权重 $= \frac{0.07955449}{(0.07782101+0.06578947+0.07955449)} = 0.3565$。

综合得分 $= 0.3487 *$ 评分卡模型得分 $+ 0.2948 *$ 决策树模型得分 $+ 0.3565 *$ 神经网络模型得分,最终信用得分的分布如图3所示。

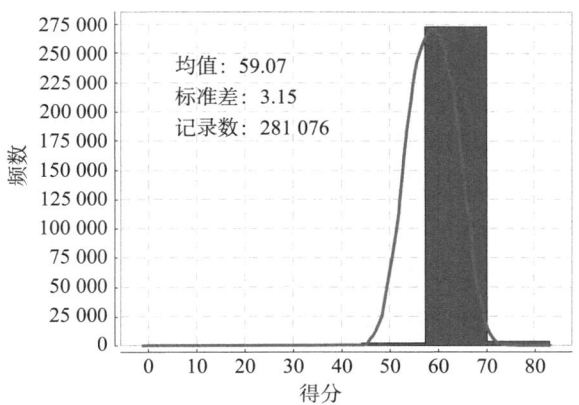

图3 线性权重综合法信用得分的分布

从信用得分的分布可以看出,采用线性权重综合法企业得分平均值在59.07分,大部分的企业分布在60~70分,比较符合进出口企业的实际业务情况。

第二种综合评估方法是将决策树和RBF神经网络模型的结果作为评分卡模型的输入变量,和其他原有输入变量一起参与评分卡模型计算,将其命名为"逻辑回归综合法"。

在具体实现上,首先将决策树和RBF神经网络的模型结果加上其余的特征变量作为评分卡（逻辑回归）的输入构建训练模型进行计算，然后将两种模型的结果表导入到数据库，与建模数据表进行合并，得到综合建模数据表，最后将原始得分进行标准化，得到最终混淆矩阵如表 6 所示。

表 6　逻辑回归综合法混淆矩阵

预测值	实际值					
	训练样本			测试样本		
	1	0	正确率	1	0	正确率
1	4863	696	87.48%	5120	750	87.22%
0	179	415 875	99.96%	153	275 053	99.94%
总计	5028	416 585	99.79%	6223	274 853	99.68%

从混淆矩阵可以看出，逻辑回归综合模型在训练样本上的整体准确率达到 99.79%，对于"好企业"模型评估的准确率为 99.96%，对于"坏企业"模型评估的准确率为 87.48%，第一类错误率为 12.52%，第二类错误率为 0.04%。相比与单一的评分卡模型，综合模型对于坏企业的预测准确率提高了 12.84%－12.52%＝0.32 个百分点。稳定性方面，从总正确率上来讲，测试样本比训练样本低了 0.11%，比神经网络的 0.12% 低了 0.01%，远远好于而评分卡（逻辑回归）和决策树的 0.41% 和 0.55%。

根据上述两种模型的运算结果可以看出"线性权重综合法"和"逻辑回归综合法"各有优劣。

"线性权重综合法"简单易行，运算过程方便高效，很直接的就能够得出每家企业的综合得分，而且可以针对每家企业的得分进行回溯，便于对结果进行解释；但是因为该方法只对每家企业的分数进行了综合，没有对企业的"好坏"进行进一步综合，所以无益于提升模型的整体准确性。

"逻辑回归综合法"计算过程相对复杂，但该方法不但对企业得分进行了综合，而且对企业"好坏"也进行了区分，其准确度和稳定性均有提高，而且其第一类错误率为 1－87.48%＝12.52%，比单模型结果中最低的神经网络的 12.57% 还要低 0.05%，如果按照 100 万家企业计算的话，将会更多的识别出 500 家"坏"企业，这对口岸监管来讲至关重要。

3.3　模型应用的信息化架构

在口岸监管中，将企业评分结果应用于企业通关过程，参与"事中"风险判别，识别企业高风险报关行为并将处置结果应用于后续模型进一步优化，形成"信用评分→风险判别→风险处置→数据收集→信用评分优化"的闭环，将大幅提升口岸监管水平。

图 4 为信用评分结果应用于事中口岸监管的信息化架构设计，主要包含两个流程，一是评分模型构建及计算流程（Score Modeling Process），简称为 SMP-X，二是通关作业流程（Customs Clearance Process），简称为 CCP-X。两个流程紧密衔接，形成了企业评分结果应用于口岸监管的自优化的闭环模式。

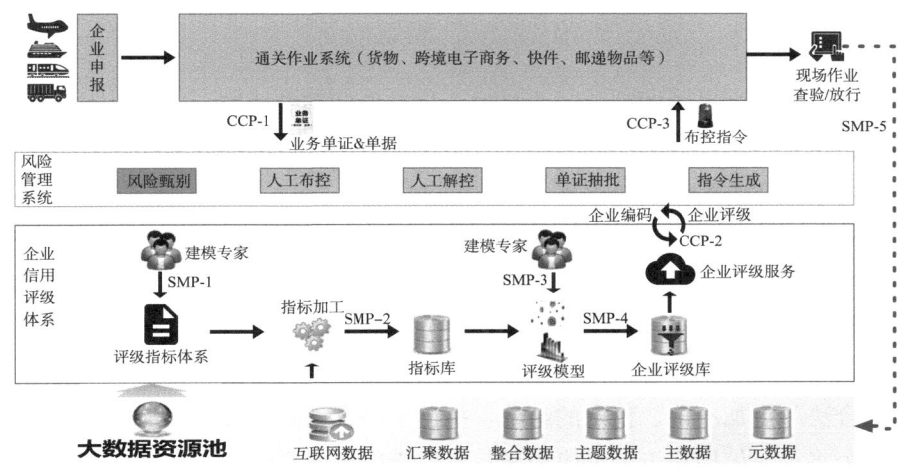

图 4　信用评分应用架构

SMP 流程主要分为 5 步，目标是完成企业的评分：

①评分指标体系构建（SMP-1）：参照 "5C" 标准，选取切实有效的评价指标构建企业信用评分模型。

②指标加工（SMP-2）：基于大数据资源池计算所有企业的评分指标，作为后续评分模型的输入。

③评分模型构建（SMP-3）：采用神经网络等算法，构建评分模型，并利用训练数据和测试数据对模型进行训练和验证。

④企业评分（SMP-4）：利用构建好的模型对企业进行评分，将评分结果存入企业评分库，便于后续口岸监管系统进行调用。

⑤数据反馈（SMP-5）：通过不断将新的通关数据采集入大数据资源池，并重新进行 SMP-1 至 SMP-4 的流程，可以不断优化企业评分结果，实现自优化的管理闭环。

CCP 流程主要分为 3 步，目标是完成企业评分的应用：

①通关数据传送（CCP-1）：通关系统将企业申报单证数据发送到风险管理系统进行风险甄别。

②企业评分结果调用（CCP-2）：风险管理系统将申报企业编码发送到企业评分服务，获取企业评分结果，并根据评分结果结合其他相关风险信息综合判断企业申报风险的高低。

③布控指令下发（CCP-3）：根据风险综合研判结果，形成布控或放行指令，反馈通关作业管理系统，指导后续风险处置。

4 结束语

在大数据技术飞速发展的背景下，将数据挖掘算法引入进出口企业信用评分，可实现在企业评级的基础上，对于企业信用更准确的量化表示，有助于提升企业监管的精细化水平。

本文经过研究对比，最终选择使用评分卡（逻辑回归）、决策树和 RBF 神经网络 3 种算法进行企业评分建模，并经过运算结果的对比分析，得出评分卡模型更加适用于进出口企业信用评分。同时，通过提出并比较分析"线性权重综合法"和"逻辑回归综合法"两种模型集成方法，得出了"逻辑回归综合法"更加准确、稳定的结论，提出了一种新的评分思路。最后，设计了一个将企业信用评级结果应用于口岸监管的信息系统架构，对企业信用评分结果直接应用于事中口岸监管具有一定的参考和借鉴意义。

致谢

研究资助：国家重点研发计划资助（2021YFC3340500）。

参考文献

[1] LI H. Research on international experience and methods of enterprise credit rating [J]. New finance，2020(1)：54-58.

[2] Measures of the Customs of the China for the Administration of Enterprise Credit [EB/OL].（2018-03-03）[2023-06-06]. https：//www. gov. cn/gongbao/content/2018/content_5291372. htm.

[3] XU P. Research on optimizing China's enterprise credit supervision[D]. Nanjing：Nanjing University，2018.

[4] WAN S. EU AEO legislative practice and its reference significance for China[J]. Customs and economic and trade research,2017,38(4):74-87.

[5] DU Y. The dilemma and path of implementing China's customs AEO system[J]. Journal of Sichuan university (philosophy and social sciences edition),2018(6):183-189.

[6] LIU Q. Research on credit scoring card model based on data mining technology[D]. Wuhan:Huazhong University of Science and Technology ,2019.

[7] YANG S,ZHU Q,CHENG C. The construction of a personal credit evaluation combination model based on decision tree neural network research[J]. Financial forum,2013,18(2):57-61.

[8] LIU Z,HUANG Z,XIE H. Is big data risk control effective? comparative analysis based on statistical scoring cards and machine learning models[J]. Statistics and information forum,2019,34(9):18-26.

[9] DENG J,QIN T,HUANG S. Research on credit risk warning of listed companies in China based on logistic model[J]. Financial theory and practice,2013(2):22-26.

[10] QUINLAN J R. Introduction of decision tree[J]. Machine learning,1986,1(1):81-106.

[11] QIN H,GUO F. A research on logistic regression model based corporate credit rating [C] //2011 International Conference on E-Business and E-Government. 2011.

面向文物领域的知识图谱构建研究

梁浩然[a]，齐林[b,*]

北京信息科技大学经济管理学院，北京，中国

[a] 2021020875@bistu.edu.cn，[b] qilin@bistu.edu.cn

*通讯作者

摘要：针对现有文物领域数据管理模式的不足，提出并构建出文物知识图谱以对其进行优化。首先，进行文物本体的构建，定义概念与层级关系；其次，采用THULAC工具及BiLSTM-CRF算法对文物数据实现实体抽取工作；最后，使用Neo4j工具进行知识图谱的可视化操作。通过分析文物知识图谱的特点与优势，证明其可以对现有的文物数据管理模式提供帮助。

关键词：文物；本体；知识图谱；BiLSTM-CRF；知识抽取

Research on the construction of knowledge graph in the field of cultural relics

Liang Haoran[a], Qi Lin[b,*]

School of Economics and Management, Beijing Information Science and Technology University, Beijing, China

[a] 2021020875@bistu.edu.cn, [b] qilin@bistu.edu.cn

*Corresponding author

Abstract: In view of the deficiency of the existing data management model in the field of cultural relics, a set of knowledge graph of cultural relics is constructed to optimize it. First of all, construct the cultural relic ontology, define the concept and hierarchical relationship; secondly, use THULAC tools and BiLSTM-CRF algorithm to achieve entity extraction of cultural relic data; finally, use neo4j tools to visualize the knowledge graph. Through the analysis of the characteristics and advantages of the cultural relic knowledge graph, it is proved that it can provide help to the existing cultural relic data management mode.

Keywords: Smart cultural museums; Ontology; Knowledge graph; BiLSTM-CRF; Knowledge extraction

1 引言

党的十八大以来，我国始终致力于推动文化遗产的传承和保护。习近平总书记强调："把老祖宗留下的文化遗产精心守护好，让历史文脉更好地传承下去"。2016 年 12 月，国家发展改革委联合相关部门发布《"互联网＋中华文明"三年行动计划》，明确指出博物馆应该运用互联网、大数据等新兴技术[1]。

博物馆作为文化的特殊载体，要充分利用信息化技术整合文物文化资源，最大限度地发挥社会服务职能。文物数据存在知识单元分散、语义关联度低的特征[2]。但目前博物馆的数据管理模式大多使用传统数据库的存储形式，不能深入挖掘文物数据内涵、有效展示数据间的关系，难以发现共性特征、文物关系等信息。并且，对于文物数据的检索只能进行简单机械化的查询，准确性和效率都无法得到保障。现有文物数据管理模式存储分散、组织凌乱、检索低效，不利于研究与利用。综上所述，现有的文物数据管理模式在数据的整合、存储、共享等方面已经不能满足不同用户对知识表达和知识呈现的不同需求，需要对现有模式进行改进。

知识图谱可以展示知识整体结构、挖掘事物间关联、可视化分析检索结果等[3]，构建文物知识图谱可以有效地解决文物数据管理面临的问题。针对知识单元分散的问题，知识图谱技术能够从多源异构的文物数据中抽取和加工知识，有助于对文物数据进行有序化和系统化的知识组织；在挖掘知识关联方面，知识图谱技术可以抽取知识中的语义关系，并且基于图数据库储存的知识图谱，能够直观地呈现事物之间的关联；在信息检索方面，知识图谱可以将分散在不同数据库与档案中的大量藏品信息整合起来，建立全面的管理系统，便于查找搜索；在交互方面，知识图谱可以实现智能问答和导览等功能，观众可以通过与系统交互，获取所需信息、解答问题。

故本文针对文物数据的特点及现有数据管理模式的缺陷，提出构建文物知识图谱的方式并加以改进。

2 相关工作

近年来,知识图谱在许多领域得到了广泛应用。参考文献[4]使用基于规则的实体抽取方式,整理了电商平台的信息和评论情况,构建了一套电商平台的知识图谱,有效帮助购物平台改善产品对比和产品搜索等机制,为用户提供更好的产品服务。参考文献[5]收集金融机构的股权数据,通过基于模板与机器学习的方法抽取持股关系、持股比例,构建了金融股权知识图谱,突破了领域内的研究集中于债权数据的局限,为金融领域数据管理提供了一种新方向。参考文献[6]收集了葡萄牙国内政府机构公务人员的社交媒体数据,利用社会网络分析对葡萄牙政府社会网络的基本特征进行了度量,构建了政府社交媒体知识图谱。参考文献[7]使用CRF+规则匹配的方式进行实体抽取,构建了自然灾害应急知识图谱,实现了从多源数据到互联知识的转化。

综上所述,文物数据的管理模式还有很大改善空间,同时知识图谱已被广泛应用于多个领域,能够对数据的管理提供较大帮助。并且,在针对博物馆文物数据的领域,知识图谱的应用暂未有较多研究,也为本文提供了研究与探索的空间。

3 文物知识图谱构建的研究方法

3.1 技术路线

本文提出了一个文物知识图谱构建框架,如图1所示。首先,根据文物领域的相关概念进行本体构建,实现模式层的定义。其次,在数据获取阶段,主要收集故宫博物院的文物相关数据,并将其划分为结构化数据和非结构化数据。然后,在知识抽取阶段,采用THULAC分词工具、BiLSTM-CRF[8-9]算法等处理这两类数据,并将其转化为三元组形式。最后,在知识存储阶段,利用Neo4j平台进行知识图谱的存储和展示。

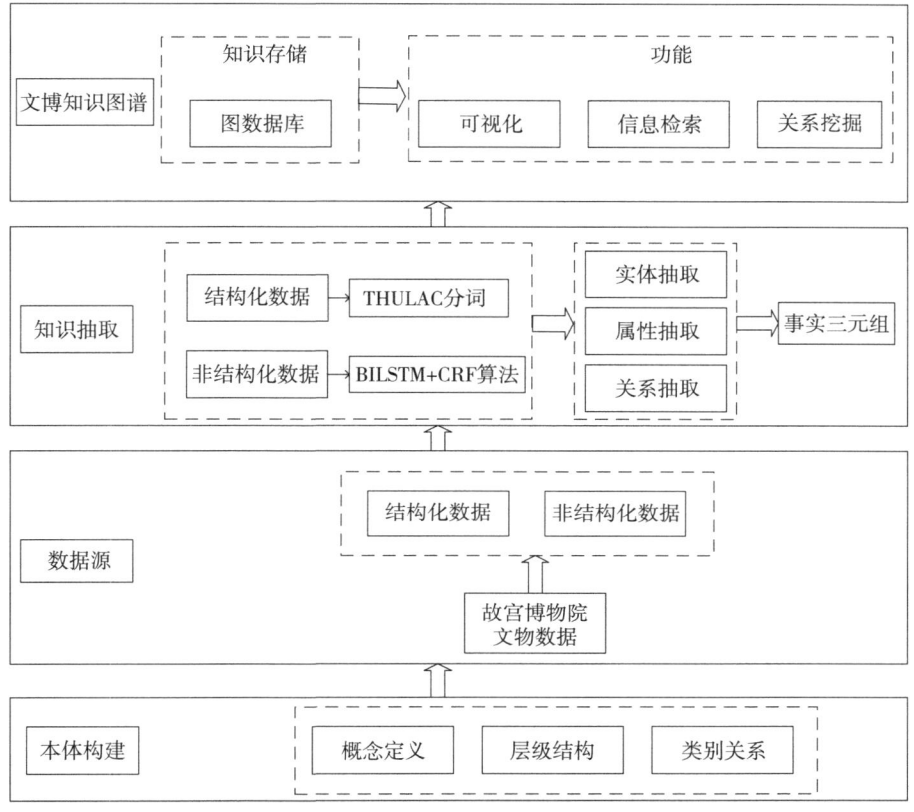

图 1 文物知识图谱构建框架

3.2 数据处理

对于结构化形式的文物数据使用 THULAC[10]（THU Lexical Analyzer for Chinese）进行分词处理。这是由清华大学自然语言处理与社会人文计算实验室研制推出的一套中文词法分析工具包，具有中文分词和词性标注功能，其模型标注能力强大、准确率高且运行速度快。

采用 THULAC 工具对故宫博物院文物名称进行精细分词，进一步划分命名实体，根据分词结果提取类别信息，如颜色、器物类型、材质等，进而充实每条文物数据所对应的事实三元组（表1）。

表 1 分词结果

分词前	分词后
白玻璃单耳桃式杯	白 \ 玻璃 \ 单耳 \ 桃式 \ 杯
白色缠丝玻璃高足杯	白色 \ 缠丝 \ 玻璃 \ 高足 \ 杯
康熙款白色透明玻璃水丞	康熙 \ 款 \ 白色 \ 透明 \ 玻璃 \ 水丞
雍正款黄玻璃菊瓣式渣斗	雍正 \ 款 \ 黄 \ 玻璃 \ 菊瓣式 \ 渣斗
雍正款蓝色透明玻璃尊	雍正 \ 款 \ 蓝色 \ 透明 \ 玻璃 \ 尊
雍正款蓝色透明玻璃八棱瓶	雍正 \ 款 \ 蓝色 \ 透明 \ 玻璃 \ 八棱 \ 瓶

对于文物领域文本类型的数据采用 BiLSTM-CRF 算法进行知识抽取，挖掘无序的非结构化数据中的名词短语，对文本中相关的实体进行识别与抽取。

（1）BiLSTM 算法

长短期记忆神经网络（Long Short Term Memory，LSTM）是循环神经网络（Recurrent Neural Network，RNN）的一个变体[11]。它相较于传统的 RNN 网络结构，引入了记忆单元和门限机制来控制信息的遗忘、更新和传递，从而能够学习到长距离的依赖关系，有效地解决 RNN 网络结构中出现的梯度消失或爆炸问题。细胞通过遗忘门、输入门、输出门 3 种结构来控制细胞的状态[12]。时刻 t 下细胞的状态更新可由式（1）～式（5）得到。

$$f_t = \sigma(w_f \times [h_{t-1}, x_t] + b_f); \quad (1)$$

$$i_t = \sigma(w_i \times [h_{t-1}, \chi_t] + b_i); \quad (2)$$

$$o_t = \sigma(w_o \times [h_t, x_t] + b_o); \quad (3)$$

$$C_t = f_t^* C_{t-1} + i_t^* \tan h(w_C \times [h_{t-1}, \chi_t] + b_C); \quad (4)$$

$$h_t = o_t^* \tan h(C_t)。 \quad (5)$$

式中，σ 是 sigmoid 激励函数；f、i、o 分别表示遗忘门、输入门和输出门；w 和 b 分别是权重矩阵和偏置项；C 表示细胞状态；h 表示隐藏层状态。

LSTM 只能捕获当前时刻状态之前的信息，无法捕获之后的信息，因此无法同时考虑文本的上下文语境。而双向长短时记忆网络 BiLSTM 是由前向 LSTM 和后向 LSTM 构成，前向 LSTM 利用上文的信息来预测当前词，后向 LSTM 利用下文的信息来预测当前词，因此可同时利用文本上下文信息，学习文本的长序列语义特征，提高模型的识别能力。LSTM 单元结构示意如图 2 所示。

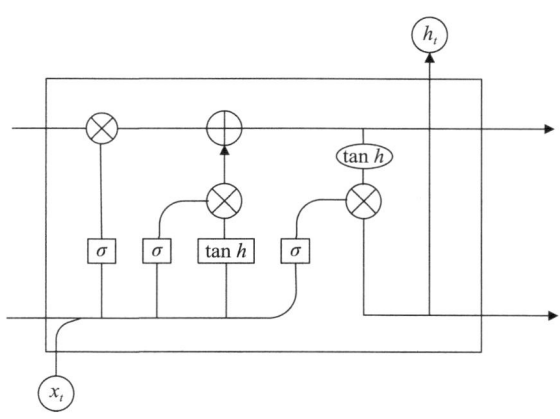

图 2 LSTM 单元结构示意

（2）CRF 算法

BiLSTM 的输出相互独立，无法考虑相邻标签之间的信息，直接使用 BiLSTM 的输出结果预测标签容易出现非法标注的问题，CRF 将学习到的约束规则在预测时用于检测标注序列是否合法。

序列标注中，CRF 不仅考虑当前时刻的观察状态，也考虑之前时刻的隐藏状态[13]。因此能够充分利用相邻标签之间的信息，使最终的输出不是独立的标签序列，而是考虑规则和顺序的最佳序列。CRF 层在给定需要标注的观察序列的条件下，计算整个序列的联合概率分布，最终输出一个全局最优的标注序列，算法如下：

$$S(X, y) = \sum_{i=1}^{n} P_{i, y_i} + \sum_{i=0}^{n} A_{y_i, y_{i+1}} \text{。} \tag{6}$$

式中，$A_{y_i, y_{i+1}}$ 为转移矩阵 A 中标签 y_i 转移到标签 y_{i+1} 的分数；P_{i, y_i} 为序列中第 i 个字被预测为第 y_i 个标签的概率。

在具体的工作内容方面，本文采用 BIO 标注方法将故宫博物院文物介绍文本作为训练语料，对文物实体进行精确标注（名称、时代、作者、工艺、材质等），以明确指示文物实体的起始位置和内部成分。接着，通过 BiLSTM-CRF 算法，借助其在捕捉上下文信息方面能够充分利用双向长短时记忆网络的优势，对已标注的文物实体标签进行模型训练。最后，导入其他非结构化文物数据，进行实体的抽取。

4 文物知识图谱的构建

4.1 文物本体的构建

根据《第一次全国可移动文物普查数据公报》《国有可移动文物普查——文物定名标准（试行）》《文物藏品定级标准》，本文将文物本体定义为 10 个大类[14]，分别是：器物、时代、类型、工艺、材质、颜色、功能用途、出土地点、文物级别、收藏单位（表2、表3）。

表 2　文物本体结构

属性名称	属性说明
器物	文物名称
时代	朝代信息
类型	器物形式
工艺	制作技术
材质	物质成分
颜色	外表颜色
功能用途	作用、用途
出土地点	发现地址
文物级别	等级划分
收藏单位	藏品现存地址

表 3　文物本体类别

类	子类
器物	玉石器、陶器、瓷器、铜器、金银器、漆器、雕塑、石器、玻璃器、书法、绘画、文具、甲骨、钱币、珐琅器、织绣……
时代	石器时代、夏、商、西周、东周、秦、西汉、东汉、三国、西晋、东晋、南北朝、隋、唐、宋、元、明、清……
类型	鼎、壶、尊、刀、剑、矛、枪、锤、斧、杯、柜、桌、椅、柜、灯、炉、烛台、瓶、盂、盆、盒、盘、碗、豆、簋、觚……
功能用途	宗教信仰、政治象征、生活用品、艺术作品、历史记录、科学研究……

续表

类	子类
颜色	黑、白、灰、红、绿、蓝、紫、黄、青、银、彩……
……	……

4.2 知识抽取

通过使用 THULAC 工具对故宫博物院收集的 14 754 条文物数据进行分词处理。在这一过程中，基于上文所构建的文物本体框架，针对数据原有的 2~3 个类别，本文对其进行了更加详细的划分，扩充出了 5~7 个不同的类别。这些扩展后的类别涵盖了文物的更多特征和属性，如年代、材质、分类、类型等方面的信息。通过这一步骤，进一步丰富了文物实体内容，为构建文物知识图谱提供了更为精细和深入的数据支持（表4）。

表4　文物属性

器物	年代	材质	分类	类型	颜色	纹饰	作者
白色缠丝玻璃高足杯	清	玻璃	缠丝	杯	白	\	\
德清窑黑釉鸡头壶	东晋	\	釉	壶	黑	\	\
铁梨木雕螭纹翘头案	明	铁梨	木雕	案	\	螭纹	\
傅山草书孟浩然诗卷	清	\	草书	卷	\	\	傅山

针对非结构化数据的实体抽取，本文从故宫博物院的文物简介文本中筛选了 3800 条样本，作为实验的语料库。这些样本被划分为训练集、验证集和测试集，按照 6∶2∶2 的比例分配样本数量，分别为 2280 条、760 条和 760 条。接下来，采用 BiLSTM-CRF 算法进行文物实体抽取。

在评估实验结果时，本文采用查准率（precision，P）、召回率（recall，R）和 F1 值 3 个测试指标。

$$P = \frac{TP}{TP+FP}; \quad (7)$$

$$R = \frac{TP}{TP+FN}; \quad (8)$$

$$F1 = \frac{2PR}{P+R}。 \quad (9)$$

式中，TP 为能正确识别文物实体名称和关系标签的个数；FP 为能识别出文物实体名称和关系但标签类别判定出现错误的个数；FN 为应该但没被识别的文物实体名称和关系个数。

针对不同的实体标签，各指标的计算结果如表 5 所示。这些指标将用于衡量实体抽取的性能和效果。

表 5 各指标的计算结果

实体名称	P	R	$F1$
器物	83.65	85.44	84.54
时代	89.77	89.56	89.66
类型	78.53	77.61	78.07
颜色	88.75	87.35	88.04
功能用途	77.36	79.48	78.41
工艺	75.38	76.44	75.91
材质	80.14	79.64	79.89
作者	88.71	86.52	87.60
窑口	87.63	88.47	88.05

最终经过 BiLSTM-CRF 抽取方法处理后，我们筛选出了共计 4800 条可用数据。并按照表 4 的格式，将这些数据中抽取出的实体与其相应的类别进行一一映射，形成事实三元组[15]，如表 6 所示。

表 6 事实三元组

器物	年代	材质	分类	类型	颜色	窑口	纹饰	作者
东青釉杏圆瓶	清	陶瓷	釉	瓶	青	景德镇	\	\
绿色透明玻璃渣斗	清	玻璃	\	渣斗	绿	\	\	\
乾隆款白套红玻璃莲瓣纹钵	清	玻璃	\	钵	白红	\	莲瓣	\
韩滉五牛图卷	唐	\	绘画	卷	\	\	\	韩滉

4.3 文物知识图谱存储与可视化

本文提出的文物知识图谱将使用 Neo4j 工具进行构建。Neo4j 是一种高性能、面向图形数据库的开源软件，专门用于存储和管理图形结构的数据。图数据库是一类专注于处理图形数据结构的数据库，适用于表示复杂的关系和连接。

在数据处理阶段，我们将包含人物和文物的结构化与非结构化数据（总计 8300 条），通过 Python 工具中的 py2neo 库导入 Neo4j 数据库中，最终生成了 5423 个实体及 3300 条关系，其构成了知识图谱的核心内容。

知识图谱示意如图 3、图 4 所示。

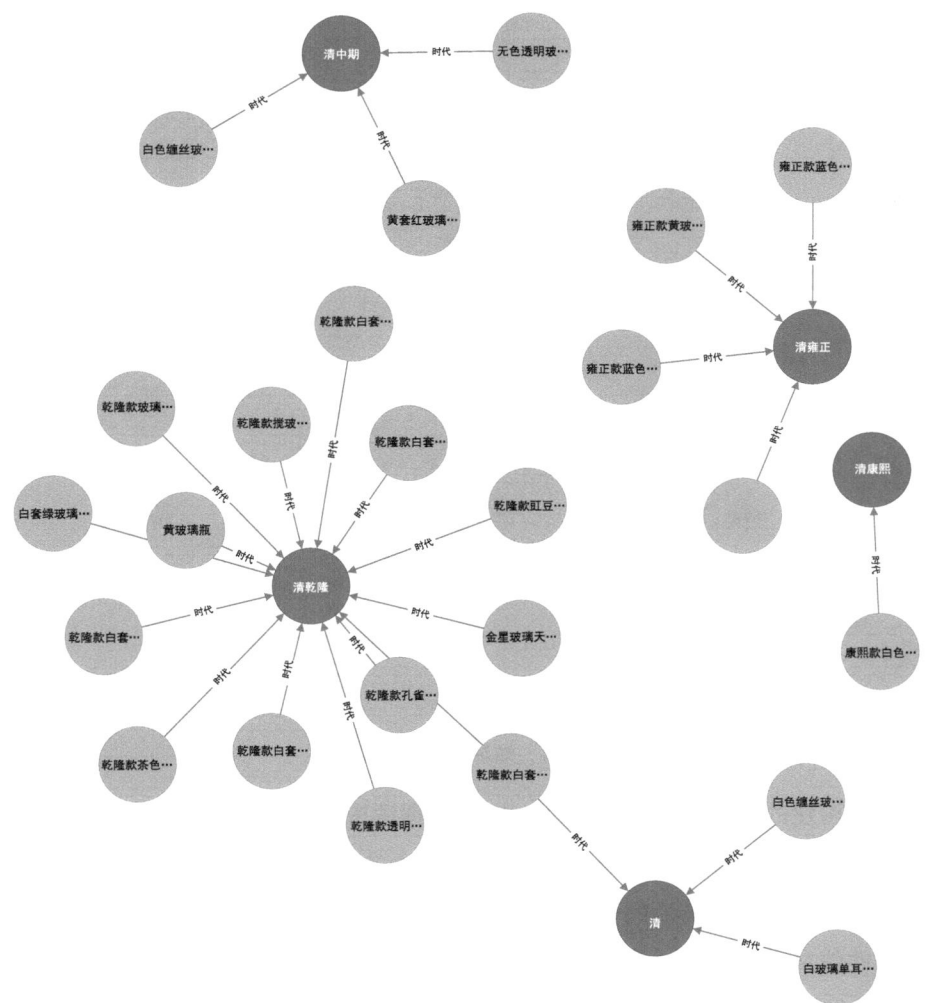

图 3 知识图谱示意 1

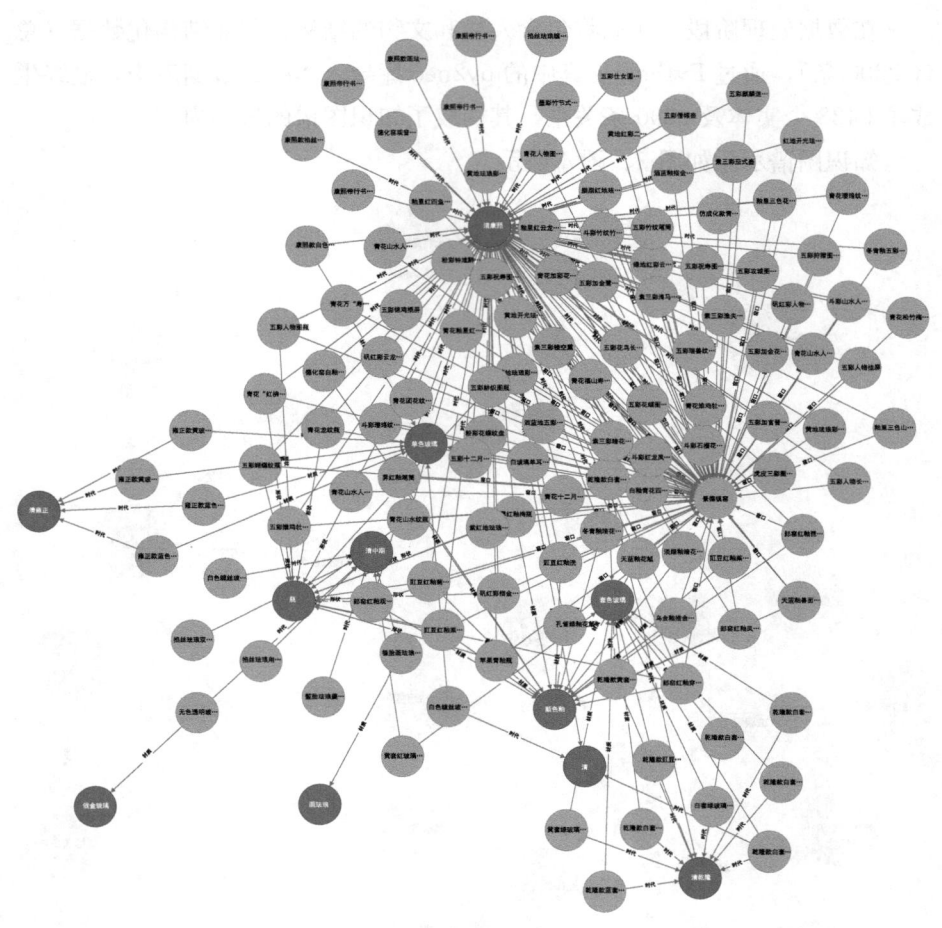

图 4 知识图谱示意 2

所构建的文物知识图谱在 Neo4j 图数据库中呈现出丰富的查询和推理功能，为深入的知识挖掘与分析提供了强有力的支持[16]。该知识图谱的查询功能允许用户通过灵活的检索方式，从多个角度探索其中的文物实体、关系和属性信息。查询结果能够直观地呈现在用户面前，帮助用户深入理解实体之间的联系与特征。

在构建文物知识图谱后，可以在以下几个方面进行智能化应用：①藏品管理。智慧博物馆需要对藏品进行分类、编目、保存和展示。利用知识图谱可以对藏品进行统一的管理和查询，更好地保护和管理文化遗产。②科学研究。利用知识图谱可以对博物馆的藏品及其历史背景、文化内涵等进行深入研究和分析,为博物馆的科学研究工作提供支持。③观众服务。智慧博物馆需要提供个性化的观众服务,如导览、讲解和推荐。利用知识图谱可以对观众的兴趣、偏好和需求进行分析和挖掘,为观众提供更好的服务体验。④智能技术。通过文物知识图谱建立的关系,可以为虚拟现实(VR)、增强现实(AR)技术提供底层数据支撑。这意味着,借助文物知识图谱所建立的大量信息和关系,可以开发出更具深度和复杂性的 VR 和 AR 体验。

文物知识图谱可以进一步提升博物馆的管理水平和服务能力,为文物发展、文化传承开辟了全新的可能性。

5 结论与展望

本文通过对文物数据管理的模式进行深入剖析,针对文物数据的特性,提出了构建文物知识图谱的策略,以优化当前文物数据管理模式。首先,结合文物数据管理的现状与发展需求,系统分析了文物数据管理方面的短板与问题。其次,强调通过构建文物知识图谱,可以有效整合与挖掘文物数据资源,挖掘可供发展的价值。接着,本文在构建文物本体的基础上,借助实体识别、知识抽取等技术手段,构建了文物知识图谱。最后,指出文物知识图谱具有高效检索与知识推理的能力,为文物管理模式的优化及未来研究提供了新的思路和有力支持。

本文的工作虽然取得了一定的成果,但仍存在一些局限性。首先,在数据源方面,主要采用了故宫博物院的数据,未来可以进一步扩充文物数据量及其他相关领域的数据源,如历史文化数据资源,以提供更全面的数据支撑。其次,在知识图谱构建过程中,目前主要以本体构建为参考,未来可以增加知识融合环节,去除重复和相似的实体,提高知识图谱的准确性。最后,通过不断扩充和优化知识图谱,期望其能够应用于智慧博物馆等更多领域,为文化的传播和发展贡献力量。

参考文献

[1] ZHANG X P, ZHANG F K. Introduction of museum information standard framework system [J]. Southeast culture,2010(4):104-108.

[2] ZHAO X Q, LU X W, LI T E, et al. Application of domain knowledge graph in knowledge organization of intangible heritage archive resources[J]. Archives science communication, 2021(3):55-62.

[3] FU L J, CAO Y, BAI Y, et al. Current status and prospects of the development of vertical domain knowledge graph in China[J]. Application research of computers, 2021,38(11):3201-3214.

[4] DING S C, HOU L L, WANG Y. Research on the construction of product knowledge graph based on e-commerce data[J]. Data analysis and knowledge discovery, 2019,3(3):45-56.

[5] LV H K, HONG L, MA F C. Construction and application of financial equity knowledge graph[J]. Data analysis and knowledge discovery,2020,4(5):27-37.

[6] MONIZ N, LOUCA F, OLIVEIRA M, et al. Empirical analysis of the portuguese governments social network[J]. Social network analysis and mining,2016,6(1):1-19.

[7] DU Z Q, LI Y, ZHANG Y T, et al. Research on the construction method of natural disaster emergency knowledge map[J]. Journal of Wuhan university (information science edition),2020,45(9):1344-1355.

[8] GRAVES A, SCHMIDHUBER J. Framewise phoneme classification with bidirectional LSTM and other neural network architectures[J]. Neural networks, 2005, 18(5/6):602-610.

[9] MCCALLUM A, LI W. Early results for named entity recognition with conditional random fields,feature induction and web-enhanced lexicons[C]//Proceedings of the Seventh Conference on Natural Language Learning at HLT-NAACL 2003. Edmonton:Association for Computational Linguistics,2003:188-191.

[10] SUN M, CHEN X X, ZHANG K X, et al. THULAC:an efficient lexical analyzer for chinese[EB/OL].[2023-06-06]. https://nlp.csai.tsinghua.edu.cn/project/thulac/.

[11] HOCHREITER S,SCHMIDHUBER J. Long short-term memory[J]. Neural computation,1997,9(8):1735-1780.

[12] ZHANG Q Y, FU L Y, WANG X J. Scholar Home page information extraction based on BERT-BiLSTM-CRF[J]. Computer application research,2020,37(S1):47-49.

[13] WEI Z J, SONG L, HU X C, et al. Agricultural named entity recognition based on

entity-level masking BERT and BiLSTM-CRF [J]. Chinese journal of agricultural engineering,2022,38(15):195-203.

[14] WANG C Y. Research and application of key technologies for constructing cultural relics knowledge base based on ontology [D]. Hangzhou:Zhejiang University,2015.

[15] CHEN H Y, WANG C, CHEN Y, et al. Construction of knowledge map of folk historical documents:taking Huizhou documents as an example[J]. Library forum,2022,42(11):141-150.

[16] LI Y H, ZHOU S B, ZHOU Y T, et al. Research on knowledge map construction of Zhenjiang poetry in Song Dynasty based on graph database Neo4j[J]. Journal of university library,2021,39(2):52-61.

数字经济发展、产业结构调整对环境污染的影响

孙可欣[a]，杨颖梅[b,*]

北京信息科技大学经济管理学院，北京，中国
[a] sunkexin928@foxmail.com, [b] yangyingmei@bistu.edu.cn
* 通讯作者

摘要：随着中国社会主要矛盾的改变，环境治理与保护逐渐成为党和国家的工作重心。数字化技术和传统产业进行融合，有利于利用信息技术、人工智能技术提升传统产业的生产效率，减少生产不必要环节从而降低生产能耗，同时产业结构调整不断促进我国区域经济高质量发展，也有利于缓解环境污染压力。本文选取2014—2021年省级面板数据，利用固定效应模型、中介效应模型对数字经济发展、产业结构调整影响环境污染的直接效应、间接效应进行实证分析，结果表明：数字经济发展对环境污染存在两种影响机制，数字经济不仅可以直接作用于不同经济活动主体，通过数字技术等方式直接降低环境污染，也可以通过中介变量调整产业结构从而降低环境污染，数字经济发展依靠自身的高渗透性，打破了三大产业的边界，促进产业之间的延伸融合，不断形成新产品、新模式、新服务，促进产业结构升级调整，减轻环境污染；产业结构调整显著抑制环境污染；随着城镇化的程度加深，环境污染也会增大；政府治理会降低环境污染的程度。并且根据所得结论提出相对应的政策建议。

关键词：数字经济；产业结构；中介效应；环境污染；机制分析

The Impact of Digital Economy Development and Industrial Structure Adjustment on Environmental Pollution

Sun Kexin[a], Yang Yingmei[b, *]

School of Economics and Management, Beijing Information Science and Technology University, BeiJing, China

[a] sunkexin928@foxmail.com, [b] yangyingmei@bistu.edu.cn

*Corresponding author

Abstract: Socialism with Chinese characteristics has entered a new era, and the main contradiction in our society has been transformed into a contradiction between the people's growing need for a better life and unbalanced and inadequate development. In this process, the people have also paid more and more attention to the quality of the ecological environment they live in. In order to ensure that the needs of the people are met, environmental governance and protection have gradually become the focus of the work of the Party and the state. The integration of digital technology and traditional industries, the use of information technology and artificial intelligence technology to improve the production efficiency of traditional industries, reduce unnecessary links in production and thus reduce production energy consumption, industrial structure adjustment continues to promote the high-quality development of China's regional economy, but also conducive to alleviating the pressure of environmental pollution. This paper selects provincial panel data from 2014 to 2021, uses fixed-effect model and mediated effect model for empirical analysis, and discusses the impact of digital economy and industrial structure on environmental pollution.

Keywords: Digital economy; Industrial structure; Mediation effect; Environmental pollution; Mechanism analysis

1 引言

改革开放以来，我国从农业经济转向工业经济，这使得我国经济得到一个质的飞跃，但在这个过程中，我国在生态环境、能源上付出了巨大的代价，工业化的进程消耗掉大量的资源，排放出污染物。人类的活动导致动物们栖息地减少，大量珍稀濒危保护动物已在灭绝的边缘，水体污染、大气污染问题越发严重。党的十九大报告强调，中国特色社会主义进入新时代，我国社会主要矛盾已经转化为人民日益增长的美好生活需要和不平衡不充分的发展之间的矛盾。在这个过程中，人民群众对所生存的生态环境质量好坏也越来越重视。为了保证人民的需求得到满足，环境治理与保护逐渐成为党和国家的工作重心。党的十八大报告明确提出"五位一体"总体战略布局，其中就包含了生态文明建设；习近平总书记在十九届五中全会中进一步指出，我国在发展的过程中要坚持绿水青山就是金山银山理念，力求以推动绿色发展的方式来促进人与自然和谐共生。

随着我国步入新发展阶段，数字基础设施逐步完善，数字化概念逐步走进大众视野，衍生出电子商务、人工智能、虚拟现实技术、第五代通信技术（5G）、基础设施数字化，涌出了大量的新兴产业。这个更加开放的市场对传统产业不断冲击，促使数字化技术和传统产业进行融合，产业结构不断优化、调整，同时利用信息技术、人工智能技术能够提升传统产业的生产效率，减少生产不必要环节从而降低生产能耗，减轻生产成本，进而提高自身的竞争力。数字经济规模占 GDP 比重也越来越高，逐渐成为驱动中国经济发展和增长的新引擎和新动能。面对突如其来的新冠疫情，我国消费者逐渐减少线下消费，转投线上消费，大量商户、厂家难以维持自身经营而倒闭，我国的实体经济遭受到了冲击，发展新型实体经济，以数字技术为支撑，促进数字经济与实体经济深度融合是大势所趋。数字化时代不仅仅改变着人们的生活方式，更对产业、地区，甚至国家有着重大影响。放眼全球，越来越多的国家开始重视数字经济的发展，国际上对于生产资源的竞争焦点从传统生产要素（如劳动力、资本等）转向了数字化信息、数据[1]。数字经济发展过程中，对环境污染的影响机制还有待分析，本文将对数字经济发展、产业结构调整、环境污染之间的影响进行实证分析。

2 相关文献综述

"数字经济"一词最早是由 Tapscott[2] 提出，虽没给出具体定义，但他认为传统的经济与新经济呈现信息存在差别，前者以实体方式呈现，后者以数字形式呈现。1997 年日本政府[3] 在相关报告中将数字经济定义为电子商务。1998年美国商务部连续[4-5]两年发表《新兴数字经济》（Ⅰ-Ⅱ）报告，将数字经济定义为电子商务及使电子商务成为可能的信息技术产业两个组成部分。此后，各国逐渐开始重视对数字经济的研究。早期研究学者，将数字经济定义为电子商务，以Kling等[6]（2000）为代表，指出数字经济是高度依赖数字技术进行生产、销售等一系列服务的电子商务，提出数字经济是由ICT产品及服务、电信组成的。随着数字经济的发展，越来越多的研究学者认识到，数字经济不仅只是一种电子、信息商务，它是一种新经济形态。以陈晓红等[7]（2022）为代表，定义数字经济为以数字化信息（包括数据要素）为关键资源（体现数据支持特征），以互联网平台为主要信息载体（体现开放共享特征），以数字技术创新驱动为牵引（体现融合创新特征），以一系列新模式为表现形式的经济活动。数字经济测度方法主要有以下几种：①增加值法，以许宪春等[8]（2020）为代表，构建数字经济规模核算框架，重新界定数字经济核算范围，对数字经济产业增加值进行测算。②构建多维度评价指标体系，以王娟娟等[9]（2021）为代表，从数字基础、产业、环境3个方面进行指标构建，并提出制约数字经济发展的主要因素是忽视环境建设、数字基础与产业匹配度低。③卫星账户法，以向书坚等[10]（2019）为代表，构建数字经济核算框架，根据框架对卫星账户进行设计并研究其可行性。对数字经济的研究集中在以下3个方面：①对生产率影响[11-12]。郭吉涛等（2021）对数字经济影响全要素生产率的路径进行探讨，并进行实证分析，得到数字经济可以通过提升技术效率、创新环境支持从而提升全要素生产率。杨慧梅等（2021）对数字经济影响全要素生产率的传导机制进行实证分析得出，数字经济可以通过人力资本投资和产业结构升级的正向影响，对全要素生产率产生影响。②对产业结构影响[13-14]。李晓钟等（2020）采用PVAR模型进行实证研究，分析数字经济与产业结构之间的动态互动关系，结果表明有正向促进关系。胡艳等（2021）对长三角地区城市数字经济发展对产业结构升级的影响进行实证研究，结果表明数字经济的发展不仅能促进当地产业结构升级，还能显著推动周边城市产业结构高级化。③对环境影响[15-18]。汪艳涛等（2020）认为产业结构升级可以带动消费升级从而降低环境污染程度，并且产业结构升级与生态效率存在双向互促作用，均存在正向交互空间溢出效应。马骏等（2020）认为产业合理程度可以通过本地效益和溢出效应双重作用促进生态效率进步，伴随经济水平提升对城市生态效率的促进效应愈发显著。张榈榈等（2021）引入城镇化角度来研究产业结构对生态环境的影响,通过实证分析出,这三者之间存在着长期协整关系,从短期来看,产业结构升级及城镇化水平的变化会对生态环境有不同程度的冲击,但长期来看,两者对生态环境的影响依然是正向的。孙天睿等(2021)利用中国省级数据分析金融资源错配、产业结构对环境污染的影响,结果表明环境污染、金融资源错配、产业结构呈现出明显的空间自相关性;金融资源错配在一定程度上加重了环境污染水平,产业结构升级能够有效降低本地和周边地区的环境污染水平。

根据上述研究可以知道,目前大多数关于数字经济的研究集中于其自身内涵、测度,以及生产涉及的问题分析,而对环境污染的影响鲜有研究。基于此,本文采用2014－2021年30个省份(除西藏)数据,对数字经济发展、产业结构调整对环境污染的影响进行分析。

3 数字经济发展、产业结构调整对环境污染的影响机制

3.1 数字经济发展对环境污染的直接影响

从作用对象来分析,对于企业来讲,综合利用数字化技术,如人工智能等信息技术,可以建设或升级设备协同作业系统,在一线生产车间,利用自动识别系统进行数据采集,并及时传输到云端。综合运用统计、规划、模拟仿真等方法,可以优化协同作业系统的工作模式,实现多台设备之间的分工协作,减少同时在线生产的设施数量,提高设备使用效率,降低生产能耗。同时,数字技术可以收集数据并向决策者提供实时数据,自动分析生产过程中各个环节的能耗及污染物排放情况,从根本上把控污染物排放,看其是否超过国家标准,从而及时进行调整。

从产业来分析,对于数字化产业来说,数据作为其主要的生产要素,本身具有排他性较小、非竞争性这些特点,基本可以定义数据具有公共物品的属性,通过数据平台共享数据,以互联网为信息交流的载体,传递技术、知识信息,有利于形成产业集群,从而减少能源消耗,减轻环境污染[19]。而对于传统产业来说,数字化发展为其提供了数字技术支持,与数字化相互融合,有助于产业升级转型,从而向着更加环保、低碳方向发展。

从政府部门来分析,以往的环境监管模式面临着许多问题,如监管的实时性较差、监管的效率低、监管的方式老旧等,这些都使得环境监管不到位,数字经济发展能为政府环境监管模式的优化提供有力的技术支持[20]。

一方面，数字化技术的应用为政府提供各类环境数据，为政府监测环境变化提供现代化方法。智能监测系统可以 24 小时动态监控环境数据的变化，当数据有异常值时，及时上传并发出警报。另一方面，数字经济背景下，环境数据库更加全面、透明，各个环境部门之间可以共享数据，为政府制定环保政策提供了数据支持。这些都有效提高了政府环境监管的实时性、准确性，大幅度提升了政府环境监管能力，以及生态环境治理能力水平[21]。

从公民的角度来分析，在数字经济发展的背景下，人们的环保意识不断增强，数字媒体为公众提供了相关环保知识信息，大家可以轻易地在手机上查询想了解的环保知识。并且数字媒体也提供了相关监督举报渠道，可以通过"12345"公众号等方式直接进行投诉，增强了民众对环境保护的参与感。总而言之，数字经济发展有利于企业、产业、政府及民众共同对环境保护做出贡献，减少环境污染问题。

由此得出假设 H1：数字经济发展减少环境污染问题。

3.2 产业结构调整对环境污染的直接影响

在我国经济增长过程中，产业结构对于经济发展有着重要影响，对于产业结构低级的一些地区，投入大量的生产所需的资本反而会降低生产效率，增加能源消耗，从而对环境产生消极影响。尤其是对于一些第二产业占 GDP 比重低于一半的地区，其可能会采取过度急于提升经济的方式，从而对环境污染的重视有所减轻，甚至以环境来换取经济增长。对于产业结构较为高级的地区来说，不仅只是单纯追求经济增长，更加追求生产效率，能源减排也被纳入产业发展战略规划。

由此得到假设 H2：产业结构调整减少环境污染。

3.3 数字经济发展对环境污染的间接影响

目前我国三大产业结构存在问题，这直接导致着资源利用效率低下，数字经济发展使得数字技术逐步提升，产业发展过程中与数字技术不断融合，不断调整产业结构占比，赋能产业结构优化，使得产业向着智能化、个性化变革，从而提高生产要素利用率，合理配置资源，减少污染[22]。与此同时，数字经济发展依靠自身的高渗透性，打破了三大产业的边界，促进产业之间的延伸融合，不断形成新产品、新模式、新服务，促进产业结构升级调整，减轻环境污染。

由此得到假设 H3：数字经济发展通过产业结构调整减少环境污染。

4 研究模型与数据

4.1 模型设定

为了验证数字经济发展对城市环境污染的影响,本文构建了以下面板数据模型:

$$Y_{it} = \alpha_0 + \alpha_1 LNDe_{it} + \alpha_2 C + u_i + v_t + \varepsilon_{it} \quad (1)$$

$$Y_{it} = \alpha_0 + \alpha_1 CYJG + \alpha_2 C + u_i + v_t + \varepsilon_{it} \quad (2)$$

式中:Y_{it} 代表被解释变量,De 代表数字经济发展指数,$CYJG$ 代表产业结构调整,i 表示省份(市),t 表示年份。

为了验证数字经济发展对城市环境污染的中介效应影响,本文选择以产业结构为中介变量,采用逐步回归构建以下面板数据模型:

$$CYJG_{it} = \beta_0 + \beta_1 LNDe_{it} + \beta_2 C + u_i + v_t + \varepsilon_{it} \quad (3)$$

4.2 变量解释与数据说明

(1)被解释变量

环境污染:选取废气中二氧化硫排放量、一般工业固体废物产生量、废水排放总量 3 种指标进行环境污染的综合评价指标构建,数据来源于《中国统计年鉴》及《中国环境统计年鉴》。

(2)核心解释变量

数字经济发展指数:根据现有研究学者对数字经济测度的研究,选取 9 个三级指标,从数字基础设施、数字产业化、产业数字化 3 个方面进行指标构建;产业结构:产业结构高级化水平,考虑到产业结构升级以现代服务业为主,本文参考胡艳(2021)做法选取第三产业与第二产业的 GDP 比值进行衡量。

(3)控制变量

①城镇化:选取各地区年末城镇常住人口占地区常住总人口的比值来代表城镇化水平。城镇化可以代表一个地区工业化进程中人口集聚的变化,一定程度反映该地区的经济活动水平,同时也能给环境带来一定程度的负担。

②人力资本:选取人均教育年限来代表,在一定程度上,受教育水平更高的人更容易重视环境污染问题。

③环境规制:选取工业污染治理完成投资(亿元)占第二产业增加值

（亿元）的比重来代表。

④人口数量：选取各地区年末常住人口来代表，人口集聚程度可以反映一个地区的资源需求量及污染排放的程度。

⑤政府治理：选取地方财政环境保护支出（亿元）占地方财政一般公共服务支出比重来代表。其中人口数量、教育年限取对数处理。

样本特征描述性统计结果如表1所示。

表1 样本特征描述性统计结果

变量名称	变量符号	样本数	平均值	标准误差	最小值	最大值
环境污染	y	240	0.3097	0.1796	0.0168	0.7255
数字经济发展指数	X_1	240	0.1770	0.1289	0.0267	0.7794
产业结构	X_2	240	1.3968	0.7440	0.6653	5.2440
政府治理	ZFZL	240	0.2670	0.1130	0.1196	0.7534
城镇化	CZH	240	0.6031	0.1158	0.3789	0.8958
人力资本	RLZB	240	9.5723	1.0924	7.5138	14.1850
环境规制	HJGZ	240	8.2108	0.7413	6.3474	9.4434
人口数量	RKSL	240	−6.1999	0.9143	−10.0224	−3.7090

注：缺乏政府治理相关数据。

4.3 评价指标构建

（1）数据标准化

通常应用最大最小标准化方法对数据进行标准化的操作，将各指标由绝对值变为相对值且消除量纲对结果的影响。

$$x'_{ij} = \frac{x_{ij} - \min(x_i)}{\max(x_i) - \min(x_i)}。 \quad (4)$$

注：有时指标的正负向采用不同的最大最小标准化方法。

（2）确定各指标的信息熵

计算各个指标信息熵：

$$E_j = -\frac{1}{lnn} \sum_{i=1}^{N} P_{ij} Ln P_{ij}。 \quad (5)$$

式中，$P_{ij} = \dfrac{x'_{ij}}{\sum\limits_{i=1}^{n} x'_{ij}}$。

(3) 确定各指标的权重

通过步骤（2）计算出各个指标的熵值：E_j，则由熵值法计算的各个指标的权重为：

$$W_j = \frac{1-E_j}{m-\sum E_j} 。 \tag{6}$$

数字经济发展构建指标体系如表 2 所示。

表 2 数字经济发展构建指标体系

一级指标	二级指标	权重	三级指标	单位	权重
数字经济发展指数	数字基础设施	0.34	光缆长度	公里	0.1
			移动电话基站数	万个	0.1
			移动电话普及率	每百人部数	0.05
			互联网上网人数	万人	0.09
	数字产业化	0.47	信息服务业从业人数	万人	0.19
			信息服务业产值	亿元	0.28
	产业数字化	0.19	有电子商务交易活动的企业数比重	％	0.05
			数字金融数字化程度	％	0.1
			每百个企业拥有网站个数	个	0.04

5 回归结果分析及结论

5.1 数字经济发展、产业结构调整对环境污染的影响

在进行回归之前，先对数据进行豪斯曼检验，结果显示 P 值小于 0.01，拒绝原假设，采用固定效应模型。

根据表 3（a）结果可以看出，数字经济发展对环境污染的系数为 －0.043，在 5％水平上显著，说明数字经济发展每增加 1％，会使得环境污染的程度减少 0.043％，我国数字经济发展在一定程度上可以减轻环境污染；政府治理对环境污染的系数为 －0.410，且在 1％水平上显著，说明政府治理的投入会减轻环境污染；城镇化系数为 0.495，在 5％水平上显著，说明城镇化水平每增加 1％，会使得环境污染水平增加 0.495％，进而使得环境污染程度加大；环境规制系数为 －0.002、教育年限系数为 －0.007，人

口数量系数为-0.212，并不显著。

根据表3（b）结果可以看出，产业结构系数为-0.053，在1%水平上显著，说明每当产业结构优化1%，环境污染会降低0.053%，产业结构调整升级会降低环境污染的程度；政府治理与表3（a）结果相似，在1%水平上显著，说明政府治理的投入会对环境污染有降低作用，有助于减少环境污染；城镇化在1%水平上显著为正，说明城镇化水平提高会增加环境污染；教育年限在1%水平上显著为负，说明教育水平的提升会使得环境污染降低；环境规制与人口数量回归结果不显著。

根据表3回归结果可知，①数字经济发展显著减轻环境污染，一方面体现在数字经济发展的能源耗费相对于其他传统经济发展较少；另一方面体现在无论是对企业还是产业来讲，数字经济发展无疑是提供更多的数字资源，以帮助其大幅缩减不必要的损耗，从而降低碳排放，减轻环境污染的压力，假设H1得到验证。②产业结构调整显著减轻环境污染，产业通过相互协调、相互适应，以市场需求为导向，使生产效益达到最佳状态，从而减少对环境的压力，假设H2得到验证。

表3 固定效应回归结果

模型（a）		模型（b）	
变量	Coef	变量	Coef
X_1	-0.042 974**	X_2	-0.053 628***
ZFZL	-0.409 566***	ZFZL	-0.461 780***
CZH	0.495 476**	CZH	0.542 524***
RLZB	-0.007 319	RLZB	-0.029 320***
HJGZ	-0.001 950	HJGZ	-0.003 620
RKSL	-0.211 575	RKSL	-0.116 930
C	1.902 316*	C	1.283 274
调整可决系数	0.984 587 77	调整可决系数	0.976 162 91
样本数量（N）	240	样本数量（N）	240

注：***、**、*分别表示在1%、5%、10%水平上显著。

5.2 数字经济发展对环境污染的间接影响

表4为数字经济发展对环境污染的中介效应模型回归结果，表4（a）(b)

为逐步回归结果。由于表 4（a）中数字经济发展的回归系数结果并不显著，需要进一步进行 bootstrap 检验；检验结果表明中介效应显著，说明是存在中介效应的。表 4（b）表示产业结构作为中介变量，数字经济发展指数为－0.034，在 10% 水平上显著，说明数字经济发展的提升会使得环境污染程度下降；城镇化系数显著为正，说明城镇化的提升会使得环境污染加大；环境规制的系数显著为负，说明环境规制会降低环境污染。由此说明，在数字经济发展降低环境污染的过程中存在以产业结构为中介变量的间接效应，数字经济发展会促进产业结构升级从而降低环境污染，假设 H3 得到验证。

表 4 中介效应模型回归结果

变量	(a)	(b)
X_1	0.454 689 3	－0.033 807 4*
	(0.265 547 1)	(0.060 004 7)
X_2		－0.014 115 6***
		(0.032 288 1)
ZFZL	0.737 981 3	－0.442 696 3
	(0.588 687 3)	(0.159 771 1)
CZH	0.363 350 4	0.568 895 4*
	(0.548 684 5)	(0.132 639 5)
RLZB	0.366 307 1***	－0.008 016 3
	(0.054 370 9)	(0.012 188 5)
HJGZ	－0.146 355 0**	－0.204 620 7***
	(0.041 855 3)	(0.142 941 8)
RKSL	－0.207 831 3***	0.229 915 8***
	(0.087 358 1)	(0.019 853 8)
C	－1.646 291	1.941 379
	(1.045 246)	(1.205 793)
调整可决系数	0.9729	0.954 71
样本数量（N）	240	240

注：①***、**、*分别表示在 1%、5%、10% 水平上显著；②括号内为标准误差。

6 结论

随着我国经济高质量发展,数字经济成为主要驱动力,在数字经济与各大产业深度融合的同时,其促进产业结构升级调整,为各大产业链赋能,使得经济效益呈现规模效应。在这个经济过程中,数字经济不断对居民生活、企业生产等各大领域产生巨大影响。在此背景下,本文利用固定效应模型及中介效应模型对 2014—2021 年 30 个省份面板数据进行实证研究,得出以下结论:一是数字经济发展对环境污染存在两种影响机制,数字经济可以直接作用于不同经济活动主体,通过数字技术等方式直接降低环境污染,一来体现在数字经济发展的能源耗费相对于其他传统经济发展较少,二来体现在无论是对企业还是产业来讲,数字经济发展无疑是提供更多的数字资源,以帮助其大幅缩减不必要的损耗,从而降低碳排放,减轻环境污染的压力。同时也可以通过中介变量产业结构降低环境污染,数字经济发展依靠自身的高渗透性,打破了三大产业的边界,促进产业之间的延伸融合,不断形成新产品、新模式、新服务,促进产业结构升级调整,减轻环境污染。二是产业结构调整可以显著降低环境污染,一个地区的产业结构越高级,越能有效抑制环境污染的发生。三是随着城镇化程度的加深,环境污染也会增大;政府治理会降低环境污染的程度。

上述结论表明,首先,我国各省(市)应该注重数字经济发展,加强地区数字基础设施的建设。目前我国还存在着区域数字经济基础建设发展不平衡、不充分等问题,因此要加快区域间信息交换速度,构建数字信息共享平台,形成辐射效应,带动周边地区数字经济发展。积极利用数字经济带来的新技术,围绕互联网云平台、大数据、5G 等技术,以发挥数字经济对污染物的减排效应。其次,要推动数字产业发展,建设智慧"双碳"产业园区,实现产业集聚,降低成本,高效生产,加快促进数字产业与传统产业融合,使产业向着更高端的方向发展,合理利用数字资源并提高传统要素的利用和配置效率,提高生产效率,减少生产过程中不必要的污染排放。重视地区产业结构优化升级,尤其是对一些以环境为代价换取工业经济增长的地区,应大力改造传统产业,积极培育战略性新兴产业,推动先进制造业与现代服务业深度融合,促进工业快速向中高端迈进。最后,要引导投资导向,加大服务业投资力度,促进工业内部结构升级调整。增强我国各地区对于环境保护的意识,从公众、企业、政府 3 个不同层面树立环境保护观念,充分发挥各层面的主观能动性,通过绿色出行、数字化转型、优化内部结构、制定环境政策等多种办法降低环境污染。要发挥环保财政对环境治理的规制导向作用,建立环境友好型政府财政预算和支出体系。

参考文献

[1] LIU Y,CHEN X. The impact of China's digital economy development on industrial structure upgrading[J]. Economic and management research,2021,42(8):15-29.

[2] TAPSCOTT D. The digital economy:promise and peril in the age of networked intelligence[M]. New York:McGraw-Hill,1996.

[3] LI T. Comparative study on the concepts of digital economy in various countries[J]. Economic research reference,2017(40):101-106.

[4] United States Department of commerce. The emerging digital economy[M]. Washington,D. C.:US Department of Commerce,1998.

[5] HENRY D,BUCKLEY P,GILL G,et al. The emerging digital economy Ⅱ[M]. Washington,D. C.:US Department of Commerce,1999.

[6] KLING R,LAMB R. IT and organizational change in digital economies, in understanding the digital economy[M]. Cambridge:MIT Press,2000.

[7] CHEN X,LI Y,SONG L,et al. Theoretical system and research prospects of the digital economy[J]. Management world,2022,38(2):208-224.

[8] XU X,ZHANG M. Research on the measurement of the scale of China's digital economy:based on international comparison[J]. China industrial economy,2020(5):23-41.

[9] WANG J,SHE G. Measurement of China's digital economy development level and regional comparison[J]. China circulation economy,2021,35(8):3-17.

[10] XIANG S,WU W. Research on the design of China's digital economy satellite account framework[J]. Statistical research,2019,36(10):3-16.

[11] GUO J,LIANG S. The impact mechanism of digital economy on China's total factor productivity:promotion effect or inhibition effect?[J]. Southern economy,2021(10):9-27.

[12] YANG H,JIANG L. Digital economy,spatial effect and total factor productivity[J]. Statistical research,2021,38(4):3-15.

[13] LI X,WU J. Regional differences in the transformation and upgrading of industrial structure driven by the digital economy[J]. International economic cooperation,2020(4):81-91.

[14] HU Y, WANG Y, TANG R. The impact of digital economy on industrial structure upgrading[J]. Statistics and decision, 2021, 37 (17): 15-19.

[15] WANG Y, ZHANG Y. Regional differences in ecological efficiency and their interactive spatial spillover effects with industrial structure upgrading [J]. Geographic science, 2020, 40 (8): 1276-1284.

[16] MA J, ZHOU P. Research on the spatial effect of industrial upgrading on improving ecological efficiency of the Yangtze River Economic Belt[J]. Journal of nanjing tech university (social science edition), 2020, 19 (2): 73-88.

[17] ZHANG X, CAO Z, DONG H. Research on the coupling relationship and dynamic response of industrial structure, urbanization, and ecological environment in the Beijing Tianjin Hebei region[J]. Journal of southwest minzu university (humanities and social sciences edition), 2021, 42 (12): 121-128.

[18] SUN T, ZHANG X. Mismatch of financial resources, industrial structure and environmental pollution: a test based on Chūgoku region's local data[J]. Industrial technology and economics, 2021, 40 (5): 99-106.

[19] HUI N, BAI S. Creating new advantages in the digital economy: enhancing regional innovation capability driven by the internet[J]. Journal of northwestern university (philosophy and social sciences edition), 2021, 51 (6): 18-28.

[20] DENG R, ZHANG A. Research on the impact and mechanism of urban digital economy development on environmental pollution in China[J]. Southern economics, 2022 (2): 18-37.

[21] XIE C, FENG J, ZHANG K. The impact and spatial effects of internet technology progress on regional environmental quality[J]. Science and technology progress and countermeasures, 2017, 34 (12): 35-42.

[22] HAN J, LI J. Research on the impact mechanism of digital economy development on industrial structure upgrading[J]. Statistics and information forum, 2022, 37 (7): 13-25.

数字经济发展对城市碳排放的影响研究

李玉洁[a]，张琳彦[b,*]

北京信息科技大学经济管理学院，北京，中国
[a] 1069357366@qq.com，[b] lzhang@bistu.edu.cn
* 通讯作者

摘要：当前中国正向数字经济时代迈进，与此同时，"碳达峰""碳中和"是现阶段所面临的严峻挑战，数字经济在碳减排过程中有何作为是亟待探讨的问题，然而有关数字经济与碳排放的实证研究还非常匮乏。鉴于此，本文利用 2011—2020 年城市面板数据，实证考察了数字经济发展对城市碳排放的影响及作用机制。研究发现：数字经济与城市碳排放呈显著的倒"U"形非线性关系，该结论通过一系列稳健性检验后依然成立。数字经济对区域碳排放的影响存在异质性，具体来看，数字经济的碳减排效应在东部表现更明显。空间模型分析表明，数字经济对碳排放具有空间溢出效应，且在不同的空间权重矩阵下有所差异。

关键词：数字经济；碳排放；空间溢出

Research on the Impact of Digital Economy Development on Urban Carbon Emissions

Li Yujie[a], Zhang Linyan[b,*]

School of Economics and Management, Beijing Information Science and Technology University, Beijing, China
[a] 1069357366@qq.com, [b] lzhang@bistu.edu.cn
* Corresponding author

Abstract: China is moving towards the era of digital economy, and at the same time, "carbon peaking" and "carbon neutrality" are serious challenges at this stage, and the role of digital economy in carbon emission reduction is an urgent issue to be explored. However, there is a lack of empirical studies on the digital economy and carbon emissions. In view of this, we investigated the impact of digital economy on urban carbon emissions and its mechanism of action using urban panel data from 2011 to 2020. It is found that the digital economy has a significant inverse "U"-shaped nonlinear relationship with urban carbon emissions, and this finding still holds after a series of robustness tests. The effect of the digital economy on regional carbon emissions is heterogeneous, specifically, the carbon reduction effect of the digital economy is more obvious in the east. The spatial model analysis shows that the digital economy has a spatial spillover effect on carbon emissions, and it varies under different spatial weight matrices.

Keywords: Digital economy; Carbon emission; Spatial spillover

1 引言

2020年9月，习近平主席在联合国大会上承诺分别于2030年及2060年前实现碳达峰及碳中和。2021年3月，"十四五"规划指出，生态文明建设实现新进步，加快发展方式绿色转型，协同推进经济高质量发展和生态环境高水平保护，努力争取在2030年前实现碳达峰、2060年前实现碳中和。同时，2022年《政府工作报告》也指出，持续改善生态环境，推动绿色低碳发展，处理好发展和减排关系。有序推进碳达峰碳中和工作，推进能源低碳转型，推进绿色低碳技术研发和推广应用，加快形成绿色生产生活方式。从目前的碳排放现状来看，"双碳"目标对中国未来的经济发展提出了巨大的挑战。工业发展相对停滞的国家，如德国和英国，早在1990年和1991年分别实现了碳达峰。而美国的碳排放峰值出现于2007年，甚至我们的邻国日本和韩国也已在2013年实现碳达峰，但我国当前尚处于工业化、城镇化快速发展的阶段，与处于后工业化阶段的发达国家相比面临着更为艰巨的减排任务，需要付出更大的努力。

数字经济为低碳增长提供了契机，作为中国当前最活跃的领域之一，被认为是实现中国新旧动能转换的重要着力点。据中国信息通信研究院统计，2021年数字经济规模达到45.5万亿元，占GDP比重达到39.8%，对当前中国经济增长的贡献不容小觑。国际能源署（IEA）在《世界能源展望2020》报告中指出，提高能源效率和发展可再生能源是推动可持续发展、实现节能减排的主要途径。数字技术应用的普及能有效降低能源强度，减少单位产出能耗，促使可再生能源发电成本持续下降，逐步替代化石燃料发电，从供需两侧降低资源能源需求，减少碳排放。

从现有文献来看，与本研究相关的内容主要分为两个方面：一方面是与碳排放相关的研究，集中在碳排放的测算、碳排放的影响因素及碳排放的路径等方面。Zheng 等（2016）基于修正的 STIRPAT 模型研究中国 73 个城市碳排放量的影响因素，结论表明人口规模、第二产业占比、能源消费结构和经济水平对二氧化碳的显著影响普遍存在。Huo 等（2022）采用双重差分法来探讨减排的效果，并对试点城市进行了成本效益分析，结果表明，试点城市通过调整产业结构、促进企业技术创新、提高全要素生产率、促进低碳技术研发等途径实现减排。另一方面聚焦在数字经济，包括数字经济的测算与其经济效应的研究。刘军等（2020）从信息化发展、互联网发展和数字交易发展 3 个维度构建了中国分省份数字经济评价指标体系。Szeles 等（2020）根据欧盟统计局 2001—2016 年的数据，通过分析一系列特定指标的动态和驱动因素，考察了欧盟地区在数字化和数字经济增长道路上取得的进展。张少华等（2021）从信息化基础、互联网融合、数字化人才与数字技术产出 4 个维度，采用主成分分析法构建了省域数字经济发展指标体系，探究数字经济对区域经济增长的作用路径及异质性影响。

2 理论分析与研究假说

数字技术的推广和应用会大大提升行业的生产效率，但是在数字化建设的过程中同时也会增加能源的消耗量，使得碳排放总量急剧增加，数字经济在电力等能源行业的运用，会让以火电为主的能源生产部分实现技术革新，从而可能会提升火电企业的电力生产。中国现阶段仍以煤电为主的电力结构会让煤炭的消费提高，由此会带来碳排放的增加。而随着数字经济的普及，同样会带来整个国民经济发展质量的提升，金之钧（2020）指出，随着各种信息化技术在能源领域中的应用，特别是"数字化"技术逐步打破了不同能源品种间的壁垒，数字经济也成为未来的一大发展趋势，而低碳化、多元化、分散化、数字化和全球化将是未来能源发展的主要方向。实现从高二氧化碳排放到低碳减排的转变，数字经济对生态环境的红利效应逐渐凸显。由此，本文提出如下假说。

假说 1：数字经济对城市碳排放的影响为先加剧后抑制的倒"U"形曲线。

数字经济以其自身具有的网络分布和去中心化等技术优势，打破传统区位理论中地理空间约束，加强了区域间经济活动的关联度。张焱（2021）认为受摩尔定律作用影响，大数据及信息传输技术快速进步，信息存储、传输和处理的成本呈几何级下降，能够以较低的成本实现跨时空传播。一方面，数字经济加快了知识、技术和信息等生产要素的时空交换，促进各领域间研发资源集成共享。另一方面，经济发达城市拥有良好的数字化基础设施和完善的公共服务，能够以其先发优势持续吸引周边地区数字人才加入，推动优势产业纵深发展，同时转出附加值低、高污染、高排放的低端产业，这种"虹吸现象"会造成弱势地区优质资源流失，不仅数字经济减排潜力难以释放，而且会使邻近区域碳排放量增加。由此，本文提出如下假设。

假说 2：数字经济对城市碳排放的影响具有空间溢出效应。

3 模型构建和变量测度

3.1 模型设定

首先，构建如下双向固定效应面板数据模型：

$$\ln CE_{it} = \alpha_0 + \alpha_1 DE_{it} + \alpha_2 DE_{it}^2 + \beta_j \sum X_{jit} + \mu_i + \delta_t + \varepsilon_{it}。 \quad (1)$$

式中，CE_{it} 为城市 i 在 t 时期的碳排放量，DE_{it} 为城市 i 在 t 时期的数字经济发展水平指标，加入二次项以探究数字经济对城市碳排放的非线性影响；X_{it} 代表一系列控制变量；μ_i 表示城市 i 不随时间变化的个体固定效应；δ_t 则表示控制时间固定效应；ε_{it} 表示随机扰动项。

为进一步探寻数字经济发展对碳排放的空间溢出效应，在式（1）的基础上将其拓展为空间面板计量模型：

$$CE_{it} = \alpha_0 + \rho WCE_{it} + \alpha_1 DE_{it} + \theta_1 WDE_{it} + \alpha_2 DE_{it}^2 + \theta_2 WDE_{it}^2 +$$
$$\beta_j \sum X_{jit} + \beta_j W \sum X_{jit} + \mu_i + \delta_t + \varepsilon_{it}。 \quad (2)$$

式中，ρ 为空间自回归系数，W 为空间权重矩阵，为提高实证结果的稳健性，本文采用了地理距离矩阵和邻接矩阵进行回归。θ_1 和 θ_2 为核心解释变量及其二次项空间交互系数，θ_n 为控制变量空间交互项的系数。式（2）包括了被解释变量和解释变量的空间交互项,被称为空间杜宾模型(SDM)。

3.2 变量测度与说明

(1)城市碳排放(CE)

借鉴韩峰等(2017)的方法,采用天然气、液化石油气和全社会用电量三类能源消费进行测算。

各城市总二氧化碳排放量测算方法如式(3)所示:

$$CE = C_1 + C_2 + C_3 = kE_1 + vE_2 + \varphi(\eta \times E_3)。 \qquad (3)$$

式中,C_1、C_2、C_3分别为天然气、液化石油气、全社会用电量带来的二氧化碳排放量,E_1为天然气消费量,k为天然气的CO_2折算系数,E_2为液化石油气消费量,v为液化石油气的CO_2折算系数,E_3为全社会用电量,η为煤电占总发电量的比重,φ为煤电燃料链温室气体排放系数,各年火力发电量占比如表1所示,各类能源二氧化碳排放系数如表2所示。

表1 各年火力发电量占比

年份	火力发电量占比	年份	火力发电量占比
2011	82.4%	2016	71.8%
2012	78.7%	2017	71.1%
2013	78.6%	2018	70.4%
2014	75.8%	2019	68.9%
2015	73.7%	2020	67.9%

表2 二氧化碳排放系数

能源种类	系数值	单位
天然气	2.1622	$kgCO_2/m^3$
液化石油气	3.1013	$kgCO_2/kg$
全社会用电量	1.3203	$kgCO_2/(kW \cdot h)$

(2)数字经济发展指数(DE)

赵涛等(2020)从互联网发展和数字金融发展两个方面构建数字经济发展指数体系,互联网发展包含互联网普及率、互联网从业人员数、移动电话普及率和互联网相关产出,数字金融发展采用北京大学数字金融研究中心和蚂蚁金服集团共同编制(郭峰 等,2020)的数字金融普惠指数。综上,本文从互联网发展和数字金融发展两个方面（表3）使用熵值法对中国287个城市进行数字经济发展指数的测算。

表3 中国城市数字经济发展指数体系

一级指标	二级指标	三级指标
互联网发展	互联网普及率	每百人互联网用户数
	互联网从业人员数	计算机服务和软件从业人员占比
	移动电话普及率	每百人移动电话用户数
	互联网相关产出	人均电信业务总量
数字金融发展	数字金融普惠指数	中国数字普惠金融指数

（3）控制变量

①环境规制强度（ER）。Smith等（1989）指出从污染治理的结果出发来衡量环境规制强度更加全面和客观。计算公式具体如下：

$$I_{ijt} = \frac{\frac{P_{ijt}}{Y_{it}}}{\sum_{i=1}^{287} \frac{P_{ijt}}{Y_{it}}}; \quad (4)$$

$$I_{it} = \frac{1}{3}(I_{i1t} + I_{i2t} + I_{i3t}); \quad (5)$$

$$ER_{it} = \frac{1}{I_{it}}. \quad (6)$$

式中：I_{ijt} 表示 i 城市第 t 年第 j 种污染物排放相对强度；I_{ijt} 表示 i 城市第 t 年第 j 种污染物排放相对强度的综合指数；P_{ijt} 为 i 城市第 t 年第 j 种污染物排放量，万吨；Y_{it} 为 i 城市第二产业总产值，亿元；ER_{it} 为 i 城市第 t 年的环境规制强度指数，值越大，则表示一个城市的环境规制强度越强，反之越弱。

②能源强度（EI）：碳排放与地区生产总值的比值。

③经济发展水平（PGDP）：人均GDP表征。

④人口规模（PS）：城市常住人口表征。

⑤工业化水平（IL）：第二产业增加值占地区总产值的比例。

⑥投资规模（IV）：固定资产与流动资产总额。

⑦外商直接投资（FDI）：城市实际利用外资。

3.3 数据来源

考虑到数据的可获得性和数字经济发展时间,最终选择 2011—2020 年作为研究时段。指标数据主要来源为 2011—2021 年的《中国城市统计年鉴》《中国城市建设统计年鉴》《中国区域经济统计年鉴》,以及中国研究数据服务平台(CNRDS),个别缺失数据通过线性插值法和均值插补法进行插补。

4 数字经济对城市碳排放影响的实证检验

4.1 基准回归结果

表 4 中模型(1)报告了数字经济影响城市碳排放的线性估计结果,结果显示数字经济显著抑制城市碳排放。但由模型(2)的回归结果可以看出,核心解释变量数字经济发展指数的二次项的估计系数显著为负,说明数字经济对城市碳排放存在显著的先促进后抑制的影响,呈倒"U"形关系,并且在加入一系列控制变量后回归结果依然显著并且方向没有发生变化,因此验证了假说 1。

表 4 数字经济影响城市碳排放的基准回归结果

变量	(1)	(2)	(3)
	$\ln CE$	$\ln CE$	$\ln CE$
DE	−1.265***	4.509***	3.260***
	(−2.71)	(4.97)	(3.62)
DE^2		−10.665***	−8.868***
		(−7.40)	(−6.21)
$\ln ER$			−0.009
			(−0.58)
EI			−0.000
			(0.24)
$\ln PGDP$			0.281***
			(4.14)
$\ln IV$			0.146***
			(3.74)

续表

变量	(1) lnCE	(2) lnCE	(3) lnCE
lnPS			−0.415*** (−5.00)
IL			0.437* (1.79)
lnFDI			−0.002 (−0.24)
常数项	1.650*** (44.56)	1.369*** (25.96)	−1.552* (−1.80)
固定地区	YES	YES	YES
固定时间	YES	YES	YES
样本量	2870	2870	2870
R^2	0.6370	0.6476	0.6601

注：***、**、* 分别表示在1%、5%和10%统计水平上显著；括号内为 t 值。

4.2 稳健性检验

为了确保基本结论的稳健和有效，本文分别采用将核心解释变量滞后一期回归、控制宏观系统性差异和变换样本范围等方法进行稳健性检验。

基准模型为静态双向固定效应模型，考虑到城市碳排放可能会受到上一年数字经济发展的动态影响，为了缓解这方面的估计偏误，首先将数字经济发展变量滞后一年进行回归，通过设立动态固定效应模型进行稳健性估计。表5（1）的结果表明，回归结果保持稳健，数字经济对城市碳排放影响的倒"U"形非线性关系依然明显，说明城市碳排放确实受到了上一年的动态影响。

由于各个省份数字经济发展政策存在不同，为了保证估计的全面和稳健，缓解省份宏观政策环境的影响效应，本文又额外控制了省份变量及省份与年份交叉的时间趋势项。表5（2）的结果表明，在控制了省份宏观环境后，除了回归系数和 t 值有变动，数字经济对城市碳排放影响的方向和显著性都未发生实质变化。排除宏观系统性差异，基准回归的稳健标准误只聚类到了城市层面，本文通过控制"省份-年份"联合固定效应和将标准误聚类到省份和年份层面，排除宏观系统性差异造成的影响。

为了避免数据可能存在的异常值对回归结果产生影响，从数据稳健性的角度出发，本文对全部变量分别进行1%的缩尾处理，排除异常值的干扰。稳健性检验结果如表5（3）所示，数字经济对城市碳排放的估计系数在1%水平上依然显著，证明了设定的基准模型十分稳健。

表5 稳健性检验

变量	(1) 核心解释变量滞后一期	(2) 控制宏观系统性差异	(3) 缩尾处理
DE		10.423*** (12.68)	3.404*** (4.98)
DE^2		−14.038*** (−8.78)	−7.746*** (−5.98)
$L.DE$	4.085*** (4.52)		
$L.DE^2$	−9.510*** (−6.52)		
控制变量	YES	YES	YES
省份固定效应	NO	YES	NO
省份×年份	NO	YES	NO
固定地区	YES	YES	YES
固定时间	YES	YES	YES
样本量	2870	2870	2870
R^2	0.6643	0.6425	0.8438

注：***、**、*分别表示在1%、5%和10%统计水平上显著；括号内为t值。

4.3 空间溢出效应分析

在进行空间计量分析之前，需要检验研究对象是否存在空间效应，即对数字经济发展指数和城市碳排放进行空间自相关检验。本文采用Moran'I指数法计算了地理距离矩阵下各年度的空间效应。

从表6中可以看出，2011—2020年数字经济发展指数和城市碳排放在地理距离权重下的Moran'I指数均达到1%的显著性水平，说明2011—2020年我国各城市的数字经济和城市碳排放具有显著的空间自相关性，二者在空间分布上出现集聚现象。

表 6 城市碳排放和数字经济发展指数的 Moran'I 指数

年份	lnCE		DE	
	Moran'I	Z 值	Moran'I	Z 值
2011	0.154***	8.615	0.150***	8.663
2012	0.159***	8.887	0.172***	9.943
2013	0.169***	9.422	0.150***	8.663
2014	0.178***	9.967	0.160***	9.202
2015	0.187***	10.454	0.150***	8.644
2016	0.179***	10.003	0.131***	7.610
2017	0.252***	14.010	0.139***	7.982
2018	0.241***	13.395	0.128***	7.371
2019	0.243***	13.483	0.106***	6.128
2020	0.228***	12.676	0.152***	8.754

根据 Elhorst（2014）的空间模型设定检验思路，依次从 LM 检验、SDM 模型固定效应、Hausman 检验及 SDM 模型退化检验组成的"具体到一般"和"一般到具体"相结合的方法，确定了时空双向固定效应 SDM 模型为最优选择。为了比较估计的稳健性，本文还列出了时空双向固定效应的空间滞后模型（SAR）的估计结果。

依据表 7 展示的回归结果，空间自回归系数 ρ 都为正，且通过 1% 和 5% 的显著性水平检验，说明城市碳排放存在正的空间自相关性，基于地理位置的邻接存在显著空间溢出效应，本城市的碳排放与邻近城市的碳排放之间具有正向关联性。根据时间空间双向固定效应的 SDM 模型的估计结果，数字经济发展指数的二次项系数显著为负，数字经济发展指数的一次项系数显著为正，说明数字经济与城市碳排放呈倒 U 形的非线性关系，随着数字经济的发展，城市碳排放会增加，但当数字经济发展达到临界值时，城市碳排放将呈现下降的趋势。IL 的系数显著为正，说明工业化程度增加，城市碳排放也会增加，进一步表明目前中国工业化的发展依然离不开碳排放，工业经济发展暂时未与碳排放"脱钩"。

根据表 7（2）结果，在邻接矩阵下数字经济与城市碳排放呈倒 U 形的非线性关系，说明本城市的数字经济发展会通过空间溢出效应对邻近城市产生先促进后抑制的影响,但是在地理距离矩阵权重中,这种空间溢出效应并不显著。囿于自然地理因素的影响,本地数字经济发展对碳排放的影响只能辐射到邻近地区,原因可能有:①地区城市数字经济发展严重不均衡,数字经济发展较好的城市只能带动邻近城市,对于有一定距离的城市"心有余而力不足";②在推动本地产业结构优化升级和能源结构调整的同时,还会对外转移高能耗、高排放行业,邻近地区成为高碳排放产业转移的承接地,从而致使周边城市碳排放水平提高。模型还引入了"经济规模""工业化水平"和"人口规模"等控制变量,$W \times \ln PGDP$ 和 $W \times IL$ 的系数为负,与 $\ln PGDP$ 和 IL 的系数方向相反且显著,说明本城市的经济增长和工业化发展会通过空间溢出效应显著降低邻近城市的碳排放,可能是由于数字技术助推工业化发展的成果与邻近城市共享,但邻近城市并未受到工业化发展的"不良影响",即碳排放,所以邻近城市的碳排放不增反减。而 $W \times \ln PS$ 和 $W \times \ln FDI$ 系数显著为正,同样与 $\ln PS$ 和 $\ln FDI$ 系数符号相反,说明人口规模和外商直接投资对本城市碳排放水平具有明显抑制作用,但对邻近城市的碳排放具有正向溢出效应,验证了假说2。

表7 数字经济影响城市碳排放的空间面板回归结果

变量	SDM		SAR	
	地理距离矩阵	邻接矩阵	地理距离矩阵	邻接矩阵
	(1)	(2)	(3)	(4)
ρ	0.160***	0.076***	0.160***	0.065**
	(2.92)	(2.76)	(3.05)	(2.54)
DE	3.028***	3.104***	3.218***	3.185***
	(3.56)	(3.68)	(3.79)	(3.77)
DE^2	−8.454***	−8.464***	−8.777***	−8.749***
	(−6.26)	(−6.32)	(−6.51)	(−6.51)
$\ln ER$	−0.030*	−0.021	−0.011	−0.008
	(−1.89)	(−1.36)	(−0.74)	(−0.56)
ES	−0.000 01	−8.98e−06	−0.000 01	−0.000 01
	(−1.47)	(−0.82)	(−1.27)	(−1.62)
$\ln PGDP$	0.342***	0.327***	0.264***	0.280***
	(4.07)	(4.21)	(4.11)	(4.39)

续表

变量	SDM		SAR	
	地理距离矩阵	邻接矩阵	地理距离矩阵	邻接矩阵
	(1)	(2)	(3)	(4)
$\ln IV$	0.119***	0.111***	0.137***	0.141***
	(2.97)	(2.84)	(3.71)	(3.84)
$\ln PS$	−0.554***	−0.536***	−0.413***	−0.437***
	(−5.66)	(−6.16)	(−5.28)	(−5.61)
IL	0.489*	0.571**	0.469**	0.417*
	(1.95)	(2.35)	(2.04)	(1.82)
$\ln FDI$	−0.012*	−0.009	−0.003	−0.004
	(−1.67)	(−1.34)	(−0.46)	(−0.37)
$W \times DE$	−1.313	2.899*		
	(−0.34)	(1.82)		
$W \times DE^2$	−0.686	−4.967**		
	(−0.11)	(−2.14)		
$W \times \ln ER$	0.111*	0.044		
	(1.79)	(1.63)		
$W \times ES$	−0.000	−0.020*		
	(−1.81)	(−2.13)		
$W \times \ln PGDP$	−0.465**	−0.293**		
	(−2.36)	(−2.53)		
$W \times \ln IV$	0.126	0.087		
	(1.04)	(1.31)		
$W \times \ln PS$	0.542**	0.715***		
	(2.37)	(4.13)		
$W \times IL$	−0.980	−0.866**		
	(−1.28)	(−2.29)		
$W \times \ln FDI$	0.077***	0.034***		
	(2.98)	(2.68)		
固定地区	YES	YES	YES	YES
固定时间	YES	YES	YES	YES
样本量	2870	2870	2870	2870

注：***、**、* 分别表示在1%、5%和10%统计水平上显著；括号内为 z 值。

4.4 区域异质性分析

为进一步考察数字经济发展对碳排放的区域差异，本文将 287 个样本城市划分为东部、中部、西部和东北部四大经济区域，在分类回归的检验之前，首先对不同经济区域之间的碳排放和数字经济发展差异进行描述性统计说明。

由表 8 可以发现，东部地区在碳排放和数字经济发展上都要明显领先于其他 3 个地区，其中东部地区的碳排放均值与中部地区相差近 16.239；东部地区的数字经济发展均值相较其他地区高近 0.055。这一结果为数字经济影响碳排放的区域异质性检验设定了基础。

表 8 四大地区碳排放和数字经济发展描述性统计

城市分类	碳排放			数字经济发展		
	样本数	均值	中位数	标准差	样本数	均值	中位数	标准差
东部地区	860	25.978	14.791	29.830	860	0.140	0.111	0.094
中部地区	800	9.739	7.307	9.276	800	0.085	0.079	0.041
西部地区	870	10.529	5.187	14.680	870	0.085	0.073	0.059
东北地区	340	11.717	5.217	45.883	340	0.082	0.074	0.040

表 9 进行了区域异质性的回归分析。模型（1）—模型（4）的结果显示，4 个地区的数字经济发展对城市碳排放都呈现显著的倒"U"形非线性影响，对于倒"U"形曲线拐点对应的数字经济发展指数而言，有中部＞西部＞东北＞东部，且东部地区拐点对应的数字经济发展指数远小于中部地区。而对于拐点之后数字经济的碳减排效应而言，有东北＞东部＞西部＞中部，即相同数字经济发展水平下，东北地区的数字经济释放的红利最大，东部地区次之。

表 9 区域异质性分析结果

变量	东部地区	中部地区	西部地区	东北地区
	(1)	(2)	(3)	(4)
DE	2.752***	2.340**	3.891**	17.061***
	(2.59)	(1.99)	(2.48)	(5.23)
DE^2	−7.739***	−4.375*	−8.285***	−37.584***
	(−5.08)	(−1.93)	(−3.17)	(−3.46)

续表

变量	东部地区	中部地区	西部地区	东北地区
	（1）	（2）	（3）	（4）
控制变量	YES	YES	YES	YES
常数项	2.809*	-12.754**	-3.429*	-1.442
	（0.09）	（-9.49）	（-2.09）	（-0.57）
城市固定	YES	YES	YES	YES
时间固定	YES	YES	YES	YES
时期数	10	10	10	10
城市个数	86	80	87	34
R^2	0.7484	0.9270	0.7724	0.6926
拐点	0.178	0.267	0.235	0.227

注：***、**、* 分别表示在1％、5％和10％统计水平上显著；括号内为 t 值。

5　结论与建议

　　数字经济发展与碳排放呈现倒"U"形非线性关系。在控制了投资规模、人口规模和工业化水平等因素之后，数字经济发展对碳排放的影响仍在1％水平上显著，即表明数字经济发展对碳排放存在"先促进后抑制"的非线性影响，且这一发现在经过核心解释变量滞后等一系列稳健性检验后依然成立。异质性分析发现，受资源禀赋、发展阶段和历史因素差异的影响，东部和经济欠发达地区在较低数字经济发展水平下即可实现数字经济的碳排放效应由正转为负，但是在拐点之后，东北和东部地区数字经济的碳减排效应较大。空间溢出效应显示，囿于自然地理因素的影响，本地数字经济发展对碳排放的影响只能辐射到邻近地区，超过一定距离后倒"U"形非线性关系不显著。

　　基于以上研究结论，本文提出以下政策建议：第一，正确处理数字经济与碳排放的关系。在数字经济起步较晚的地区，其碳排放可能是增加的，但不要因此而否定数字经济作用，应该加快数字经济发展，以实现全行业数字化转型，快速越过数字经济作用拐点。第二，考虑到数字经济可以通过产业结构升级和能源结构调整作用于碳排放，在继续推进"数字强国"和碳减排战略的同时，不断促进地区产业结构升级，继续加大对新能源和清洁能源的开发力度。第三，因地制宜实行以数字经济推动碳减排战略。数字经济发展水平较低的地区，应根据自身资源禀赋及经济发展优势，建立具有自身发展特色的数字产业，数字经济发展水平较高的地区，要不断优化产业结构，呼吁倡导使用清洁能源，激发数字经济的碳减排效应。

参考文献

[1] CHEN S,LIU J,SUN G. The relationship between carbon emissions and economic development of industrial parks based on decoupling index[J]. Environmental science,2023,44(11):1-16.

[2] DAI X,HE Y,ZHONG Q. Research on the driving factors and contributions of carbon emissions from agricultural energy consumption in China:based on Kaya identity extension and LMDI index decomposition method[J]. Chinese journal of eco-agriculture,2015,23(11):1445-1454.

[3] ELHORST J P. Matlab software for spatial panels[J]. International regional science review,2014,37(3):389-405.

[4] GUO F,WANG J,WANG F,et al. Measuring the development of digital financial inclusion in China:index compilation and spatial characteristics[J]. Economics(quarterly),2020,19(4):1401-1418.

[5] HAN F,XIE R. Does the agglomeration of producer services reduce carbon emissions? [J]. The journal of quantitative & technical economics,2017,34(3):40-58.

[6] HE X,ZHANG Y. Influencing factors of China's industrial carbon emissions and the reorganization effect of CKC:an empirical study on dynamic panel data by industry based on STIRPAT model[J]. China industrial economics,2012,286(1):26-35.

[7] HU S,BAO H,HAO J. et al. The impact of environmental regulation on the green development of cities in the Yangtze River Delta:analysis of the role path based on technological innovation[J]. Journal of natural resources,2022,37(6):1572-1585.

[8] HUO W,QI J,YANG T,et al. Effects of China's pilot low-carbon city policy on carbon emission reduction:a quasi-natural experiment based on satellite data[J]. Technological forecasting and social change,2022,175:121422.

[9] JIN Z,BAI Z,YANG L. Some thoughts on energy development trend and development direction of energy science and technology[J]. Bulletin of Chinese academy of sciences,2020,35(5):576-582.

[10] LI G,ZHANG W. Research on industrial carbon emission and emission reduction mechanism under China's carbon trading[J]. Chinese popul resources and environment,2017,27(10):141-148.

[11] LIN B,JIANG Z. Prediction and analysis of environmental Kuznets curve of carbon dioxide in China[J]. Management world,2009(4):27-36.

[12] SHAO S,LI X,CAO J,et al. Economic policy options for smog pollution control in China:based on the perspective of spatial spillover effect[J]. Economic research journal,2016,51(9):73-88.

[13] SMITH S R,SALAMON L M,LUND M S. Beyond privatization:the tools of government action[J]. Political science quarterly,1989,105(1):168.

[14] WANG R Z,HAO J X,WANG C N,et al. Embodied CO_2 emissions and efficiency of the service sector:evidence from China[J]. Journal of cleaner production,2020,274(20):116-129.

[15] WU J,GUO Z. Convergence analysis of carbon emissions in China based on continuous dynamic distribution method[J]. Statistical research,2016,33(1):54-60.

[16] YU Y,SUN P,XUAN Y. Does the environmental target constraint of local governments affect industrial transformation and upgrading? [J]. Economic research journal,2020,55(8):57-72.

[17] ZHANG S,CHEN Z. Research on mechanism identification and heterogeneity of digital economy and regional economic growth[J]. Statistics & information forum,2021,36(11):14-27.

[18] ZHANG Y. Digital economy,spillover effect and total factor productivity improvement[J]. Guizhou social sciences,2021,375(3):139-145.

[19] ZHAO T,ZHANG Z,LIANG S. Digital economy,entrepreneurial activity and high-quality development:empirical evidence from Chinese cities[J]. Management world,2020,36(10):65-76.

[20] ZHAO X. Environmental regulation,environmental regulation competition and regional industrial economic growth:an empirical study based on spatial durbin panel model[J]. Journal of international trade,2014,379(7):82-92.

[21] ZHENG H,HU J,GUAN R,et al. Examining determinants of CO_2 emissions in 73 cities in China[J]. Sustainability,2016,8(12):541-553.

[22] ZHOU D,ZHOU F,WANG X. Impact assessment and mechanism analysis of low-carbon pilot policy on urban carbon emission performance[J]. Resources science,2019,41(3):546-556.

数字普惠金融对区域碳排放强度影响的研究

张紫晗[a]，孙静[b,*]

北京信息科技大学经济管理学院，北京，中国

[a] zihan_z9898@126.com, [b] sjing21@163.com

*通讯作者

摘要：碳减排对我国缓解气候问题和实现经济高质量发展具有重大意义，而数字普惠金融的发展，有助于促进能源结构调整，为我国实现"双碳"目标提供金融支持。本文采用2011—2021年全国30个省份的面板数据，建立双向固定效应模型，探究数字普惠金融发展对区域碳排放强度的影响，结果发现数字普惠金融发展有助于抑制碳排放；异质性分析发现，随着使用深度和数字化程度的提高，数字普惠金融发展对于碳排放的抑制作用增强。最后，基于上述分析，提出推动数字普惠金融发展、深化能源改革等建议。

关键词：数字普惠金融；碳排放强度；双向固定效应模型

Research on the Impact of Digital Inclusive Finance on Regional Carbon Emission Intensity

Zhang Zihan[a]，Sun Jing[b,*]

School of Economics and Management，Beijing Information Science and Technology University，Beijing，China

[a] zihan_z9898@126.com, [b] sjing21@163.com

*Corresponding author

Abstract：China has set two goals of peaking carbon emissions by 2030 and achieving carbon neutrality by 2050. Digital inclusive finance, which combines financial services with digital technologies, can to some extent guide the transformation and upgrading of industrial structure, improve energy structure and technological innovation, and influence the carbon emission intensity of different regions. Using the panel data of 30 provinces in China from 2011 to 2021, this paper establishes a bi-directional fixed-effect model to explore the linear impact of the development of digital inclusive finance on regional carbon emission intensity. The results show that the development of digital inclusive finance helps to restrain carbon emission and reduce carbon emission intensity. With the improvement of the depth of use and the degree of digitization, the development of digital inclusive finance has an enhanced inhibition effect on carbon emissions.

Keywords：Digital inclusive finance；Carbon emission intensity；Two-way fixed effect model

1 引言

21 世纪以来，我国经济保持粗放型增长模式，重视工业的导向作用，导致在经济壮大的同时，能源大量消耗，温室气体排放量居全球前列。在 2020 年第 75 届联合国大会上，习近平总书记提出 2030 年"碳达峰"和 2060 年"碳中和"的两大阶段性目标；在 2021 年 3 月的中央财经委员会上，习近平总书记明确将碳中和纳入生态文明建设整体布局，指出要走出有中国特色的绿色低碳的高质量发展道路。《中国能源企业低碳转型白皮书》中指出，我国 2020 年温室气体碳排放总量近 143 亿吨，约占全球碳排放总量的 33.3%，中国各省之间碳排放总量存在较大差异。2019 年，山东、河北、江苏、内蒙古、广东五省合计占全国碳排放总量的 1/3 以上；而碳排放总量最小的后 5 个省份合计仅贡献了全国碳排放总量的 4.58%。

我国设定碳达峰和碳中和的目标，是要实现经济增长和生态环境的平衡发展、协调发展，碳排放强度的降低意味着我们的经济增长施加给环境的压力更小，也意味着实现了更清洁、更可持续的经济发展模式。"如何减少碳排放、控制碳排放的强度"成为近年来学者研究的重要议题之一，现有研究从数字经济、技术创新、环境规制等角度对碳排放的影响进行了大量的分析（王帅龙，2023；李寿喜 等，2023），但数字普惠金融发展对碳排放强度产生的影响缺少论证，随着数字技术的不断发展，数字普惠金融能够改变传统金融服务模式，进一步拓宽传统金融的应用范围，推动高污染企业绿色发展的同时也加快全社会的碳中和进程（范德成 等，2022）。

2　文献综述

2.1　碳排放强度的相关研究

现有观点普遍认为，碳排放是指以二氧化碳为主的温室气体排放的加总。在对碳排放进行分析时，采用的角度也不尽相同，主要选用碳排放量、碳排放强度或碳排放效率等不同方式来体现某地区或产业的碳排放水平。当前学者估算碳排放量的方法主要有生命周期法、实地监测法、模型法和物料平衡法等，而现今学者最为惯用的是物料平衡法。国内众多学者的研究也较为普遍使用 IPCC 推荐的详细燃料分类估算法和详细技术分类估计法这两种，其中又以燃料分类估算法最为常见。例如，赫永达等（2021）基于我国 8 种能源消费统计数据，估算了我国最近 20 年的碳排放总量，结果表明我国碳排放量从 2000 年的 35.914 亿吨增长至 2020 年的 105.22 亿吨，不同产业碳排放比重变动较小且长期稳定，碳排放增速趋同。

2009 年 11 月国务院提出，到 2020 年单位国内生产总值的二氧化碳排放量要降低 40%～45%，这也是国内较早提出的碳排放强度相关概念，国内学者大多沿用了这一定义，即用"碳排放量与经济总产值的比值"来衡量碳排放强度，在不同研究领域又逐渐演化出特定的测算方式。伍国勇等（2021）以农业生产过程中的碳排放量与农业生产总值的比重作为农业碳排放强度；谢云飞（2021）将区域碳排放强度定义为省份碳排放总量与地区生产总值的比重。许多学者认为，碳排放强度是衡量可持续发展和绿色发展的重要指标。

2.2　碳排放影响因素相关研究

早期关于环境和可持续发展的讨论主要集中在能源利用和能源消耗方面，近几年逐渐转向碳排放及其影响因素的讨论。例如，李寿国等（2019）通过对中国不同地区进行分析，认为金融发展对碳排放影响呈现阶段特征；张杰等（2022）认为，数字经济通过推动能源效率提升、绿色技术进步和产业结构升级等途径赋能城市低碳转型；冉启英等（2019）通过检验发现外商直接投资对我国碳排放存在双重门限效应；冯俊华等（2022）通过研究两者耦合关系，发现技术创新与碳排放效率前期存在明显正向互动关系，后期影响逐渐减小，甚至产生负向效应；丁斐等（2020）认为环境规制有力地抑制了城市碳排放强度增长。在碳排放相关研究中，学者考虑的因素大多集中在能源结构、产业结构、外商直接投资、环境规制、创新技术发展等方面。

目前，研究数字普惠金融对环境影响的文献尚不多见，在社会各阶层日益重视碳减排的背景下，本文探讨数字普惠金融对碳排放强度的影响，是对现有数字普惠金融的环境治理效应相关文献的有益补充。

3 机制分析与假设提出

3.1 数字普惠金融和区域碳排放强度

数字普惠金融是指应用互联网、大数据、云计算、区块链和人工智能等数字技术实现融资、支付、投资和其他服务的新型金融业态（郭峰 等，2020）。依托于数字技术的金融服务具有环境友好型特点，金融机构可以通过线上平台直接向企业和个人提供信贷服务，大数据联通征信平台进行资质审核，避免了线下多次往返金融机构造成的碳排放的增加。

从能源转型视角来看，佘群芝等（2022）认为数字普惠金融加速了企业技术创新，尤其是绿色技术的创新和应用，能够减少生产过程中的能源消耗，助力于绿色能源的研发和应用，改善能源消费模式。基于企业数字化转型路径，缪陆军等（2022）发现数字化转型能够促使各产业信息化和数字化融合发展，借助信息技术、数据联通等优势带动地区低碳转型，有效推进地区产业结构优化升级和高耗能行业低碳转型。郭桂霞等（2022）认为数字普惠金融可以支持数字科技产业化和产业数字化赋能，有助于促进总体碳排放减少。基于以上分析，提出如下假设：

H1：数字普惠金融发展能够抑制区域碳排放强度。

3.2 数字普惠金融对碳排放强度的影响存在区域差异

不同区域的产业结构、资源禀赋、经济发展水平等特性均会造成区域间碳排放水平的差异，我国30个省碳排放强度呈现明显的"中西部高东部低、北部高南部低"的特征。王守坤等（2022）认为数字普惠金融深刻改变了生产和生活模式，其减排效应在东部等物质资本投入高、人口规模大及受教育程度高的地区更加明显。王敏等（2023）认为数字普惠金融通过优化能源结构影响碳排放效应，在东部地区和中部地区均显现出抑制效应。邓荣荣等（2021）

发现数字金融发展更有利于低经济和低金融发展水平城市碳排放强度的降低，有利于高经济和高金融发展水平城市碳排放效率的提升。而孙慧等（2022）则表示数字金融对区域碳减排能力的促进效应具有边际递增的非线性特征，数字金融对发达地区的碳减排效应更显著。基于以上分析，提出如下假设：

H2：数字普惠金融对地区碳排放强度的影响存在区域差异。

4 研究设计

4.1 样本选择及数据来源

本文选取 2011－2021 年全国 30 个省份的数据，由于西藏的数据缺失较多，剔除西藏地区的数据。

碳排放数据来源于《中国城市统计年鉴》《中国城市建设统计年鉴》等。数字普惠金融指数取自北京大学数字金融研究中心发布的《北京大学数字普惠金融指数（2011—2021 年）》。产业结构、城镇化率、外商直接投资、政府支出等相关数据来源于《中国统计年鉴》和《中国环境统计年鉴》，技术创新数据来源于 CSMAR 数据库。

4.2 变量定义

变量定义如表 1 所示。

表 1 变量定义

符号	变量定义	变量计算公式及说明
CEI	碳排放强度	碳排放总量/生产总值
DIF	数字普惠金融指数	
$usage\_depth$	数字普惠金融使用深度指数	
$coverage\_breadth$	数字普惠金融覆盖广度指数	
$digitization\_level$	数字普惠金融数字化程度指数	
$industry$	产业结构	第二三产业产值比
$urban$	城镇化率	城镇人口与地区人口比值
FDI	外商直接投资	外商直接投资占地区 GDP 比重
$govern$	政府支出	财政支出占地区 GDP 比重
$tech$	技术创新	授权专利数量

(1) 被解释变量

参照赫永达等（2021），基于我国 8 种能源消费统计数据，估算了我国最近 20 年的碳排放总量，将煤炭、焦炭、原油、汽油、煤油、柴油、燃料油、液化石油气、天然气等 9 种能源碳排放量加总得到碳排放总量，而碳排放强度（CEI）则为各省碳排放总量与各省实际 GDP 的比值（万吨/亿元）。

(2) 解释变量

选取北京大学数字普惠金融指数（DIF）作为解释变量。数字普惠金融指数的 3 个二级指标，即使用深度（$usage\_depth$）、覆盖广度（$coverage\_breadth$）及数字化程度（$digitization\_level$），可以用来异质性检验被解释变量。

(3) 控制变量

参照郭丰等（2022）和余志伟等（2022）的研究，模型中进一步控制产业结构、城镇化率、外商直接投资、政府支出、技术创新等经济发展方式因素变量，依次采用第二三产业产值比（industry）、城镇人口与地区人口比值（urban）、外商直接投资占地区 GPD 比重（FDI）、财政支出占地区 GDP 比重（govern）及授权专利数量（tech）等表示。

4.3 模型设定

为了验证数字普惠金融对区域碳排放强度的影响程度，借鉴李寿喜等（2023）、丁凡琳（2022）的研究，考虑到变量间可能存在内生性影响，采用双向固定效应模型进行基准回归，模型设定如下：

$$CEI_{it} = \alpha_0 + \alpha_1 DIF_{it} + \beta_j \sum X_{jit} + \varepsilon_{it} \qquad (1)$$

式中，i 代表省份；t 代表年份；被解释变量 CEI_{it} 为各省碳排放强度；DIF_{it} 为本文核心解释变量数字普惠金融指数，代表各地区数字金融发展水平；X_{jit} 为控制变量；ε_{it} 为随机扰动项。

5 实证结果及分析

5.1 描述性统计

表 2 为主要变量的描述性统计结果，样本总量 330 个，为了消除量纲的差异，对数字普惠金融指数和基础设施建设水平取对数处理。其中，数字普惠金融指数最小为 18.33，最大为 410.30，标准差为 91.57，说明不同地区

数字普惠金融发展水平存在较大差异。

表 2 描述性统计结果

变量	样本数	均值	标准差	最小值	最大值
CEI	330	10.97	7.76	3.74	44.15
DIF	330	203.40	91.57	18.33	410.30
industry	330	1.01	0.35	0.19	1.93
FDI	330	622.50	1193.00	0.04	5921.00
urban	330	0.42	0.12	0.10	0.65
govern	330	0.25	0.10	0.11	0.63
tech	330	10.01	1.43	6.22	13.18

5.2 基准回归结果分析

本文在构建面板数据模型的基础上，首先进行了随机效应回归、固定效应回归，然后进行 Hausman 检验，结果显示 P 值为 0，表明拒绝原假设，即应选择固定效应模型。同时为了控制宏观环境背景下不随时间变化的个体之间的差异，对时间效应和个体效应进行检验后，最终选用双向固定效应模型进行回归。表 3（1）（2）分别展示了双向固定效应模型设定下，不添加和加上控制变量后，数字普惠金融对区域碳排放影响的基准回归结果。

表 3 基准回归结果

变量	(1) CEI	(2) CEI
DIF	−0.093**	−0.246***
	(−2.39)	(−4.05)
industry		−0.398**
		(−2.36)
FDI		−0.081
		(−1.44)
urban		−0.211**
		(−2.36)
govern		1.087***
		(5.82)
tech		−0.917***
		(−4.19)
Constant	14.113***	5.499**
	(10.29)	(2.37)

续表

变量	(1) CEI	(2) CEI
个体及时间效应	固定	固定
Observations	330	330
Number of id	30	30
R-squared	0.235	0.599

注：*、**、***分别表示在10%、5%和1%水平上显著；括号内为 t 统计量。

从模型的回归结果可以看出，不论是否在模型中加入一系列控制变量，数字普惠金融的系数显著为负，表明数字普惠金融的提升对区域碳排放有显著的抑制作用，数字普惠金融发展水平每提高一个单位，碳排放会下降 0.246 个单位，H1 得到验证。考虑其他控制变量可以看出，产业结构、城镇化率和技术创新均对区域碳排放强度存在显著的抑制作用。

5.3 稳健性检验

为了避免可能存在的双向因果关系，本文拟选用合适的工具变量解决模型的内生性问题。借鉴谢绚丽等（2018）的研究，采用互联网普及率和距离杭州的距离的交互项作为工具变量进行分析。该工具变量同时满足相关性和内生性两个基本条件：第一，互联网普及率代表一个地区的数字化程度，与数字普惠金融存在较强的相关性；第二，互联网普及率不能通过影响数字普惠金融进而影响碳排放强度，满足内生性条件。稳健性检验结果如表 4 所示。

表 4　稳健性检验结果

变量	(1) DIF	(2) CEI
DIF		−0.008*
		(−1.94)
industry	5.425	1.979
	(1.50)	(1.07)
FDI	0.006*	0.000
	(1.89)	(0.38)
urban	86.791*	−2.928
	(1.78)	(−0.26)

续表

变量	(1) DIF	(2) CEI
govern	−91.244***	7.356
	(−3.23)	(0.92)
tech	2.031	0.250
	(1.02)	(0.27)
instrumental	−0.050***	
	(−4.24)	
Constant	−2.701	3.990
	(−0.09)	(0.27)
Observations	330	330
Number of id	30	30
R-squared	0.997	0.221

注：*、**、***分别表示在10%、5%和1%水平上显著；括号内为t统计量。

第一阶段回归验证了工具变量和数字普惠金融的相关性，表4（1）回归结果显示，工具变量和数字普惠金融显著负相关，表明离杭州距离越远，数字普惠金融发展水平越低；表4（2）显示第二阶段回归结果，数字普惠金融在10%水平上显著抑制碳排放强度。可见，回归结果与基准回归结果一致，说明本文的研究结论较稳健。

5.4 异质性分析

（1）地区异质性分析

由于区域间数字普惠金融发展水平和实体经济高质量增长水平均存在发展不均衡的状况，因此本文对样本数据进行细分，将全国划分为东部、中部、西部3个地区，进一步检验区域间差异在数字普惠金融对区域碳排放强度影响中的效果。

从表5可以看出，分地区检验结果显示，数字普惠金融对碳排放强度存在较明显的地区差异，其中东部地区的减排效应不显著，而在中西部地区数字普惠金融存在较显著的减排效应。东部地区资源丰富、经济发展水平较高、政策制度相对完善，整体数字普惠金融发展水平要优于中西部地区，且企业低碳转型进展较快，而中西部地区经济金融发展水平相对较低，存在较为严重的金融抑制和金融排斥，数字普惠金融降低了金融服务成本和门槛，为弱势群体提供了金融服务，促进了中西部地区的发展，抑制碳排放强度的效果更为显著。整体来说，分地区检验结果与本文研究预期符合，据此，H2 得到检验。

表 5 分地区检验结果

变量	(1) 东部 CEI	(2) 中部 CEI	(3) 西部 CEI
DIF	−0.018 (−0.77)	−0.175** (−2.91)	−0.217*** (−3.94)
$industry$	1.825*** (3.17)	−5.395** (−3.72)	4.726 (1.71)
FDI	0 (−1.42)	−0.002 (−0.37)	0.003 (0.66)
$urban$	−22.247** (−2.18)	155.297 (1.92)	68.301 (1.23)
$govern$	−5.628 (−1.16)	38.718 (1.57)	9.623 (0.60)
$tech$	−0.975 (−1.71)	−0.266 (−0.24)	2.957 (1.06)
Constant	28.588*** (3.81)	−65.369 (−1.28)	−53.899 (−1.54)
Observations	143	66	121
Number of id	13	6	11
R-squared	0.376	0.675	0.536

注：*、**、*** 分别表示在 10%、5% 和 1% 水平上显著；括号内为 t 统计量。

（2）数字普惠金融不同维度的异质性分析

分别以数字普惠金融覆盖广度指数、使用深度指数和数字化程度指数作为解释变量，以区域碳排放强度作为被解释变量，进一步深入考察数字普惠金融子维度对于区域碳排放的影响作用，检验结果如表 6 所示。

表 6 基于数字普惠金融不同维度的检验结果

变量	(1) CEI	(2) CEI	(3) CEI
$digitization\_level$	−0.021** (−2.51)		
$coverage\_breadth$		−0.059 (−0.94)	

续表

变量	(1) CEI	(2) CEI	(3) CEI
$usage\_depth$			−0.042*
			(−1.95)
$industry$	1.116	1.238	0.660
	(−0.72)	(−0.69)	(−0.45)
FDI	0	0	0
	(−0.43)	(−0.01)	(−0.16)
$urban$	−14.632	−29.374**	−7.038
	(−1.08)	(−2.08)	(−0.58)
$govern$	8.308	11.976	7.238
	(−1.01)	(−1.36)	(−0.93)
$tech$	0.861	1.262	1.093
	(−0.60)	(−0.82)	(−0.79)
Constant	6.623	10.060	2.858
	(−0.46)	(−0.80)	(−0.18)
Observations	330	330	330
Number of id	30	30	30
R-squared	0.237	0.214	0.251

注：*、**、*** 分别表示在 10%、5% 和 1% 水平上显著；括号内为 t 统计量。

从表 6 中可知，数字普惠金融的数字化程度和使用深度在 5% 和 10% 的水平上分别显著为负，说明数字普惠金融发展过程中，其数字化程度的增强和使用深度的提高会对区域碳排放起到较明显的抑制作用。而覆盖广度不显著，说明数字普惠金融覆盖广度的影响不明显。

6 结论与建议

本文构建 2011—2021 年全国省级面板数据模型，实证检验了数字普惠金融发展对地区碳减排强度的影响。结果表明，数字普惠金融发展能够有效抑制区域碳排放强度，且这种抑制效应在中西部更为显著，从数字普惠金融的 3 个维度来看，数字化程度和使用深度能够对区域碳排放起到抑制作用。据此，提出以下建议。

（1）推动数字普惠金融发展，以数字普惠金融促进低碳经济发展

各级政府需要加快数字信息基础设施建设，充分发挥新型技术手段在数

字普惠金融发展过程中的协同作用,完善数字经济治理能力,提供快捷、便利和低成本、高效率的金融服务。我国需要继续推动数字普惠金融与碳交易市场融合,通过提供有益于普惠金融平台发展的良好营商环境,加强优惠政策支持力度,不断提高普惠金融的触达能力和服务范围,继续维持我国在数字普惠金融领域的先行优势。

（2）结合地区发展特点,制定差异化碳减排策略

中国地大物博、幅员辽阔,不同的省份之间要素禀赋千差万别,必须将不同省份发展的特点充分考虑进来,关注当地的地理环境、人文风俗、经济基础等多方面因素,制定因地制宜的碳减排政策。考虑到中西部地区数字基础比较落后,在数字普惠金融带来的环境红利上拥有更强的后发优势,若适当将数字资源向中西部地区倾斜,中西部在环境问题上同样能实现"弯道超车",进而实现整体气候的改善。

（3）深化能源改革及能源产业数字化转型

持续加强普惠金融与乡村振兴、产业结构升级等宏观政策的有效衔接,加快建设数字中国的步伐,在能源消费环节,综合运用大数据、云计算、物联网等数字技术改变能源消费方式,提高能源利用效率,降低传统能源消耗比例,优化能源消费结构,积极推进碳减排工程。

参考文献

［1］ DENG R R,ZHANG A X. The impact of urban digital finance development on carbon emission performance in China and mechanism［J］. Resources science,2021(43)：2316-2330.

［2］ DING F L. Effects of digital inclusive finance on carbon intensity of China［J］. Wuhan university journal (philosophy & social science),2022,75(6):110-120.

［3］ DING F,ZHUANG G Y,LIU D. Environmental regulation,industrial agglomeration and urban carbon emission intensity:empirical analysis based on panel data of 282 prefecture-level cities in China［J］. Journal of China university of geosciences (social sciences edition),2020,20:90-104.

［4］ FENG J H,HAN M,ZHENG G W,et al. Research on spatiotemporal differentiation and response of coupling coordination between technological innovation and carbon emission efficiency of industrial enterprises［J］. Modernization of management,2022,42:140-146.

[5] GUO F, WANG J Y, WANG F, et al. Measuring China's digital financial inclusion: index compilation and spatial characteristic[J]. China economic quarterly, 2020, 19: 1401-1418.

[6] GUO F, YANG S G, RE Y. The digital economy, green technology innovation and carbon emissions: empirical evidence from Chinese city-level data[J]. Journal of Shaanxi normal university(philosophy and social sciences edition), 2022, 51: 45-60.

[7] GUO G X, ZHANG Y. A study on the relationship between digital inclusive finance and carbon emission reduction[J]. Price: theory & practice, 2022, 1: 135-138.

[8] HE Y D, WEN H, SUN C W. Forecasting China's total carbon emission and its structure in the 14th Five-Year Plan: based on mixed-frequency ADL-MIDAS model[J]. Economic problems, 2021(4): 31-40.

[9] LI S X, ZHANG J H. Digital financial inclusion, technological innovation and urban carbon emissions intensity[J]. Journal of east China normal university (humanities and social sciences), 2023(55): 161-172, 178.

[10] MIAO L J, CHEN J, FAN T Z, et al. The impact of digital economy development on carbon emissions: a panel data analysis of 278 prefecture-level cities[J]. South China finance, 2022(2): 45-57.

[11] RAN Q Y, REN S Y. Foreign direct investment, new urbanization and China's carbon emissions[J]. Journal of Guizhou university of finance and economics, 2019(199): 83-90.

[12] SHE Q Z, WU L. The carbon emission reduction effect of digital economy development[J]. Economic survey, 2022(39): 14-24.

[13] SONG B D, LI S G. Analysis of the threshold effect of financial development affecting carbon emissions[J]. Ecological economy, 2019, 35: 20-25.

[14] SUN H, WANG F Y, DING Z Y. How dose digital finance affected regional carbon reduction capability? [J]. Journal of capital university of economics and business, 2022, 24: 42-56.

[15] WANG M, YU Q, XU Y. Digital financial inclusion and carbon emissions: theoretical and empirical analysis[J]. West China finance, 2023(4): 50-59.

[16] WANG S K, FAN W C. Digital inclusive finance and carbon emission reduction: an empirical analysis based on China's county-level data[J]. Contemporary finance & economics, 2022(456): 53-64.

[17] WANG S L. Digital economy development for urban carbon emissions: "accelerator" or "speed bump"[J]. China population, resources and environment, 2023(33): 11-22.

[18] WU G Y,LIU J D,YANG L S. Dynamic evolution of China's agricultural carbon emission intensity and carbon offset potential[J]. China population,resources and environment,2021,31:69-78.

[19] XIE X L,SHEN Y,ZHANG H X. Can digital finance promote entrepreneurship:evidence from China[J]. China economic quarterly,2018(17):1557-1580.

[20] XIE Y F. The effect and mechanism of digital economy on regional carbon emission intensity[J]. Contemporary economic management,2021(44):68-78.

[21] YU Z W,FAN Y P,LUO H. Research on the influence of industrial structure upgrading on carbon emission intensity in China[J]. East China economic management,2022(36):78-87.

[22] ZHANG J,FU K,LIU B R. Can digital economy promote low-carbon transformation of cities from the perspective of dual objective constrain[J]. Modern finance and economics(journal of tianjin university of finance and economics),2022,42(8):3-23.

"双碳"背景下绿色金融对经济高质量发展的影响研究

韩雪源[1,a]，徐颖[2,b,*]

[1]中国人民银行天水市中心支行，甘肃，中国
[2]北京信息科技大学，北京，中国
[a] 18813118366@163.com，[b] xxuying@126.com
*通讯作者

摘要：在新的时代背景下，"双碳"的目标对经济发展提出了新要求，对绿色金融的建设有了高标准，研究绿色金融如何高效助力经济高质量发展是现实提出的新课题。本文以熵权法构建绿色金融及经济高质量发展的综合指标体系，剔除疫情对经济发展的干扰，以2009—2019年除港澳台、西藏外30个省份的面板数据为样本，分析绿色金融对经济高质量发展的影响，并探究其作用机制和影响路径，进行"双碳"背景下的异质性分析。结果表明，绿色金融对经济高质量发展存在促进作用；绿色金融以产业结构优化和提升教育水平为中介推动经济高质量发展，且前者推动作用更显著；随着"双碳"水平的增加，绿色金融对经济高质量发展的影响程度呈现先增后减的趋势。

关键词：绿色金融；经济高质量发展；中介效应

The Impact of Green Finance on High Quality Economic Development in the Context of "Carbon Peaking and Carbon Neutral"

Han Xueyuan[1,a], Xu Ying[2,b,*]

[1] The People's Bank of China Tianshui Central Sub-branch, Gansu, China

[2] Beijing Information Science & Technology University, Beijing, China

[a] 18813118366@163.com, [b] xxuying@126.com

* Corresponding author

Abstract: In the new era, the goal of "Carbon Peaking and Carbon Neutral" has put forward new requirements for economic development and high standards for the construction of green finance, and it is a new issue to study how green finance can efficiently contribute to high-quality economic development. This paper constructs a comprehensive index system of green finance and high-quality economic development by entropy power method, eliminates the interference of epidemic on economic development, takes the panel data of 30 provinces except Hong Kong, Macao, Taiwan and Tibet from 2009 to 2019 as samples, analyzes the impact of green finance on high-quality economic development, and explores its mechanism of action and influence path, and conducts Heterogeneity analysis in the context of "Carbon Peaking and Carbon Neutral". The results show that green finance has a facilitating effect on high-quality economic development; green finance promotes high-quality economic development through the intermediary of industrial structure optimization and education upgrading, and the former is more significant; as the level of "Carbon Peaking and Carbon Neutral" increases, the degree of influence of green finance on high-quality economic development shows a trend of first increasing and then decreasing.

Keywords: Green finance; High-quality economic development; Intermediary effect

1 引言

党的十八届五中全会首次提出了"五大发展理念"——创新、协调、绿色、开放、共享。自此，我国由经济高速发展阶段步入经济高质量发展阶段。2020年9月中国明确提出2030年"碳达峰"与2060年"碳中和"目标，减少碳排放可推动企业绿色转型，是促进我国经济高质量发展的动力源泉。经济高质量发展离不开资金的支持，发展绿色金融市场，畅通资金融通渠道，将有力促进经济高质量发展。

由于我国现阶段绿色金融处于发展起步阶段，指标数据缺乏官方的统一规定，限制了研究数据的采集。因此，当前我国绿色金融的相关研究多聚焦于局部，整体研究较少。例如，刘昊（2021）以2008—2019年16家上市银行的面板数据构建SVAR模型，发现绿色信贷业务对商业银行发展质量具有负向的影响，而商业银行发展质量则对绿色信贷业务具有正向效应。李戎等（2021）利用2012—2019年中国上市公司的绿色专利数据探索绿色金融对企业绿色创新是否有显著影响及其作用机制，结果表明建立绿色金融改革创新试验区对区内企业绿色创新有显著的促进作用。

绿色金融对经济发展的影响量化研究中，经济发展大多以单一指标（如人均GDP）来衡量，综合性的指标体系较少。例如，董晓红等（2020）以面板数据构建引力模型，对各省绿色金融对经济支持水平的空间关联进行研究，选择用各省份的GDP表示绿色金融对经济的支持水平。于光妍等（2021）搜集整理了11个国家级城市群的152个地级市2006—2018年的数据，以固定效应模型实证分析了城市群产业分工对经济增长的影响，并探究了产业结构优化升级在此过程中的间接效应。其中以人均GDP作为替代经济增长的数据。

大多实证研究会加入中介效应模型探究绿色金融对经济发展的传导机制，但对路径的影响作用缺少定量之后的定性分析。例如，赵军等（2020）采用普通最小二乘方法进行基准回归，估计绿色金融与沿线重点省域低碳减排之间的关系。通过中介效应模型，检验沿线重点省域的金融资源能否通过环境技术进步和偏向性技术进步两条路径间接影响低碳减排。刘华珂等（2021）分析了绿色金融促进经济高质量发展的作用机制，假设检验了产业优化升级及技术创新两个中介效应模型。

综上所述，当前研究评价经济发展水平的主要指标为GDP，聚焦于国内生产总值的总量与增长速度，对绿色金融的研究多集中于绿色信贷，评价指标较为单一化；绿色金融影响经济高质量发展的程度与路径不明晰，中介路径的详细分析较少；影响程度的异质性分析拘泥于地域划分。本文运用熵权法构建多维评价指标体系，综合全面地评价区域经济高质量发展水平及绿色金融市场发展水平，对两者的相关关系进行精准研究；通过研究绿色金融对经济高质量发展的影响程度和影响路径，对比分析不同中介路径的效率；基于绿色金融发展水平进行异质性分析，对绿色金融促进经济高质量发展提出更加细致的政策建议。

2 理论分析及研究假设

自然环境资源大多为公共产品，因其效用的不可分割性和受益的非排他性，个体组织投资的意愿始终不强。同时，环境友好型产业投资成本较普通性产业高，但收益并无明显优势。长久以来，我国都主要依靠国家各项法律政策敦促企业向绿色产业转型升级，相关产业的市场活跃度不高。因此，通过畅通资金融通渠道，从财力上给予企业支持，减轻企业资金压力，对经济高质量发展具有重要助力作用。

绿色金融体系主要通过绿色信贷、绿色证券、绿色投资、绿色保险、碳金融五大领域为绿色产业提供多渠道、多模式的融资方案，给予相关产业资金支持。绿色金融发展将我国金融市场的资金导向绿色产业，增强产业发展动力，提高对经济增长的贡献度，助力我国经济高质量发展。参考卢卓（2023）和刘华珂等（2021）研究成果，提出以下假设：

H1：绿色金融通过产业结构优化助力经济高质量发展。

绿色金融发展使资金融通向环保企业倾斜，逐渐提升全社会绿色产业占比，助力环境友好型产业的可持续发展，促进经济增长向高质量产业转变。在金融市场资金流通量稳定的情况下，污染环境企业筹措资金量减少，企业面临更大的生存压力。综上，绿色金融发展通过优化产业结构可助力经济高质量发展。

H2：绿色金融通过提升教育水平助力经济高质量发展。

人力资源始终是助力产业发展的重要因素，创新发展离不开高水平人才。首先，产业的资金充足能有效提高其人员的薪资水平，促使更多优秀人才自然流向环保产业。其次，当人才供过于求时，行业将提升整体人员教育水平要求，高质量的人才队伍又会反向提升产业整体创新能力，进一步促使经济高质量发展。

3 指标选取及模型设定

3.1 指标选取

本文以 2009—2019 年除西藏、港澳台外的 30 个省份的面板数据为样本，构建面板回归模型分析绿色金融对经济高质量发展的影响，并据此检验与比较产业结构优化和教育水平的中介效应。后以绿色金融指标为依据，将 30 个省份划分为"双碳"高中低三档水平，进行异质性分析。各数据来源均为省份及行业统计年鉴。

3.1.1 被解释变量

经济高质量发展作为衡量地区经济发展综合水平的指标，单一的人均 GDP 难以全面测度，需构建新型的综合指标体系。本文以"五大发展理念"——创新、协调、绿色、开放、共享为一级指标，采用熵权法确定各个指标权重，构建经济高质量发展综合指标体系（表1）。

表1 经济高质量发展综合指标体系

一级指标	二级指标	权重
创新	科技研发支出占财政支出比重（%）	18.50%
	人均科技研发经费支出（元）	
协调	城乡居民消费水平差异（%）	3.50%
	城乡恩格尔系数差异（%）	
	城乡医疗水平差异（%）	
绿色	废水排放总量（万吨）	7.52%
	二氧化硫排放量（万吨）	
	环境污染治理投资额占 GDP 比重（%）	
开放	外商直接投资总额占 GDP 比重（%）	51.82%
	外商直接投资合同项目数（个）	
	进出口总额（元）	
共享	人均公共图书馆藏书量（册）	18.66%
	人均公共教育支出（元）	
	医疗卫生机构床位数（张）	

3.1.2 核心解释变量

绿色金融现阶段缺乏官方的统一规定,本文选取绿色信贷、绿色证券、绿色投资、绿色保险、碳金融为一级指标,采用熵权法确定各个指标权重,构建绿色金融综合指标体系(表2)。

表 2 绿色金融综合指标体系

一级指标	二级指标	权重
绿色信贷	高耗能产业贷款额占比	21.87%
绿色证券	环保企业的市值占比	2.91%
绿色投资	绿色支出占比	20.48%
绿色保险	环境责任保险额比例	34.98%
碳金融	温室气体年减排量占比	19.76%

3.1.3 控制变量

为减少其他变量对回归结果的影响,借鉴已有论文,本文选取各省城镇人口数量占总人口数量比重、国内专利申请授权量、各省就业人员的平均受教育年限、人均 GDP 为控制变量。各数据来源为省份及行业统计年鉴。

3.1.4 中介变量

本文探究绿色金融对经济高质量发展的影响中产业结构和教育水平的中介效应。

产业结构以产业结构升级指数衡量,计算公式为:$A_{jt} = \sum q_j * j (j = 1, 2, 3)$,$q_j$ 为第 j 产业的产值比重。

教育水平以每十万人口高等学校平均在校生人数衡量。

3.2 模型设定

3.2.1 基准回归模型

为探究绿色金融对经济高质量发展的影响,选取 2009—2019 年除西藏、港澳台外的 30 个省份的面板数据,构建固定效应回归模型:

$$\ln y = \alpha_1 x + \alpha_2 Controls + \alpha_3 \quad (1)$$

式中,$\ln y$ 为取对数的经济高质量发展水平,x 为绿色金融,$Controls$ 为各个控制变量，$α_3$ 为随机扰动项。

3.2.2 中介效应模型

参考温忠麟（2020）采用三步法确定产业结构优化与教育水平的中介效应。

$$\ln y = C_1 x + \beta_1 Conrtols。 \quad (2)$$

$$m_2 = A_1 x + \beta_2 Controls。 \quad (3)$$

$$\ln y = B_2 m_2 + B_1 x + \beta_3 Controls。 \quad (4)$$

$$\ln y = C_2 x + \theta_1 Controls。 \quad (5)$$

$$\ln x_2 = A_2 x + \theta_2 Controls。 \quad (6)$$

$$\ln y = B_3 \ln x_2 + B_4 x + \theta_3 Controls。 \quad (7)$$

式中，m_2 为产业结构升级指数，代表产业结构优化。x_2 为每十万人口高等学校平均在校生人数，代表教育水平。

若上述基准方程主要变量系数均显著，则中介传导路径成立，反之不存在。总效应分别为式（2）和式（5）的系数 C_1 和 C_2，直接效应为式（4）和式（7）的系数 B_1 和 B_4，间接效应为 $A_1 B_2$ 和 $A_2 B_3$。若直接效应为 0，说明可完全通过间接效应影响，称为完全中介；若直接效应不为 0，说明直接效应与间接效应同时存在，称为部分中介。若间接效应与总效应数值正负一致，则代表间接效应与总效应影响方向一致，存在中介效应；若间接效应与总效应数值正负不一致，则代表间接效应与总效应影响方向不一致，存在遮掩效应。

4 实证结果与分析

4.1 基准回归分析

本文利用 2009—2019 年除西藏、港澳台外的 30 个省份的面板数据，使用 stata17 软件通过 F 值检验及 Hausman 检验，选择固定效应模型进行估计。在依次加入控制变量后回归结果逐渐趋于平稳，各个指标系数通过检验。为保证回归结果的可靠性，采用核心解释变量替换和核心解释变量滞后一期两种方法检验基准回归的稳健性。

回归结果如表 3 所示，得到回归方程为：
$$\ln y = 0.567x - 1.415 \ln x_1 + 0.068 \ln m_1 + 0.084 x_3 + 0.254 \ln GDP + 2.395。 \quad (8)$$

表3 绿色金融对经济高质量发展的影响

变量	(1) s_1	(2) s_2	(3) s_3	(4) s_4	(5) s_5
$\ln y$					
x	0.806** (2.075)	0.661* (1.735)	0.832** (2.464)	0.553* (1.676)	0.567* (1.740)
$\ln x_1$		0.408*** (3.987)	−1.114*** (−5.866)	−1.166*** (−6.369)	−1.415*** (−7.075)
$\ln m_1$			0.170*** (9.120)	0.108*** (4.872)	0.068*** (2.666)
x_3				0.130*** (4.920)	0.084*** (2.743)
$\ln GDP$					0.254*** (2.913)
Constant	7.552*** (97.09)	7.824*** (76.66)	5.132*** (16.63)	4.323*** (12.73)	2.395*** (3.23)
Observations	330	330	330	330	330
R-squared	0.014	0.064	0.269	0.324	0.343
Number of prov	30	30	30	30	30
Ajusted R^2	0.267	0.267	0.267	0.267	0.267

注：括号内为标准差；***、**、*分别代表1%、5%、10%的显著性水平。

其中核心解释变量绿色金融的系数为0.567，说明绿色金融每提升1个单位，对经济高质量发展就有0.567个单位的正向影响。指标替换与滞后效应通过检验，回归结果的方向性与式（8）一致，证实了估计结果的稳健性。发展绿色金融对经济高质量发展的助力效果显著。绿色金融通过为环保项目提供资金支持，促进我国产业的高质量发展，进而促进我国经济高质量发展。

4.2 中介效应分析

基于中介效应的模型设定，产业结构优化和教育水平的检验结果如表4

所示。(1)(2)(3) 为产业结构优化的中介效应三步模型，(4)(5)(6) 为教育水平的中介效应三步模型，核心解释变量均通过检验，表明产业结构优化和教育水平两条中介路径均存在。

表 4 中介效应检验

变量	(1) lny	(2) m_2	(3) lny	变量	(4) lny	(5) $\ln x_2$	(6) lny
x	0.567* (0.326)	−0.204* (0.116)	0.451 (0.321)	L2.x	0.661** (0.331)	0.416*** (0.155)	0.563* (0.334)
$\ln x_1$	−1.415*** (0.200)	0.073 (0.071)	−1.374*** (0.197)	$\ln x_1$	−1.686*** (0.222)	0.503*** (0.104)	−1.804*** (0.232)
$\ln m_1$	0.0683*** (0.0256)	0.0098 (0.0091)	0.0739*** (0.0252)	$\ln m_1$	0.0487* (0.0265)	−0.0102 (0.0125)	0.0511* (0.0265)
x_3	0.0840*** (0.0306)	0.0268** (0.0109)	0.0993*** (0.0304)	x_3	−0.0158 (0.0346)	−0.0415** (0.0163)	−0.0060 (0.0349)
lnGDP	0.254*** (0.0872)	0.0864*** (0.0311)	0.303*** (0.0867)	lnGDP	0.310*** (0.0937)	0.247*** (0.0440)	0.252** (0.0994)
m_2			−0.571*** (0.160)	$\ln x_2$			0.235* (0.138)
_cons	2.395*** (0.742)	1.128*** (0.264)	3.039*** (0.750)	_cons	2.988*** (0.862)	5.954*** (0.405)	1.591 (1.190)
N	330	330	330	N	270	270	270
R^2	0.343	0.584	0.370	R^2	0.212	0.658	0.222
adj.R^2	0.267	0.536	0.295	adj.R^2	0.098	0.608	0.105

注：括号内为标准差；***、**、* 分别代表 1%、5%、10% 的显著性水平。

计算可得，产业结构优化的中介效应占总效应的 20.4921%，教育水平的中介效应占总效应的 14.7897%。绿色金融通过产业结构优化助力经济高质量发展的路径效应占比为 20.4921%，且当前效果显现。绿色金融通过教育水平助力经济高质量发展的路径效应占比为 14.7897%，作用时间较长，滞后两期效果才会显现。绿色金融通过资金融通可优化区域产业结构，合理的产业结构又会促进经济高质量发展；通过市场影响行业就业人员数量、薪资水平、未来职业发展前景等，较长时间后提高学历要求、专业技能水平、职业道德素养等，最终提高就业人员整体教育水平，以此促进经济高质量发展。

4.3 异质性分析

将绿色金融指标的分值从低到高进行排序，观察数据分布情况。各省份数值分布区间为 1.13～3.60，呈正态分布。将 30 个省份依次划分为分值 1～2 的"双碳"发展低区域，分值 2～3 的"双碳"发展中区域，分值 3～4 的"双碳"发展高区域（表5）。分值越大，代表绿色金融发展水平越高。

表5 各省份"双碳"发展区域分类

"双碳"发展低区域		"双碳"发展中区域		"双碳"发展高区域	
浙江	1.134 948 533	湖南	2.029 719 635	宁夏	3.199 553 178
上海	1.254 865 444	河南	2.068 192 756	云南	3.205 434 347
北京	1.406 393 880	四川	2.282 746 890	甘肃	3.441 055 743
广东	1.417 913 313	广西	2.296 471 650	内蒙古	3.472 027 103
江苏	1.436 383 172	河北	2.331 170 060	青海	3.599 473 493
天津	1.573 267 216	黑龙江	2.364 304 099		
福建	1.634 009 451	贵州	2.404 381 100		
重庆	1.739 415 171	辽宁	2.480 383 479		
山东	1.785 062 244	江西	2.544 430 484		
山西	1.804 728 211	新疆	2.984 989 475		
吉林	1.931 880 593				
陕西	1.948 317 732				
安徽	1.958 195 996				
海南	1.960 036 408				
湖北	1.993 612 853				

结合原始数据分析,"双碳"发展高区域的省份绿色信贷数值较高,主要原因为总体经济体量较小,高污染高耗能产业分布不多,非污染项目信贷占比较高;"双碳"发展中区域的省份绿色证券数值较高,即环保上市企业市值占本省份上市总市值比重较高,说明环保企业相较本省份高耗能企业在金融市场融通资金能力较强,投资者对其未来发展预期较高;"双碳"发展低区域省份较多,数值分布均衡,未来发展空间大。

以上述结果将各省份分为三类,分别进行绿色金融对经济高质量发展的基准回归分析,结果如表 6 所示。表 6(1)为"双碳"发展低区域结果,表 6(2)为"双碳"发展中区域结果,表 6(3)为"双碳"发展高区域结果。

表 6 不同"双碳"发展水平绿色金融对经济高质量发展的影响

变量	(1) $\ln y$	变量	(2) $\ln y$	变量	(3) $\ln y$
x	0.763** (2.132)	$L.x$	2.423*** (0.744)	x	1.193*** (0.352)
$\ln x_1$	−0.676*** (−3.176)	$\ln x_1$	−2.212*** (0.370)	$\ln x_1$	−0.378* (0.212)
$\ln m_1$	0.127*** (4.499)	$\ln m_1$	0.107** (0.051)	$\ln m_1$	0.025 (0.024)
x_3	0.173*** (4.757)	x_3	−0.065 (0.056)	x_3	0.001 (0.029)
lnGDP	−0.143 (−1.542)	lnGDP	0.488*** (0.172)	GDP	0.000 877*** (0.000 047)
Constant	5.853*** (8.340)	_cons	0.393 (1.618)	_cons	4.940*** (0.401)
N	15	N	100	N	55
R^2	0.606	R^2	0.401	R^2	0.904
adj. R^2	0.554	adj. R^2	0.303	adj. R^2	0.885
Observations	165				

注:括号内为标准差;***、**、*分别代表 1%、5%、10%的显著性水平。

"双碳"发展低区域、"双碳"发展中区域、"双碳"发展高区域的绿色金融对经济高质量发展的影响系数分别为 0.763、2.423 和 1.193。在"双碳"发展低区域,绿色金融发展水平每提升 1 个单位,经济高质量发展水平提升 0.763 个单位;在"双碳"发展中区域,绿色金融发展水平每提升 1 个单位,经济高质量发展水平提升 2.423 个单位;在"双碳"发展高区域,绿色金融发展水平每提升 1 个单位,经济高质量发展水平提升 1.193 个单位。随着"双碳"发展水平的提高,绿色金融的助力效应先增后减。其中,"双碳"发展低区域和"双碳"发展高区域效果当期显现,而"双碳"发展中区域效果滞后一期显现。提升"双碳"发展中区域、"双碳"发展高区域的绿色金融水平对当地经济高质量发展水平有明显的乘数作用,提升效率均超过 100%,尤其"双碳"发展中区域提升效率高达 242%,有限投入将得到成倍的成果转换。

5 结论与政策建议

本文以 2009—2019 年除西藏、港澳台外的 30 个省份的面板数据为样本,运用熵权法构建绿色金融和经济高质量发展的评价指标体系,发现绿色金融对经济高质量发展具有促进作用;绿色金融通过产业结构优化和教育水平两条路径影响经济高质量发展;不同发展水平下绿色金融对经济高质量发展的助力程度不同,得到以下建议。

(1) 提高非公有制经济在绿色金融体系中的占比

中国现阶段的绿色金融市场处于初级发展阶段,主要以现有的投融资工具作用于绿色产业或项目的方式为主。运用熵权法构建的绿色金融评价指标体系结果为:绿色证券占比 2.91%,碳金融占比 19.76%,绿色投资占比 20.48%,绿色信贷占比 21.87%,绿色保险占比 34.98%。市场占比最高的为绿色保险,主要依靠国家财政支持力度较大的农业保险;市场占比最低的为绿色证券,仅占比 2.91%,说明长期投资市场热度不高;居中的绿色信贷、绿色投资、碳金融的资金提供多为公有制主体,如银行、政府、公益机构等。

实证结果表明绿色金融对经济高质量发展具有显著的正向影响,通过发展结构合理,金融工具种类丰富的绿色金融市场,可有效促进经济高质量发展。建议大力引导发展绿色证券、绿色债券、碳金融等,引入更多非公有制力量,激发市场活动,众多市场化的绿色投融资工具也将使我国绿色金融体系的结构更加合理。吸纳多方主体投资，可扩大绿色金融市场资金量，提高绿色金融市场活跃度，拓宽资金需求方的融资渠道，构建强有效的绿色金融市场。

（2）资金投向带有绿色属性的第三产业，提高产业结构优化中介效应

实证结果表明"产业结构优化"的中介效应效率较高，且中介效果当期显现，能在短时间内通过优化产业结构路径提升当地经济高质量发展水平。因此，建议绿色金融市场引导各类投融资工具，将资金多流向绿色发展的第三产业，大力扶持服务业，优化我国产业结构。

绿色金融市场通过引导产业结构优化，可减少高耗能高污染的第一二产业占比，为可持续发展的第三产业提供更充足的资金支持。通过金融市场调整第一二三产业的占比，将资金投资到实体，为企业注入优质资源，缩短我国产业结构的转换周期。优化的产业结构也将更快更好的助力区域的经济高质量发展。

（3）完善人才培养长效机制，提高教育水平中介效应

"教育水平"的中介效应占比虽低于"产业结构优化"，但是教育是经济长期发展的根本动力，重视教育水平提升意义重大。此外，实证结果显示教育水平的中介效果滞后两期才能显现，需要较长时间才能通过教育水平路径提升当地经济高质量发展水平，因此完善长效人才机制，才能保证最终提升经济高质量发展水平。

建议加大教育投资，注重教育领域的长久发展，以制度确保相关政策的持续发力，为经济高质量发展积蓄高水平人才，使人才自然流向绿色产业。教育投资时间跨度长，相较于其他举措虽见效慢，但人员作为所有工作的基础，后续对经济高质量发展具有很大助力，因此，需构建具有连贯性与长效性的人才培养方案。

（4）根据"双碳"不同发展水平制定差异化绿色金融政策

随着"双碳"水平的增加，绿色金融对经济高质量发展的影响程度呈现先增后减的趋势。说明"双碳"发展前期对经济促进作用有限；当发展至更高水平后，绿色金融对经济高质量发展的促进作用呈倍数增长；而继续发展至高水平后，绿色金融对经济高质量的提升效果逐渐放缓，但仍高于发展初期。

因此，建议政策制定突破地缘性限制，以各省市的"双碳"发展水平为划分依据，以此布局低碳发展的相关政策制定。对于"双碳"发展低水平地

区,加大投入和政策支持力度,使其绿色金融水平快速进入中发展水平,快速助力地区优质经济发展。对于"双碳"发展中水平地区,适当投入,使其长久保持当前发展水平,充分发挥绿色金融的乘数效应。对于"双碳"发展高水平地区,绿色金融对经济高质量发展的助力作用有限,建议减少金融方面投入,寻求新增长点。

参考文献

[1] DIKAU S,VOLZ U. Central bank mandates,sustainability objectives and the promotion of green finance[J]. Ecological economics,2021,184:107022.

[2] DONG G,GE Y,ZHU W,et al. Coupling coordination and spatiotemporal dynamic evolution between green urbanization and green finance:a case study in China[J]. Frontiers in environmental science,2021,8:621846.

[3] LI L,WU W,ZHANG M,et al. Linkage analysis between finance and environmental protection sectors in China:an approach to evaluating green finance[J]. International journal of environmental research and public health,2021,18(5):2634.

[4] LI R,LIU L. Green finance and corporate green innovation[J]. Journal of Wuhan university(philosophy and social science edition),2021,74(6):126-140.

[5] LU Z. Higher education hierarchy,technological progress and high-quality economic development[J]. Statistics and decision making,2023,39(1):115-119.

[6] MUGANYI T,YAN L,SUN H. Green finance,fintech and environmental protection:evidence from China[J]. Environmental science and ecotechnology,2021,7:100-107.

[7] NEDOPIL C,DORDI T,WEBER O. The nature of global green finance standards—evolution,differences,and three models[J]. Sustainability,2021,13(7):3723.

[8] TAGHIZADEH-HESARY F,LI Y,RASOULINEZHAD E,et al. Green finance and the economic feasibility of hydrogen projects[J]. International journal of hydrogen energy,2022,47(58):24511-24522.

[9] WANG C,WANG L. Green credit and industrial green total factor productivity:the impact mechanism and threshold effect tests[J]. Journal of environmental management,2023,331:117266.

[10] WANG H. Research on the impact of green finance on the economic growth of the Yangtze River Economic Belt[J]. Journal of global economy,business and finance,2021,3(2):

[11] WU J,ZHOU Z,LUO Y. Building financial service system and its application to sup-

port green technology innovation[J]. International journal of higher education teaching theory,2021,2(1):

[12] WU Y,QIAN J,ZHANG T. Environmental regulation,green technology innovation and high quality development of Yangtze River Delta economy[J]. East China economic management,2021,35(12):30-42.

[13] YU G,ZHOU Z. Industrial division of labor,structural upgrading and economic growth in urban agglomerations[J]. Technology economics and management,2021(11):116-120.

[14] ZHANG S,WU Z,WANG Y,et al. Fostering green development with green finance: an empirical study on the environmental effect of green credit policy in China[J]. Journal of environmental management,2021,296:113-159.

[15] ZHAO Y,YUE Y,WEI P. Financing advantage of green corporate asset-backed securities and its impact factors:evidence in China[J]. Frontiers in energy research, 2021,9:696110.

以培育"专精特新"企业视角探析中小企业未来发展路径

张天丽[a]，金春华[b,*]

北京信息科技大学经济管理学院，北京，中国
[a] 18730372358@163.com，[b] bimjch@126.com
*通讯作者

摘要：2022年9月8日，习近平总书记在2022全国专精特新中小企业发展大会上强调着力推动创新，激发涌现更多专精特新中小企业。"专精特新"企业作为中小企业中的领头羊，其经营模式与管理理念有可借鉴之处。以培育"专精特新"企业视角探析中小企业未来发展路径对推动中小企业高质量发展具有重要作用。本文通过分析"专精特新"企业发展现状，对中小企业发展成为"专精特新"企业可能出现的问题进行归纳，以问题导向为原则提出针对性建议，用以探究中小企业未来发展路径。

关键词：专精特新；中小企业；问题导向

From the Perspective of Cultivating "Specialized, Specialized and New" Enterprises, We will Explore the Future Development Path of Small and Medium-sized Enterprises

Zhang Tianli[a], Jin Chunhua[b,*]

School of Economic and Management，Beijing Information Science and Technology University，Beijing，China
[a] 18730372358@163.com，[b] bimjch@126.com
*Corresponding author

Abstract：As a leader among small and medium-sized enterprises, the "specialized, refined, and innovative" enterprises have valuable business models and management concepts to learn from. Exploring the future development path of small and medium-sized enterprises from the perspective of cultivating "specialized, refined, and innovative" enterprises plays an important role in promoting high-quality development of small and medium-sized enterprises. This article analyzes the current development status of "specialized, refined, and innovative" enterprises, summarizes the possible problems that may arise when small and medium-sized enterprises develop into "specialized, refined, and innovative" enterprises, and proposes targeted suggestions based on the principle of problem orientation to explore the future development path of small and medium-sized enterprises.

Keywords：Specialized and new；SMEs；Problem-oriented

1 引言

当前我国面临着供给侧结构改革的巨大压力，市场经济增速缓慢，中小企业作为经济"毛细血管"对于缓解当下就业问题、深化企业改革、实现技术创新发挥着重要作用。大力扶持中小企业，在政策上给予适当照顾有助于中小企业更快发展。

本文基于培育"专精特新"中小企业视角，通过对"专精特新"企业发展现状进行分析，发现其目前存在的问题，对中小企业未来发展方向提供一定参考。

2 "专精特新"定义

"专精特新"是专业化、精细化、特色化、新颖化的缩写。专业化是指企业采用专业手段实现产品制造，提升生产流程的专业化程度；精细化是指企业采用精益生产管理模式，通过技术精细加工生产更精致材料产品，要求企业以长远精益眼光谋发展，实施长期发展战略；特色化是指突破传统生产工艺的局限，利用独特技术生产出别具一格的产品，企业要对产品的市场定位以及功能定位有一定差异性；新颖化是指企业依靠创新转化科技成果等方式，研发具有高技术、高附加值的技术。

拥有以上特点的中小企业被称为"专精特新"企业。

3 "专精特新"企业发展现状

目前,工业和信息化部已公示第四批"专精特新"中小企业 4328 家,同比增长 48%,中小企业发展势头迅猛,培育"专精特新"企业 8997 家,大力发展与扶助"专精特新"企业具有重大战略意义。

3.1 "专精特新"企业地域分布情况

在公示名单中,大多数"专精特新"企业分布在华东地区;西北及发展不充分地区企业较少。数据显示,截至 2021 年底,"专精特新"企业共计 4922 家。其中,2017 家属于华东地区,占比 40.98%;华北地区"专精特新"企业 739 家,占比 15.01%,位居第二;西北地区"专精特新"企业仅有 258 家,占比最低。华东地区"专精特新"企业数量是西北地区的近 8 倍(图 1)。中小企业地域发展具有很强的差异性,发展不均衡情况严重。

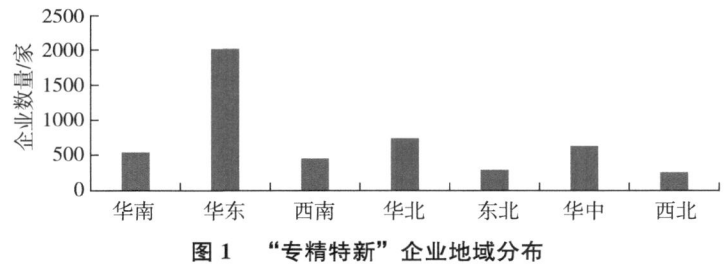

图 1 "专精特新"企业地域分布

此外,不同地区"专精特新"企业还表现出其独特的地域特点,如青海珠峰冬虫夏草药业、海南椰岛酒业、吉林长白山药业集团等。这些产业都是在结合本地天然优势的基础上形成的,符合当地情况。欠发达地区中小企业可以利用当地自然资源打造产业地域优势,促进企业更快发展。

"专精特新"中小企业群体规模不断壮大,发展落后的企业应当抓住时代机遇,创新驱动企业转型升级,不断向"专精特新"企业靠近,顺应中小企业发展大潮,享受国家给予政策鼓励。

3.2 "专精特新"企业行业分布情况

中小企业披露信息较少,以全部"专精特新"企业为样本进行经营业务分析数据获取较为困难,本文以截至 2022 年 3 月的 A 股"专精特新"上市公司为样本进行数据分析。本次符合条件的"专精特新"企业共 374 家,大多数企业分布在机械设备、化工、医药生物、电子等行业,与国家建设工业"四基"内容基本符合(图2)。

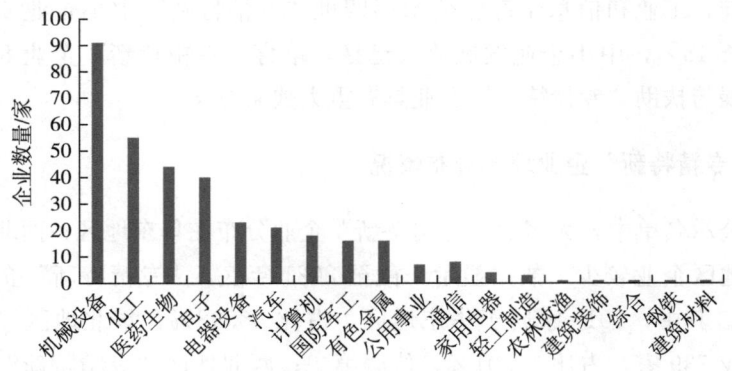

图2 "专精特新"企业行业分布

其中,"专精特新"企业经营业务主要集中在机械设备行业,有24.06%的企业投身机械设备的发展大潮中。从其子行业来看,其他专用机械、仪表仪器、其他通用机械等占比较多,而环保设备、机床工具、农用机械等占比较少(图3)。

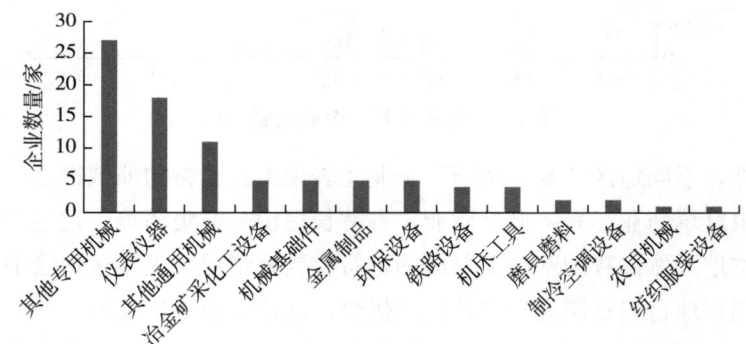

图3 机械设备细分行业分布

轻工业制造、农林牧渔、钢铁、建筑材料等行业企业数量较少,这可能与政策引导和行业投资风险有关。

近年来,我国高度重视环境保护与生态发展,大规模建造钢铁、生产材料等重工业、重污染的企业受到相关政策制约发展速度渐缓,处于该类行业的中小企业也会面临发展速度较慢,甚至倒闭的风险。农林牧渔虽然一直受国家鼓励,企业甚至可以享受免税政策,但整体行业发展不景气,家禽类、牲畜类等生物资产投入成本较大，而且极易受到细菌病毒感染导致大面积死亡，承担风险较大，大多数企业不会选择农林牧渔行业，最终导致农林牧渔中小企业数量较少。

3.3 "专精特新"企业科研技术情况

"专精特新"企业作为中小企业的领头羊，拥有精简的企业规模和高效的生产运作流程，多数"专精特新"企业产品研制契合国家提出的最新技术方向，这就要求"专精特新"企业有足够的技术研发能力。而人力资源作为企业的一项无形资产，在中小企业科研能力方面发挥着重要作用。了解"专精特新"企业技术研发人员队伍建设对探究中小企业未来发展路径有一定指示意义。

2022全国专精特新中小企业发展大会发布报告显示，截至目前"专精特新"企业共设立国家级、省级研发机构超1万家，平均研发人员占比达28.7%，平均研发强度达8.9%，平均拥有有效发明专利15.7项。"专精特新"企业具有很强的研发能力，其研发人员占企业总人数近30%。不同于传统中小企业，"专精特新"企业更注重可持续发展，更看重科研技术给企业带来的更长生命周期。

以武汉"专精特新"飞思灵企业为例，在2021年光谷瞪羚企业高技术十强榜单中武汉飞思灵微电子技术有限公司位居榜首，其依靠先进的工艺设计能力在集成电路设计企业中脱颖而出。企业管理者表示人才、传承、协同构成飞灵思的核心竞争力，最强竞争力在于人才。企业在武汉员工总计200多人，其中研发人员占总人数的90%，硕博比例高达92%，预计今年还会继续扩招专业人才。

高素质人才对企业来说，意味着更大的发展能力。中小企业向"专精特新"转型过程中要注重人才队伍的建设，实现人才创新优化企业流程。

4 中小企业成为"专精特新"的现实阻碍

中小企业向"专精特新"企业转型过程出现的各种问题成为发展路径上的绊脚石。将中小企业发展中"痛点"说出来，有针对性地提出解决方法，才能切实保障中小企业健康成长。

4.1 资金短缺、融资困难

中小企业注册资本少，初创时期企业资金大多来自发起人自筹，数额有限。除此之外，中小企业主要通过民间借贷与银行贷款获取资金，融资渠道匮乏。

民间借贷违约风险较高，在企业正常运转过程中极易发生因放贷方违约导致资金不能按时投入，最终影响项目进度，借贷利率一般较高，加重企业融资成本；银行贷款是很多中小企业选择的融资途径，但市面上以大型企业为对象发行的贷款为主，而且由于企业规模较小，对中小企业授信额度有一定限制。

现阶段中小企业面临资金短缺的困境，给企业的生存带来了挑战。没有生存，何谈发展？在不能为中小企业提供适宜生存环境的条件下，企业难以进一步向"专精特新"方向发展。

4.2 发展不平衡

地域分布上，我国"专精特新"企业大多集中在东部地区，西部偏远地区"专精特新"企业较少，地域发展呈现很大差异。经济发达地区"专精特新"企业会吸引其他地域的人才、资源、投资等进入该地域，最终会导致欠发达地区更加难以发展，进一步加重不平衡局面。

行业分布上，"专精特新"企业也呈现出明显的行业分布差异。现行的"专精特新"企业主要集中在机械制造、化工等传统行业，而在通信、农林牧渔、钢铁等行业集中较少。

目前"专精特新"企业发展不均衡状况严重，中小企业在企业转型时应当注意目前的产业薄弱地带，以便更好定位企业市场角色。

4.3 创新能力有待深化

虽然"专精特新"企业创新研发能力很强，但大多数中小企业创新能力仍旧不足，难以支撑企业转型。新时期更加强调创新资源共享，这对中小企业创新提出更高要求。

由于机制以及政策的影响，我国中小企业之间存在各自为政的现象，创新资源共享对现阶段中小企业难以实现。中小企业创新仍旧停留在技术、资源之间的争夺，没有形成多主体合作的创新思维。

此外，各地政府普遍将创新理解为大力引进科技型人才而忽视当地中小企业科技服务，最终造成空有专业人才没有产业的局面，不仅浪费了人才资源，创新也不能真正落地。

中小企业的创新门槛较高、试错成本较大。由于缺乏足够的资金、技术和人才资源，中小企业在寻找创新点时面临很大的生存风险，但不创新就会被行业所淘汰。中小企业经常陷入"一创就死，不创等死"的困境。

4.4 管理模式落后

中小企业人员数量较少，组织具有很强的灵活性，管理模式简单。一些中小企业员工来自家族内部，素质参差不齐，不易管理。权力分散、多头领导的局面经常存在，影响企业决策。

中小企业沿袭传统管理模式，在技术运营方面相对落后。企业精益生产的思维还未完全建立，生产线布局不合理，运营过程存在大量资源浪费现象。组织管理上，信息传递不一定有效，内部沟通不畅。

整体来说，目前中小企业管理模式仍旧落后，制约企业发展。在企业不断发展壮大过程中，落后的管理模式不足以支撑企业成长，优化企业管理模式，提升管理者的经营理念对企业发展越来越重要。

5 构建中小企业未来发展路径

基于目前中小企业发展过程中出现的问题，本文提出一些针对性建议，以进一步探索中小企业未来发展路径，促进中小企业更快发展。

5.1 拓宽企业融资渠道，鼓励金融机构对中小企业资金支持

银行贷款是企业融资的一种模式，但市面上适合中小企业贷款类型较少，拓宽金融机构面向中小企业的获客渠道，对缓解中小企业融资难的困境有一定作用。

鼓励银行等金融机构深入分析中小企业资金需求，打造专为中小企业设计的贷款，主动联系中小企业进行贷款合作。通过媒体引发社会对中小企业的关注，建立融资渠道口助力企业融资，设立中小企业融资栏目，引进天使投资人对好项目进行投资，增加社会影响力。地方工信部与金融机构签署战略合作协议，为发展快、前景大、技术高的中小企业提供定向融资服务。

引入保险企业，中小企业以向保险企业投保为质押向银行等放贷机构进

行融资，解决银行放贷无抵押的情况，同时将放贷风险转移给保险公司减少银行贷款担忧，有利于中小企业更快拿到贷款。

5.2 因地制宜，拉动欠发达地区发展

欠发达地区企业应当因地制宜，利用当地特色与自然资源形成产业集群，实现企业可持续性发展。例如在海南建立椰果产业，在西藏建立旅游业，在东北长白山建立医药产业，结合当地的自然资源建立产业不仅减少成本，还提高了企业口碑。

地区政府主动走访企业，深入了解企业需要，针对性地给予资助，简化中小企业办事流程。此外，应当对欠发达地区企业给予政策倾斜，减少课税，对投身于欠发达地区企业员工给予更多的政策照顾，留住科研人才。

5.3 政策支持，示范引导企业向多行业发展

"专精特新"中小企业主要集中在制造业，对于通信、人工智能、工业物联网等行业占比较少。这些行业由于天然的行业壁垒与市场寡头垄断，导致很多中小企业难以进入市场。中小企业即使有好的技术与方法也会面临被大企业争夺资源、兼并的风险，加大对中小企业知识产权保护显得尤为重要。过去抓大放小的经济模式已经不能满足目前市场，中小企业的发展对市场具有很强的带动作用。

虽然目前对中小企业出台政策在数量上有一定规模，但一些政策仍未能落实，对中小企业的扶持浮于表面，有关政府应当实地考察监督中小企业的扶持情况，对出现问题的环节进行查处。

以成功的"专精特新"中小企业为榜样，学习其经营理念与技术创新，引导更多中小企业多行业发展。中小企业之间相互合作联盟，增强市场抗风险能力，打破行业壁垒，为企业生存求一线生机。

5.4 强化平台建设，形成有活力的创新生态

"专精特新"的关键是创新，强化平台建设，为中小企业营造良好的创新生态氛围对其发展具有积极的正向作用。如何使创新真正落地，是近几年改革发展过程中亟待解决的问题。创新的落脚点是实现技术突破，但目前我国仍存在大量技术短板问题。集中力量攻克关键前沿技术对于打破技术封锁，补足技术短板具有重大意义。

基础科学研究是整个科学体系的源头，加强基础科学研究的普及程度有助于完善科学创新平台建设，为构建新发展格局夯实基础。此外，在政策上积极引导中小企业更新创新思维，过去单打独斗的创新模式已经不符合目前的市场环境，只有相互合作才能实现技术创新互补，为创新生态体系注入活力。

重视中小企业的科技服务，不断开发挖掘新产业，为专业人才提供平台。采用更全面精准的人才评价指标，实现人才队伍建设的不断创新。深入了解中小企业发展的根本需求，对中小企业在各发展阶段中出现的难点进行有针对性的帮扶，对正在转型过程中的企业适当延迟征税年限，不征或少征税，为中小企业提供一定的试错空间。

5.5 坚持需求导向，提升管理理念

中小企业只有以需求导向为核心，生产消费者真正需要的特色产品，才能捕获消费者的心，在市场争夺大战中搏一席之位。企业强调精益生产，减少不必要的浪费，降低库存，更新管理理念，实现高效管理。

鼓励中小企业向规范化的大型企业进修学习管理模式，为中小企业在企业管理上提供一定参考。

6 结语

中小企业发展参差不齐，针对不同发展阶段的中小企业应当采取不同的帮扶措施与优惠力度，各地政府应当实地走访真正了解当地中小企业发展的困境，有针对性地采取优惠照顾。而中小企业也要集中企业现有资源向细分行业转型，实现小范围的大成功。

参考文献

[1] DONG Z, LI C. The high-quality development trend and path choice of the superior small and medium-sized enterprises[J]. Reform, 2021(10):1-11.

[2] LI J. The situation and outlet of the development of China's "little giant" enterprises [J]. Reform, 2021(10):101-113.

[3] LU M, GAO X. A study on the path to further promote the high quality development of SMEs in the new era—based on the perspective of cultivating "professional unique and new" SMEs[J]. Social sciences in Xinjiang, 2022(5):1-18.

[4] SUN D, YAO W, SUN B. The knowledge service model of technology-based SMEs from the perspective of value cocreation[J]. Wireless communications and mobile computing,2022(2022).

[5] TANG X. Application of lean production management in enterprise management[J]. Value engineering,2020,39(21):26-27.

[6] TONG T, RAHMAN A. Effect of innovation orientation of high-tech SMEs "small and mid-sized enterprises in China" on innovation performance[J]. Sustainability, 2022,14(14):8469-8469.

[7] ZHANG W, LIU Q, LI Y, et al. Factors influencing the quality performance of "specialized and new" enterprises[J]. Industrial engineering and innovation management, 2023,6(3).

彩 插

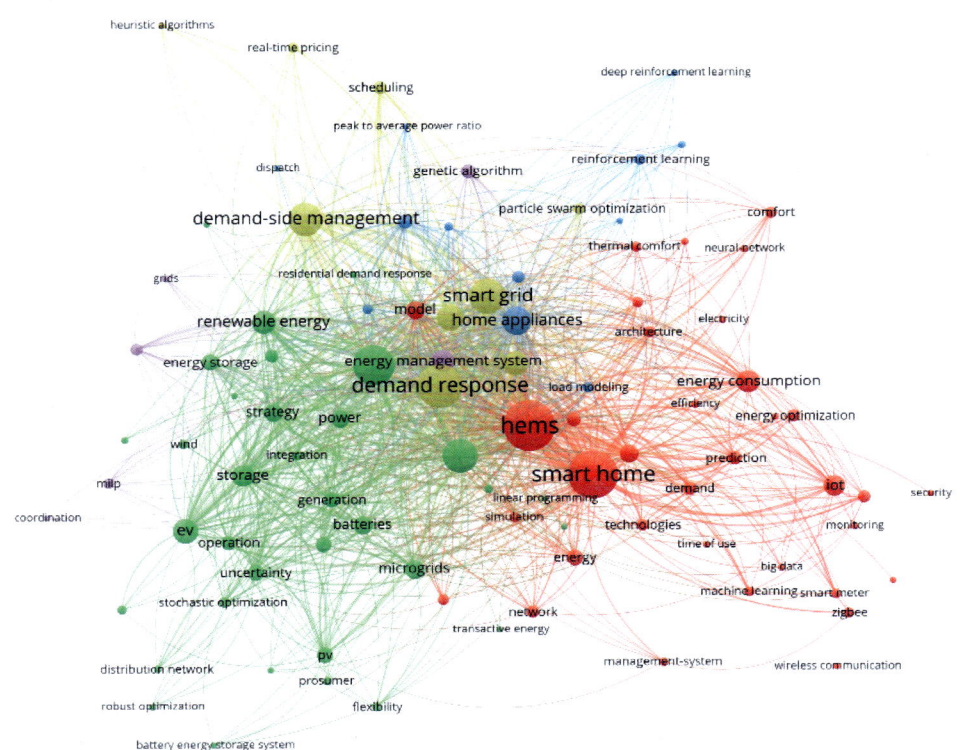

图 4 关键词共现聚类